法人概念论

On
the
Concept
of
Legal
Person

冯 珏 著

法律出版社 LAW PRESS · CHINA

序　言

1986年《民法通则》规定的法人制度，对于我国经济体制改革的意义不言而喻，我国民法学对于法人理论和制度的关注和研究，也源于这种实践需要。囿于当时的历史条件和人们的观念认识，《民法通则》参照大陆法系的传统做法，仅规定了自然人与法人两类民事主体。虽然1999年《合同法》第2条已经将“其他组织”与自然人、法人并列规定，但是在民事主体理论层面还没有展开深入的讨论。在后来的民法典制定和编纂过程中，第三类民事主体的法律地位问题逐渐凸显，在学者的共同努力下，2017年《民法总则》最终规定了“非法人组织”的民事主体地位，成为自然人、法人之外的第三类民事主体，2020年《民法典》沿用之。

《民法总则》通过后，虽然不少学者对于

“非法人组织”的民事主体地位作出了解读，但是还没有像冯珏博士的这项研究这样，从澄清法人概念的角度，从组织、法人与非法人组织的关系出发，来回答“非法人组织”在民法学理论体系和知识体系中的定位问题。这是自《民法典》通过以来，我所见到的关于组织型民事主体研究的最为深入的成果。

根据本书的研究，法人业已成为人类最基本的组织形式之一。股份有限公司的发明可与蒸汽机的发明相媲美，有限责任公司的出现更使公司成为现代经济中运用最广泛的组织形式。在社会治理领域，各种社会团体、基金会、社会服务机构等社会组织亦日趋活跃。法人因而在市场经济与市民社会中扮演日益突出的角色。法人形态的丰富化，使理论上需要考虑如何界定法人概念才能涵括形形色色的法人形态，为之提供适切的理论说明。非法人组织的兴起，也提出了法人与非法人组织的界限问题。

法人概念研究，非仅徒具理论意义，于解决具体法律问题时，作为提供法理前提的解释论，亦有其重要作用。法人制度在我国改革开放历史进程中的独特作用、在现实生活与法律实践中无处不在的基础角色，进一步彰显了上述问题的重要性。从《民法通则》制定之前许多人尚不知法人为何物，到《民法总则》中法人规范的再体系化，既是一场波澜壮阔的制度变迁，又是极度深刻的理论革新。《民法典》的颁行，不会终结关于法人基础问题的讨论，反而会开启新的学术探索之旅。《民法典》中的法人一般规定、法人新分类、法人与非法人组织并立状态的解释，都有赖于在基础问题上的追根溯源。本书意在对上述一系列问题提供自己的回答，并在纵横两个维度上呈现出论述的特色。

在纵向维度上,19 世纪法学家的法人本质之争,是民法学史上的著名论争。20 世纪以来,法人本质问题一度归于沉寂。但是,德国学者于 20 世纪 70 年代提出的“群体理论”以及美国学者于 20 世纪与 21 世纪之交提出的“资产区隔理论”,既与 19 世纪的法人论争遥相呼应,又形成新的理论构造,甚具影响力。本书上承 19 世纪法人本质论争之余韵,下接当代法人理论研究之新局,揭示了法人概念的历史性与现代性。

在横向维度上,本书力图从更广的视域展开对于法人的研究。在研究视角层面,本书并未拘泥于法学之内,而是吸收了社会学、经济学、政治学、心理学等其他学科关于组织研究的新成果。例如,在经济学上,组织一度被视作“黑箱”,科斯于 1937 年发表的《企业的性质》一文,以交易成本为视角揭示了组织的本质,自此,有关讨论层出不穷,极大地拓宽了人们研究组织的视野。经济学上的讨论有助于法学学者更深入地理解组织之特性及其与契约之异同。本书关于领导者在组织中角色的论述,则汲取了经济学上企业家理论的洞见。又如,本书借鉴道德哲学研究成果,从意志、自由、理性等概念入手探求自然人与法人在权利能力构造上的异同,拓宽了对于法学上抽象概念的理解。在研究领域层面,法人问题横跨诸法,法人不独为民法上与自然人并立的民事主体,亦是商法上最重要的商事主体形态,私法自治与国家强制又交错其间。本书广泛论及社团与财团、民法与商法、实体与程序、私法与公法各个法域,尝试从法人在多维空间的具体样态中得出贯穿其中的基本命题,进而将此命题应用于以往研究尚未充分讨论的具体场景,展现了一般命题的作用力。例如,本书以企业为典型展开组织独立性的论题,并提出构建以企业为中心的法人制度，将有助于消解社团财团二元论在一人公司问题上的解释困境、破除企业法人与非法人企业之间的概念壁垒，并有助于将企业法中较成熟的财产独立、意志自主等基本理念与制度贯穿于各种法人之中，对推进事业单位改革、改善社会团体和捐助法人治理等我国现实问题，亦有实践意义。

法人概念问题错综复杂，把握不易。较之具体规范的解释论与立法论，基础理论研究实为一条更为艰辛的学术之路。冯珏博士近年来潜心于法人基础理论研究，迎难而上，将所思所得汇成专著。在《民法典》编纂尘埃落定之际，尤其需要这样的基础性理论研究，来进一步构建和完善我国民法学理论体系与知识体系。

欣见本书面世，谨荐之于读者诸君。

是为序。

中国社会科学院学部委员　梁慧星

2021 年 4 月 8 日于珠海

目录

第一章　导　论

一、选题背景与研究综述

（一）选题起源

笔者对于法人概念的研究，肇因于已废止的《民法总则》将“非法人组织”规定为独立的民事主体。[①] 针对《民法总则》中规定的非法人组织，我国有学者论证其具有权利能力；[②]也有学者认为其就是法人，应当扩大法人概念以容纳合伙企业、个人独资企业等非法人组织。[③] 在笔者看来，要厘清《民法总

---

① 《民法总则》第2条规定：“民法调整平等主体的自然人、法人和非法人组织之间的人身关系和财产关系。”《民法典》第2条沿用之。据此，非法人组织与自然人、法人一样，均被承认为民事主体。

② 参见张其鉴：《民法总则中非法人组织权利能力之证成》，载《法学研究》2018年第2期。

③ 参见王涌：《法人应如何分类——评〈民法总则〉的选择》，载《中外法学》2017年第3期。

则》(《民法典》)中的非法人组织的内涵与外延并认识其独立主体地位,就必须首先确定法人的概念。从逻辑上看,非法人组织构成法人组织的矛盾概念。但是在所有的组织中排除法人组织之后余下的部分,其外延显然又大大超过《民法典》中规定的非法人组织,因为未经登记的组织不属于《民法典》中规定的非法人组织。[①] 因此,组织、法人、非法人组织这几个概念之间的关系如何厘定,是在构建中国民法学理论体系时需要解决的问题。

《民法总则》通过后,关于非法人组织的各种理论观点精彩纷呈,[②]表明《民法总则》将非法人组织规定为民事主体,虽然具有实践上的必要性,反映了我国社会经济发展的实际需要;但是民法学的

① 《民法典》第 103 条第 1 款规定:"非法人组织应当依照法律的规定登记。"有学者由此认为,非法人组织并非须经登记方可成立,此与法人应当依法"成立"(《民法典》第 58 条第 1 款)截然不同;并且非法人组织应当登记的情形,仅限于"法律"的规定,即排除行政法规及其他规范性文件,此与法人应当"依法"成立亦不相同。这种解释虽有利于为非法人组织的存续和发展提供宽松的环境,但似乎过于超前。正如本书第五章将要论及的,从我国对于社会组织的态度来看,目前尚处于从双重管理体制到直接登记制的过渡阶段,未登记的社会组织仍然存在被认定为非法组织的可能性,社区社会组织的备案制度正是旨在解决其合法性危机。对于事业单位法人而言,除少数依法不需要办理法人登记的事业单位之外,也在推行登记制度。在商事领域,律师事务所、会计师事务所均可以设立为普通合伙企业或者特殊的普通合伙企业并且依法登记,即便未登记为合伙企业,《律师法》《注册会计师法》对于律师事务所、会计师事务所的设立都作了专门规定,其设立非但不自由,反而实行许可主义,对于未登记的律师事务所、会计师事务所而言,主管机构的许可在一定程度上替代了登记。目前,我国仅《民法典》合同编对于合伙合同的规定为组织留下了自由发展的空间。但是我国能否像德国那样,通过判例在一定程度上承认民事合伙的主体地位,笔者不持乐观态度。

② 举其要者,参见柳经纬、亓琳:《比较法视野下的非法人组织主体地位问题》,载《暨南学报(哲学社会科学版)》2017 年第 4 期;杨立新:《〈民法总则〉规定的非法人组织的主体地位与规则》,载《求是学刊》2017 年第 3 期;谭启平:《论民事主体意义上"非法人组织"与"其他组织"的同质关系》,载《四川大学学报(哲学社会科学版)》2017 年第 4 期;张新宝、汪榆淼:《〈民法总则〉规定的"非法人组织"基本问题探讨》,载《比较法研究》2018 年第 3 期等。

相关理论准备并不充分，相关学理解说尚不能达到圆满自洽的程度。要解决非法人组织引起的理论问题，就必须首先理解法人的概念。

我国的法人学说引自德国。19世纪，德国展开了关于法人本质的学说争论，这场争论于20世纪初偃旗息鼓，但并没有真正结束。更确切地说，是人们放弃了讨论。当代德国法学对于法人主要采取实证的观点：法人系由法律赋予人格之组织体（团体），法律上与自然人同，为权利能力之主体。法人制度为法律技术之一。法人系以团体之社会的机能为重点而人为地加以构成者。[①] 由此，“依法律赋予权利能力”成为理解法人的主要突破口，法人的法律技术面得到强调。但是，如果我国也对法人采取此种实证主义的法学立场，不仅在理论上无助于加深对于法人的认识和理解，而且在实践中也无法依此区分法人与非法人组织。从要件来看，我国《民法典》规定的非法人组织和法人之间具有相当明显的同构关系：都须有名称、住所、组织协议或章程、成员、组织机构、一定的财产或经费等，且均须完成登记程序。非法人组织和法人的差别可能只在于其成员是否承担有限责任。这种立法逻辑能否同时成为法人的理论逻辑，尚待深究。

依实证主义的法学立场理解法人，一个最根本的缺陷在于，当法人本质无法得到澄清的时候，国家的特许、承认等形式约束条件就会取代法人主体地位的实质根据，成为决定哪些组织可以成为法人的关键。从历史的长河来看，这无非是重复着自然人之民事主体

① 参见《德国民法典》，台湾大学法律学院、台大法学基金会编译，北京大学出版社2017年版，第12～13页。

地位的发展历程。在人性没有解放、人的主体地位没有得到承认的时代，自然人的主体地位也只能等待主权者的恩赐。同样，法人的主体地位究竟是立法者的拟制、恩赐还是对于社会实存状况的承认，值得在理论上展开进一步的研究。于此，简要回顾关于法人本质的学说争论，对于本书的主题来说是必要的。

（二）关于法人本质的学说争论

我国民法总论专著或者教材中对于法人本质学说争论的介绍，通常都会提及法人拟制说、法人实在说和法人否认说。其中，法人实在说又分为法人有机体说与法人组织体说。通常认为，我国接受了法人实在说，尤其是其中的法人组织体说。[①]

1. 萨维尼的法人拟制说

在谈到法人本质时，萨维尼明确指出，法人是“通过纯粹的拟制而确认的法律主体。我们把这种主体称为法人，即为了纯粹的法律目的而假定存在的人。其中，我们发现法人与个体的人一样都是法律关系的承担者”。[②] 由此，萨维尼的法人学说被概括为“拟制说”。

但是，对于这种概括，后来的学者提出了不少疑问。德国学者

---

① 参见梁慧星：《民法总论》（第5版），法律出版社2017年版，第121页。笔者曾以《法学研究》所刊发的相关论文为主线，回顾和梳理了改革开放以来我国法人理论学说的发展历程。参见冯珏主编：《法人与团体人格的发展》，社会科学文献出版社2020年版，第1~17页。

② Friedrich Karl von Savigny, *Jural Relations; Or, the Roman Law of Persons as Subjects of Jural Relations: Being a Translation of the Second Book of Sagviny's System of Modern Roman Law*, trans. by William Henry Rattigan, London: Wildy & Sons, 1884, p. 176. 中文译文参见［德］弗里德里希·卡尔·冯·萨维尼：《萨维尼论法人的概念》，田士永译，载张谷、张双根等主编：《中德私法研究》（总第9卷），北京大学出版社2013年版，第38页。

弗卢梅认为,人们将萨氏的学说称为“拟制说”,是出于误解。[①] 德国学者科英也指出,萨维尼并非意欲通过这种理论来否认被他视为法人的那些构成物的社会实在性。萨维尼明确提到了这些有争议的构成物,甚至还阐述了这些组织的历史。他完全是在技术意义上使用“拟制”这一概念的:适用于某一事实(此处指关于自然人的事实)的规则,被转用于另一种事实(如国家、乡镇、行会)。他并未将现实的构成物看作是虚拟的。[②]

理解上述不同看法的关键,在于理解“拟制”的究竟是什么。一方面,萨尼维将法人分为三类。第一类是“自然且必要”的法人,是罗马时期早已存在、某些甚至起源已不可考的各种自然法人,包括社区、城市、村庄、罗马殖民地等。第二类即广义的各种社团与财团,相对于第一类“自然且必要”的法人,被萨尼维称为“人为且意定”的法人。在这两种极端类型之间,萨氏还举出了一些例如工匠行会或类似的组织。其分类标准,似乎并非现实中是否存在,而是就历史的角度而言是否稳定。[③] 因此,他并没有否认作为法人的构成物的现实性。另一方面,萨维尼确实提出了他关于权利主体与生物人的“原初同一性”的著名公式:“所有的法律都为保障道德的、内

---

① 参见[德]卡尔·拉伦茨:《德国民法通论》(上册),王晓晔等译,法律出版社2003年版,第180页脚注。弗卢梅在1978年的“Savigny und die Lehre von der juristischen Person”一文中完整地说明了各家对于萨维尼的误解。参见吴宗谋:《再访法人论争——一个概念的考掘》,我国台湾大学法律学研究所2004年硕士学位论文,第23页,注19。

② 参见[德]赫尔穆特·科英:《欧洲私法史上的法人理论》,傅广宇译,载徐国栋、方新军主编:《罗马法与现代民法》(第10卷),厦门大学出版社2019年版,第66~68页。

③ 参见吴宗谋:《再访法人论争——一个概念的考掘》,我国台湾大学法律学研究所2004年硕士学位论文,第25页。

在于每个人的自由而存在。因此,关于法律上的人或权利主体的原初概念必须与生物人的概念相一致,并且可以将这两个概念的原初同一性以下列公式表述:每个个体的生物人,并且只有个体的生物人,才具有权利能力。”①

由此可见,萨氏“拟制”的,是法人的权利能力。正如他所主张的,就法人而言,需要扩张上述公式,“我们必须考虑权利能力扩张至通过纯粹拟制而得以承认的人造主体的情形。我们称这一主体为法人”。② 至于为什么法人的权利能力只能通过“拟制”而获得,则进一步源于萨氏对于法律上的人的理解。他的主张与康德、黑格尔的哲学传统一致,即法律上的人是一种具有自由意志、能承担责任的主体。换言之,法律主体主要就是指涉道德与伦理的主体。③ 按这种观点,每个自然人且唯有自然人才有权利能力,因而法人的权利能力就只能是拟制的。

因此,笔者认为仍不妨将萨氏的学说称为“拟制说”,只要按其原义来理解“拟制”。萨氏的法律主体理论遵循近代道德哲学的传统,立基于人的自由意志,并且他认为作为法人的构成物并不具备自由意志,所以只能通过拟制使其具有权利能力,成为法律

---

① Friedrich Karl von Savigny, *Jural Relations; Or, the Roman Law of Persons as Subjects of Jural Relations: Being a Translation of the Second Book of Sagviny's System of Modern Roman Law*, trans. by William Henry Rattigan, London: Wildy & Sons, 1884, pp.1 -2.

② Friedrich Karl von Savigny, *Jural Relations; Or, the Roman Law of Persons as Subjects of Jural Relations: Being a Translation of the Second Book of Sagviny's System of Modern Roman Law*, trans. by William Henry Rattigan, London: Wildy & Sons, 1884, p.176.

③ 参见吴宗谋:《再访法人论争——一个概念的考掘》,我国台湾大学法律学研究所 2004 年硕士学位论文,第 38 页。

主体。

对于这种拟制,狄骥的批评可谓确论。他认为,拟制制度对于法人而言毫无意义。因为或则集合体并没有和它们的组成分子所有之意思不同的另一意思,那么它们就不能成为法权的主体,法律无论有怎样大的权力,总不能将不是的东西变为是的;或则集合体确有和它们的组成分子所有之意思不同的另一意思,那么它们自己就可以为法权的主体,而立法者与政府的参与就毫无用处了,无须将它们已有的东西给予它们。① 显然,仅通过"拟制"来使法人具有权利能力,并不能使理论家满意。向来被视为与萨氏学说对立的基尔克的法人有机体说,也正是在这一点上体现出其针锋相对性:按照基尔克的理解,人的团体有可能构成一个有机的共同体甚至是"社会生命体",从而当然有自己的自由意志,能够成为道德哲学之下的法律主体。

2. 基尔克的法人有机体说

基尔克与萨维尼一样,也认为权利主体的基础是先验的自由意志——"在法律领域中,意志是人格的灵魂"(《德意志合作团体法》第2卷)。但是,在法人问题上,与萨维尼不同,基尔克认为团体是一个有机的共同体甚至是"社会生命体",它有意志——团体意志,所以无须经由国家拟制即可成为法律上的人。②

这种理论指向的是人的团体(menschlichen Verbände)。基尔

---

① 参见[法]莱翁·狄骥:《拿破仑法典以来私法的普通变迁》,徐砥平译述,上海社会科学院出版社2017年版,第54页。

② 参见[德]奥托·基尔克:《私法的社会任务:基尔克法学文选》,刘志阳等译,中国法制出版社2017年版,第66页以下。

克首先指出，团体是一种现实，而非拟制。为此，基尔克一方面提到团体在社会生活中可确认的影响力，另一方面又提到（每个人）内在的经验：每个人都感觉到自己归属于某个团体，比如宗教共同体或者民族。这些团体被理解为“有机体”（Organismus）。虽然这只是一个比喻，但基尔克还是相信，借助这个比喻可以把握团体的本质。比喻导致的结果是，“我们在社会的身体中可以看到一个由部分所组成的整体的生命单位，就像我们此外只能在自然的生物中所感知到的那种”。由此得出的结论是，团体也具有行为能力和意志能力，是像个人那样的一个法律上的人格（person）；它是“一种主动介入外部世界的主体”。① 由此，团体与生物人一样，是生命体，是真实的人，也和生物人一样，具有先于法律的伦理或事实人格，法律人格只不过是其作为“社会生命体”的团体的主体性在法律上的体现。

但是，基尔克也指出，伦理人格是有局限的，它仅存在于以社团章程为中心的社会团体自治法的层面上，不能自动上升为国家法层面上的法律人格。因此，团体有必要获得法律人格，这对法人来说具有双重意义：一方面，获得法律人格是团体的权利，独立的法律人格有助于外部主体识别法人团体的内部秩序，从而使团体获得普遍的社会认可，便于其广泛地参与各种社会活动；简言之，法人资格的获得意味着团体法律能力的提升，是法人发展的重要手段。另一方面，取得法律人格也是国家或法律赋予团体的义务，是国家将社会

① 参见［德］赫尔穆特·科英：《欧洲私法史上的法人理论》，傅广宇译，载徐国栋、方新军主编：《罗马法与现代民法》（第 10 卷），厦门大学出版社 2019 年版，第68 ~ 70 页。

组织纳入到特定秩序的一种技术和步骤，即法律人格也意味着对团体行为的法律规制。①

这样，在权利主体的基础是先验的自由意志这一点上，基尔克与萨维尼没有差别，仅在团体本身是否具有如同自然人一样的理性能力这点上，两者存在分歧。仅在这一点上，才可以说法人拟制说与法人有机体说是相互对立的学说。但是，基尔克的法人有机体说提出的是一个未竟的课题。在基尔克看来，将人类团体作为真实的躯体与精神统一体之假定的确定，是科学的任务。除此之外，科学认识即无法担当。基尔克承认，这种生命统一体自身的本质秘密尚未被揭示。② 事实上，基尔克富有想象力的法人有机体说充满了“泛灵论”的意味，现代生命科学的研究，也不支持存在所谓的“社会生命体”的观点。当然，基尔克对于成员权利的强调、对于法人组织机构的关注与分析，为后世学说所继承和称道，直至今天仍然具有其理论价值。

3. 耶林的法人否认说

与萨维尼和基尔克直接从伦理哲学角度界定法律主体不同，耶林是从“权利—权利主体”这一法律技术思路来界定法律主体的。耶林认为，权利是法律所保护的利益，权利的实质要素是利益，形式要素则是法律的确认和保护，二者缺一不可。因此，无论是生物人还是组织，都必须同时具备利益和法律的确认与保护这两个要素才

---

① 参见仲崇玉：《论基尔克法人有机体说的法理内涵和政治旨趣》，载《现代法学》2013 年第 2 期。

② 参见［德］基尔克：《人的社团之本质》，杨若濛译，载张谷、张双根等主编：《中德私法研究》（总第 9 卷），北京大学出版社 2013 年版，第 50 页。

能成为权利主体，而不是像康德和萨维尼所认为的，生物人是基于其内在的自由意志而成为主体。耶林关于权利和权利主体的界定显示出，法学开始有意识地摆脱主体哲学的影响。但这种摆脱又是不彻底的。耶林仍然认为，"人的一项权利的承认是建立在他本身的基础之上的：其人格、权利能力及自由是其所享有的所有权利在逻辑上必不可少的条件"。①

耶林认为，在法人那里，真正的主体仍然是个体的生物人，即法人的受益人。在社团法人那里，法人成员才是法人真正的受益人；而在基金会的情形，真正的主体是从中受益的自然人。这种观念虽然符合直觉上的主体哲学价值理念，但是在法人外部关系的解释上，又无法自圆其说。为此，耶林仍然承认法人的存在和价值，但法人只不过是组织成员或受益人简化对外法律关系的一种权利义务归属的中转点和法律符号而已，终极意义上的主体仍然是团体受益人；而在成员内部关系中，这一形式根本没有意义。法人既非实体，也非本体，只不过是形式意义上的法律主体，并不具有先于法律人格的伦理人格，因此也就不能上升到"人"的序列之中。②

与萨维尼的法人学说相比，耶林否定了被视为法人的构成物的社会实在性，从而秉持了一种"还原"的立场，将所有的团体或者组织均还原为个人。在耶林看来，尽管现实生活中将法人的法律关系还原为成员个人的法律关系有些困难，但逻辑上并非不可能。因

---

① 参见仲崇玉：《耶林法人学说的内涵、旨趣及其对我国法人分类的启示》，载《法学评论》2016 年第 5 期。

② 参见仲崇玉：《耶林法人学说的内涵、旨趣及其对我国法人分类的启示》，载《法学评论》2016 年第 5 期。

此,法人只是其成员实现特定目的的工具,本身没有独立价值,成员才是真正的权利主体。法律的规制目标应当是以成员利益为本位,防止组织的异化,即防止团体或其管理者凌驾于成员或受益人之上。耶林的这些法思想,在现代关于组织、法人以及公司的各种理论中,仍然有不少后继者与支持者。

4. 法人组织体说

法人组织体说是法人实在说的另一个分支,但是在关于权利主体的认识上,已经与主体哲学有了进一步的分离。该说为法国学者米休德(Léon Michoud,1855 – 1916)创立,并由萨莱耶斯(Raymond Saleilles,1855 – 1912)和惹尼(François Gény,1861 – 1959)进一步论证和完善。法国的奥里乌(Maurice Hauriou,1856 – 1922)、德莫格(Demogue)以及意大利学者费拉拉的观点也与此类似。①

法人组织体说从对于主观权利的认识出发,讨论何以成为权利主体的问题。创立该说的法国学者米休德认为,权利主体或者法律上的人的观念是并且应当保持为一个纯粹的法律观念:“人一词仅指权利义务的主体,即能够具有合理地归属于它的主观权利的存在物。”“要想知道特定的存在是否符合这一定义,不必追问这些存在是否构成哲学意义上的人,只须探讨它们是否具有可以赋予其主观权利的本质即为已足。”②法人组织体说将主观权利的“利益”“意

① [法]莱昂·狄骥:《拿破仑法典以来私法的普通变迁》,徐砥平译述,上海社会科学院出版社 2017 年版,第 56、65 页;史尚宽:《民法总论》,中国政法大学出版社 2000 年版,第 140 页。

② L. Michoud, “La Notion de Personnalité Morale”, *Revue du Droit Public*, Vol. 11, No. 1, 1899, p. 8. 转引自 John Dewey, *The History Background of Corporate Legal Personality*, 35 Yale Law Journal 659 (1926)。

志”“法力”三个面向进行拆解,将“法力”作为国家承认或许可法人的依据,将“利益”归于法人本身,“意志”则借助于充任法人机关的自然人的意志。[①] 米休德认为:“我们给主观权利下个定义说:一个人或一部分人的利益,借助于代表它或者维护它的某一意志所有的能力来获得法律上的保护。权利的执掌者是其利益受到这样保障的集体或个人,纵然代表利益的那个意志在形而上学的意义上不归属于这个权利的执掌者,也是如此。只要在社会上和实践中能把这种意志归属于权利的执掌者就行了,以便法律不放弃它解释种种社会事实的任务,而把那种意志认为是权利执掌者自己的意志。”[②]

法人组织体说与法人拟制说、法人有机体说最大的不同,就在于其认为权利(利益)的归属与服务于该利益的意志的归属可以分离。但是,这种分离利益与意志的构造能否成立、与主体哲学的分割能否成功、对于主观权利理论本身可能造成何种影响,还有待理论的检验。[③] 法人组织体说对于意志归属和利益归属的强调,在后世学说中也有体现。德国学者博伊庭认为,自个人意思说受到意思归属及知情归属原则的限制以来,我们就毋须证明法人成员具有这种肉体上的和精神上的共同意思,并将这种意思视为“权利主体资

---

① 米休德论述道:“承认一个团体为合法,这就是承认它所谋取的利益是有资格受保护的;这也间接承认它的法律人格,但为此就需要有两种条件,而两种条件则符合于主观权利所包含的两种要素:一种是与个人利益不同的利益,另一种是有资格说明一种集体意志的组织,而这种组织则可以代表和捍卫这种利益。”参见[法]米休德:《道德人格的理论及其对法国法的适用》,1906—1907 年版,第 112 页。转引自[法]莱翁·狄骥:《宪法论——法律规则和国家问题》(第 1 卷),钱克新译,商务印书馆 1959 年版,第 354 页。

② [法]米休德:《道德人格的理论及其对法国法的适用》,1906—1907 年版,第 106 页。转引自[法]莱翁·狄骥:《宪法论——法律规则和国家问题》(第 1 卷),钱克新译,商务印书馆 1959 年版,第 352 页。

③ 本书第二章还将对法人组织体说展开进一步的讨论。

格的核心”。我们只需要合乎逻辑地,亦即适应法人制度的法律宗旨以及法人之社会学意义上的可察觉性,将法人设想为具有意思能力的、能够自己从事行为的权利主体。也就是说,只要把法人理解为在法律意义上能够通过其机构知道情况、欲为和从事行为,就足够了。[①]

(三)对于法人本质学说争论的反思与追问

有学者指出,诸法人本质学说针锋的焦点,在于如何构建国家与法人之间的关系,即法人是需要经过国家特许才能成立(萨维尼、耶林的观点),还是国家仅是承认事实上已经存在的伦理人格(基尔克的观点),抑或处于这两端之间(萨莱耶斯的观点),从而反映了近代以来的社会在从旧的组织方式向新的组织方式过渡的过程中重构个人、团体(组织)与国家之间关系的历史特点。法人学说争论的这种时代性和历史性,也解释了该争论到 20 世纪偃旗息鼓的原因。随着现代国家转型的完成与现代组织转型的完成,个人的结社自由逐渐获得国家的承认,团体(组织)在现代社会中的积极作用逐渐得到肯认与重视,新的社会组织方式逐渐定型,团体(组织)与国家之间的紧张关系已经被相互合作关系所取代,法人的设立原则完成了从特许制到核准制再到准则制的转变,从而法人学说争论事实上完成了其阶段性的历史使命。一言以蔽之,法人本质学说的世纪争论,其焦点恰恰不在于法人的本质,而在于国家对于法人主体地位

① 参见[德]福尔可·博伊庭:《德国公司法上的代表理论》,邵建东译,载梁慧星主编:《民商法论丛》(第 13 卷),法律出版社 2000 年版,第 538 页。

所施加的形式约束。①

就法人本质真正涉及的问题,即团体(组织)是否是一种社会实存,这种社会实存为何能够或者必须成为法律主体,这种法律主体与自然人作为法律主体有何异同,上述法人学说的建构仍然有限,并且都以自然人为道德主体与法律主体的原型。考虑到 20 世纪以来社会学、组织学、管理学、心理学、经济学等对于组织研究的巨大进展,需要在诸法人本质学说的基础上,推进对于法人本质的研究和认识。

在国家与法人之间的关系不再构成法人理论的核心或者焦点的情况下,对于法人的进一步研究需要着重回答的问题在于:哪些团体或者组织是法人或者可能成为法人?② 这就是要进一步追问和回答团体或者组织成为法人的实质根据,追问法人究竟是一种什么样的社会实存。

二、研究思路

(一)价值立场

德国学者莱赛尔认为,法人拟制说、法人实在说与人格化的目

① 参见仲崇玉:《论萨维尼法人拟制说的政治旨趣》,载《华东政法大学学报》2011 年第 6 期;仲崇玉:《论基尔克法人有机体说的法理内涵与政治旨趣》,载《现代法学》2013 年第 2 期;仲崇玉:《耶林法人学说的内涵、旨趣及其对我国法人分类的启示》,载《法学评论》2016 年第 5 期。我国台湾地区学者吴宗谋也认为,法人实在说是“项庄舞剑”。参见吴宗谋:《再访法人论争——一个概念的考掘》,我国台湾大学法律学研究所 2004 年硕士学位论文,第 74 ~85 页。

② 事实上,我国《民法典》规定“非法人组织”,其核心问题也在于究竟什么样的组织能够成为法律主体。

的财产说[①]的差异，归根结底是个人社会学说与集体社会学说的分歧。[②] 我国学者龙卫球教授也指出，《德国民法典》的主体制度，从结构上采取了自然人和法人的二元结构，似乎与传统个人主义主体观所建立的自然人一元主体结构有着重大背离，也说明了团体观念在现代社会的巨大影响。影响德国主体结构的团体观念尤其是经济共同体观念与个人主义观念在现代社会中到底是一种什么样的关系，是一个非常重要的需要澄清的现代立法的思想基础问题。[③] 在笔者看来，这种个人本位与社会本位的对立虽然不是法人本质学说争论的焦点，但是构成学者的理论前见与价值选择，并且会影响到理论的构成。

如果一定要在个人本位与社会本位之间作出选择，笔者更倾向于后者。笔者认为，个人在社会中的生存与发展，须臾离不开人的群体，质言之，人是社会性动物。作为社会生活中的一分子，人更多地体现为社会化意义上的个体。正如柏格森所言，"如果我们试图想象一个与周围的社会生活完全隔绝的个人可以生存，那将是一件徒劳的事情。即使是独居荒岛的鲁宾孙·克卢索，也要与其他人保持相当程度的联系。因为他从那条破船的残骸中打捞起的那些造

---

① 目的财产说认为法人就是实现预定目的的财产。该理论着眼的不是各种人的联合(Personenvereinigung)，而是服务于特定目的的财产。该理论最重要的代表人物是德国学者布林茨。科英指出，提出这种理论的学者属于少数派。参见[德]赫尔穆特·科英：《欧洲私法史上的法人理论》，傅广宇译，载徐国栋、方新军主编：《罗马法与现代民法》(第10卷)，厦门大学出版社2019年版，第70～71页。

② 参见[德]托马斯·莱赛尔：《德国民法中的法人制度》，张双根译，载《中外法学》2001年第1期。

③ 参见龙卫球：《法律主体概念的基础性分析(下)——兼论法律的主体预定理论》，载《学术界》2000年第4期。

船部件，使他没有与文明隔绝，因而也没有与社会隔绝”。[①] 如果脱离了社会的媒介，人之为人的意义与价值就会受到质疑，甚至会遭到否定。其原因在于，我们今天谈论的一切关于人的话题，无论是作为精神存在的个体，还是作为物质意义的个体，都离不开特定的社会框架这一背景。正是在这种社会化的场景中，个人的理性与社会性得以有机协调并和谐共处。“人的社会性跟他的理性一样是人的本质性自然的构成部分。事实上，社会性对于人的自然是至关重要的，社会性也绝不是什么后来附加上去的东西，它也同样是初始性的。从本体论上说，个体的人与共同体是彼此相关的，若彼此独立他就无从存在。即使某些个体的人确实可以做到自我生存，因而成为一类独一无二的存在，他也只是在共同体中才能完善。对于他来说，成为一个持久性共同体的一员，乃是本质性的。”[②]

现代社会是高度组织化的社会，组织的存在与发展已成为现代社会的核心要素之一。事实上，自人类社会产生以来，人们一直在寻找着各种组合方式，以此来应对个体的局限、自然的风险和社会的风险，并以此方式建构和践行人类的社会智慧。人们将个体的存在寓于组织的形式中，通过组织的形式加以表达和呈现。可以说，组织的存在和发展是与人类心智的进化和人类文明的累积同步进行的，组织的存在和发展表征了社会的文明和理性程度。组织的文化、性格、规范对于组织内个人的思想、态度和行为有深远的影响。

---

① ［法］亨利·柏格森：《道德和宗教的两个来源》，彭海涛译，北京时代华文书局2018年版，第9页。

② ［德］海因里希·罗门：《自然法的观念史和哲学》，姚中秋译，上海三联书店2007年版，第214页。

在个人的价值和原则被他们所处的组织环境塑造的程度上,个人是组织的产物,而不是相反。

从文化人类学研究来看,宗族、种姓和俱乐部被作为可以比较的对象而一并研究,原因在于它们都是人作为社会性动物的基本生存方式。[①] 所谓"个体的解放",均是相对于特定组织而言的。[②] 事实上,作为社会性动物,人从家庭中解放出来,成为原子化的社会基本构成后,又不得不进入各种生产(经济)单位中,以获得其生存和发展所必不可少的资源。当然,与之前的社会组织方式相比,现代社会中的个人之于组织的身份具有了流动性,这是近代以来的社会相比于以往社会的一个巨大进步。需要认识到,近代以来生产方式的转变、生产关系的重构、个体的解放、家庭的解体、现代组织的产生与发展等,是在同一个历史进程中发生的,它们之间存在互相依赖、互相促进、互为条件的不可分割的关系。

(二)法人的社会基础

社会生活中存在各种各样的组织。法学在组织这种社会存在的基础上抽象出法人这一概念时,必定是以组织的某种或某些社会学形态为基础的。《德国民法典》对于法人的规定,以社团和基金会这两种组织形态为基础,当社团或基金会符合一定的条件时,法律

① 参见[美]许烺光:《宗族·种姓·俱乐部》,薛刚译,尚会鹏校,华夏出版社 1990 年版。

② 工业文明促成了大生产、分工和交换的普遍需要。所以,人类进入工业社会以来,冲破了等级社会,冲破了家族的羁绊,但是又受困于各种营利组织之中。虽然家庭、地域、宗教等仍然是人类的组织形式,但是近代民法在观察社会的时候,加了一层滤镜,通过这层滤镜所观察到的,主要是市场中的营利组织。

赋予或承认其权利能力,使其能够成为民事法律关系的主体。通过这样的规定,德国社团和基金会悠久的历史、众多的数量和社会性的意义也首要地体现在法律概念和法律制度中。根据莱赛尔的介绍,德国的社团和组织存在多样性,按不同的法律形态可以区分为共同体、合伙、社团、机构和基金会等。虽然这种法律形态上的分类部分地远离了其社会基础,但也均有其法律史上的起源,从法社会学上来说也体现了不同的组织结构。①

这说明,法人这个概念是从各类组织的社会生活实践中抽象出来的,正如自然人这个概念也是从一个个具体的生物人个体中抽象出来的一样。理论家在进行这种抽象的过程中,一定是以某种或某些特定类型的组织作为其学术原型的。由此导致,选择不同社会学类型的组织作为抽象的社会基础,相应的法人理论也可能存在不同。本书第四章会具体论及,以社团为原型的法人理论在现代社会组织实践的不断发展中面临着一系列的挑战,因此需要将法人理论的学术原型更新为企业这种在现代社会中占据主导地位的组织,并据此进行理论的更新或重构。

(三)组织本体、对于组织的认识与对于组织的政策

需要承认,对于组织这种可能的社会存在的探究,面临着巨大的困难。组织的真实性是一个哲学与社会学中的艰难问题;组织的本体是什么,在社会学与组织学中也尚无定论。较诸单个的生物

---

① 参见[德]托马斯·莱赛尔:《德国法上的非国家性社团组织》,金晶译,载民政部民间组织管理局编:《中德社会团体内部治理比较研究》,石油工业出版社 2009 年版,第 183 页。

人,组织显然更为复杂多样,对于组织的认识也受到人们关于原子化的社会还是组织起来的社会之不同前见的影响。组织的真实状态需要透过人的认识来观察和把握,而人本身又存在于组织之中,所以在某种程度上,对于组织的认识会受到观察者本人的影响,这也给人们认识组织的真实状态制造了障碍。

笔者认为,从某种意义上说,组织的真实性与规范的客观性一样,只能通过个体的行为才能加以观察和判断。仅当规范为人的行动提供了标准的解释模式时,规范才是现实的。同样,仅当组织的文化、性格、秩序和规范对于组织内个人的思想、态度和行为提供了解释模式并具有深远影响时,组织才彰显了其真实性。

探究组织这种可能的社会存在,还会受到国家对于不同组织的不同政策的影响。在19世纪的法人本质学说论争中,赞同国家对于团体和组织进行严密监管的特许设立主义,通常以法人拟制说为其论理基础;而赞同国家对团体和组织放松管制的准则设立主义,则多以法人实在说为其依据。这样,对于组织的某种特定的政策主张,也会影响人们对于组织的看法。对此,笔者认为,组织得以成为法律主体的实质根据,与实定法对于组织的主体地位所施加的形式约束,两者是可以分离的。本书对于法人概念的探究,以区分这两个方面为基础。只有将对于组织的不同政策主张与组织的本体和对于组织的认识相分离,才能排除干扰,使认识更接近组织的真实状态。

三、本书构想

本书借助于关系定义法展开对于法人概念的研究,分两步完成:一是确定法人的相邻属概念,二是确定法人相较于相邻属概念的种差即法人的本质特征。在将权利能力作为法人的本质特征之后,本书继而分别讨论法人权利能力的实质根据与受到的形式约束。

(一)组织作为法人的相邻属概念

本书第二章将组织确定为法人的相邻属概念,乃是受到我国《民法典》关于法人与非法人组织的立法界定的启发,[①]并且在德国学者拉伦茨的《德国民法通论》中得到了部分印证。[②] 将组织确定为法人的相邻属概念,还可以借用社会学和组织学领域对于组织的既有研究成果,因而是本书最终确定的方案。

对此可能存在的疑问,在于为何不选用“团体”作为相邻属概念,这个问题需要回答。笔者不选用“团体”,首先是由于在关系定义中,属概念虽然是被假定已知的,但是笔者认为这种假定也应尽量符合实际。由于社会学与组织学中对于组织已经形成了一定的认识,拥有较为丰富的研究成果,因而相较于“团体”而言,笔者认为“组织”可能更趋近于“已知”这一假定。其次,由于我国民法在历史上所形成的与德国民法之间的师承关系,我国学者可能更接受德国法中的术语,从而可能更倾向于“团体”概念。但是,莱赛尔指出,团体是相对于合伙来说一个最重要的概念。在公法上,团体的概念使

---

① 《民法典》第 57 条规定:“法人是具有民事权利能力和民事行为能力,依法独立享有民事权利和承担民事义务的组织。”第 102 条第 1 款规定:“非法人组织是不具有法人资格,但是能够依法以自己的名义从事民事活动的组织。”

② 参见[德]卡尔·拉伦茨:《德国民法通论》(上册),王晓晔等译,法律出版社 2003 年版,第 183 ~184 页。

用至今，而在《德国民法典》和民法教义中，团体的概念则被社团所取代。[1] 考虑到《德国民法典》中的法人不仅可以建立在社团的基础上，也可以建立在基金会的基础上，仅以社团（团体）作为法人的属概念，就是不够的。就我国社会生活实际而言，政治生活中的“人民团体”与社会生活中的“社会团体”，两者差异较大，并且与德国有着浓郁的社团文化不同，我国民众参与社团的积极性和实践均较为有限，无法对社团或团体形成较为直接的感受与认识，不宜将“团体”假定为一个已知的概念。最后，就德文中的“Gemeinschaft”和“Gesellschaft”而言，斐迪南·滕尼斯所著《共同体与社会》一书的中文译本，将两者分别译为“共同体”与“社会”。[2] 但是，由于文化上的差异造成的理解上的偏差，我国民法学者对于这两个概念可能存在不同的理解，“Gemeinschaft”可能被译为“联合体”“共同体”等，“Gesellschaft”可能被译为“公司”“合伙”“团体”等。此外，表示“团体（社团）”的德文词汇还有“Körperschaft”“Korporation”“Verein”等。这种混乱局面也使得中文的“团体”究竟对应于德文中的哪个概念并不清晰。若是将“团体”作为法人的相邻属概念，这种混乱也将妨碍我们获得关于法人的清晰认识。基于这些考虑，笔者最终将“组织”假定为已知的概念，并作为法人的相邻属概念。

将组织作为法人的相邻属概念，还可能受到的质疑是：民事主

---

① 参见［德］托马斯·莱赛尔：《德国法上的非国家性社团组织》，金晶译，载民政部民间组织管理局编：《中德社会团体内部治理比较研究》，石油工业出版社 2009 年版，第 184～185 页。

② 参见［德］斐迪南·滕尼斯：《共同体与社会——纯粹社会学的基本概念》，张巍卓译，商务印书馆 2019 年版。更早的林荣远译本（北京大学出版社 2010 年版），也译为“共同体”与“社会”。

体是否仅限于生物人和由生物人组成的人的组织,而排除了其他存在物成为民事主体的可能性?在人工智能发展如火如荼的技术背景下,在各种法学文献讨论机器人主体地位的氛围下,是否仍然将法人限定于组织的范围内,值得探讨。笔者近年来的研究也关注到这个问题,并且到目前为止仍然坚持机器人还不能成为法律上的人的观点。① 当然,对于未来学家雷・库兹韦尔(Ray Kurzweil)的“奇点时代”②究竟是否以及何时会到来,笔者持开放的态度,只是在图灵设想的非线性计算机尚未变为现实的情况下,赋予人工智能以及机器人以法律主体地位,恐怕为时尚早。

(二)权利能力作为法人的本质特征

在确定了法人的相邻属概念之后,就需要进一步确定法人相较于组织的本质特征,即关系定义中的“种差”,这是本书第三章所要解决的问题。

如果我们从整体上观察法人组织,可以观察到法人这种组织有很多性质,如组织性、目的性、规范必要性等,但无论是目的性、组织性(组织结构)还是规范必要性,均不足以将法人与法人之外的组织区别开来;唯一可以将法人与法人之外的组织区别开来的,就是权

① 参见冯珏:《自动驾驶汽车致损的民事侵权责任》,载《中国法学》2018 年第 6 期;冯珏:《智能机器人还不能成为法律上的人》,载《经济参考报》2019 年 6 月 19 日,第 8 版。

② 参见蒂姆・厄班:《超级人工智能之路》,载张立宪主编:《读库. 1503》,新星出版社 2015 年版,第 87 页以下。尤瓦尔・赫拉利也认为:“我们可能正在接近一个奇异点。”参见[以色列]尤瓦尔・赫拉利:《人类简史:从动物到上帝》,林俊宏译,中信出版社 2017 年版,第 389 页。

利能力。本书仍然以既有学理为基础,①研究权利能力能否确实充当法人的本质特征,从而将法人组织与法人之外的组织区别开来。这是因为,只有通过权利能力这个概念,才能在自然人与法人之中找到共同的属性,从而支撑起"民事主体"这个更上位的民法学的基本概念。因此,笔者从接受权利能力作为法人相较于组织的"种差"出发,探究权利能力究竟是一种什么样的能力,以对这个命题展开进一步的验证。

从理论发展来看,权利能力最初是针对自然人提出的法学概念和实定法命令,能否用于阐明法人的法律主体地位,是法人理论尤其是法人拟制说与法人有机体说的争论焦点之一。因此,本书第三章的内容就不仅限于法人的权利能力,而是必须首先对自然人的权利能力进行追根溯源的探究,理解其取代"人格"概念的历史条件、价值意蕴以及法学构建方法,才有可能进一步探究法人的权利能力问题。这个过程在某种意义上是对道德哲学中的自由概念的回归,权利能力在本质上是一种意志能力、理性能力。近代以来的哲学范式以人的自由为起点,构建起包括法学与伦理学在内的道德哲学,与市民社会的基本要求相匹配。近代以来的民法学将自由与理性作为人格体的实质根据,正是对这种社会经济条件与哲学范式的反映。因此,对于自然人来说,难点在于如何理解儿童与成年精神障碍者的理性能力;对于法人来说,难点则是法人如何在意志能力由生物人独占的情况下获得自身的自由,从而证成对法人施加规范的

---

① 《德国民法典》将权利能力视为法律意义上的人(包括自然人和法人)的本质属性。参见[德]卡尔·拉伦茨:《德国民法通论》(上册),王晓晔等译,法律出版社 2003 年版,第 48 页。

调整和约束的可能性与必要性。

通过对于权利能力概念的体系定位、价值功能、内涵流变等的梳理分析，笔者对于法人本质特征的追问，虽仍以权利能力为可接受的答案，但是与学界通行的对于权利能力的空洞化理解不同，笔者认为权利能力仍然是对于作为道德哲学主体本质的抽象的理性和自由的法律表达。对于法人而言，应以法人相对于自然人的独立性作为这种抽象的权利能力在法学构建中的具体展开或曰“定在”，通过对于组织独立性的观察和判断，来深化对于法人本质特征的认识。

（三）权利能力实质根据的展开

德国学者蒂堡最初提出权利能力概念时，区分自然权利能力与市民权利能力：在两者的关系上，自然权利能力是成为法律上的人的根本或者基础，而市民权利能力则是实定法对于法律上的人所施加的外在约束。现代民法学在将权利能力作为民事主体的本质特征时，不再区分自然权利能力与市民权利能力，但是权利能力仍然存在这两个不同的面向，需要分别展开。

法人相对于自然人的独立性作为法人这种组织自身获得的自由的外在表现，是对于法人权利能力之实质根据的具体展开。在具体讨论组织的独立性时，笔者面临的困境是，组织的社会学类型多样，不同组织在组织目标、组织结构、组织决策、组织资源与组织环境方面，都有或多或少的差异，因而要抽象出能够适用于各类组织的关于组织独立性的理论，难度很大。为了降低问题的复杂程度，本书第四章以企业的独立性为例，展开对于组织独立性的讨论。

之所以选择企业这类组织作为讨论的原型，不仅是因为企业在现代社会中发挥了组织社会生产的基本经济功能，对于非经济领域的组织有着强烈的吸引与示范作用，而且也是因为法人理论的现代发展在很大程度上是为了承认所有参与到法律关系中的企业的主体地位。德国学者弗卢梅提出的“群体理论”（Gruppe-Lehre）、德国学者莱赛尔关于企业与法人关系的讨论、美国学者提出的组织法的资产区隔效果理论等，其旨均在于肯认企业成为法律关系的独立参与者与承载者。从世界范围内的立法和司法动向来看，不仅是我国从《民法总则》开始明确承认合伙企业、个人独资企业等“非法人组织”具有民事主体地位，而且美国 1997 年《修订统一合伙法》[①]、1978 年修订的《法国民法典》第 1842 条[②]均承认合伙具有法人资格。2000 年修改的《德国民法典》第 14 条规定了有权利能力的人合组织（rechtsfähige Personengesellschaft），德国联邦最高法院也于 2001 年通过判例承认了民事合伙的部分权利能力。这些新的立法动向与司法实践均着眼于普遍地承认企业的法律主体地位，以适应市民社会的“亲商性”，即市民社会对于分工、交换主导的经济的崇尚，从而向理论工作者提出了更新法人理论的迫切要求。以企业为中心来更新法人理论之社会基础，也符合我国社会中组织生活实践的主导

---

① 美国 1914 年《统一合伙法》的第一位起草者埃姆斯（James Barr Ames）院长本来会将合伙界定为“法人”，但埃姆斯院长中途辞世，其继任者刘易斯（William Draper Lewis）院长拒绝接受法人理论，也不愿将该理论用于合伙。最终的法案是妥协的产物：它许多方面的规定在本质上是将合伙界定为法律主体，将合伙定性为一个“人”；但它在将合伙界定为“两个或者两个以上的人的组织”时，也有将合伙视为多个主体的聚合的倾向。《修订统一合伙法》则至少规定，“合伙是一个不同于其合伙人的主体”。参见［美］拉里·E. 利伯斯坦：《非公司制组织的兴起》，罗培新译，法律出版社 2018 年版，第 57～59 页。

② 该条规定，除隐名合伙外的公司（合伙），自登记注册之日起，享有法人资格。

方面。

以企业作为讨论组织独立性的原型，还考虑到经济学对于企业的深入研究，为我们打开“企业”这个整体概念、深入企业内部讨论企业与其成员尤其是经济学意义上的企业所有者的关系，提供了基础和条件。经济学对于与企业所有权安排相关的控制、激励与责任之间关系的讨论，有助于我们理解企业与其经济学意义上的所有者之间既独立又相关的关系状态，有助于我们理解企业决策机制、组织结构和治理机制的构建存在多种可能性，一定程度上有助于破除依某种特定结构类型的企业（主要是公众型股份公司）来理解法人的陈旧观念。

虽然对于组织的存续来说，组织目的、组织秩序与组织资源三者构成了最基本的条件，并且传统法学理论对于组织目的、组织结构颇为看重，但是本书第四章将企业独立财产作为企业独立性的核心构造，并且进一步区分了企业独立性的不同程度。企业的独立财产不仅有利于企业确立独立于企业所有者的企业目标，而且对于企业秩序的形成提出了迫切要求。

从世界范围来看，企业法已经呈现出全面覆盖的态势，即不再停留于原先以营利组织为单一原型的企业，而是扩展至社会企业、公益企业等各种非营利的企业组织。就我国非营利组织法而言，以企业为原型的法人制度恐怕有更重要的意义。我国的事业单位、社会团体、社会服务机构等方面的法律制度长期不发达，相关财产规则和治理结构的完善也需要在更大程度上借鉴企业法的成熟理念和做法。建立以企业为中心的法人制度，也有助于非营利组织在与企业的比较和借鉴中确立符合自身追求的组织目的、形成符合自身特点的组织秩序、获取符合自身需要的组织资源。

(四)权利能力形式约束的展开

对于作为法人本质特征的权利能力的讨论,必须包括实定法对于权利能力的形式约束这部分内容,才是完整的,本书第五章即为其具体展开。权利能力作为构建共同体与人格体之间关系的概念工具,必须考虑到人格体和共同体两者。一方面,人格体必须因其自由而彰显对其加以规范调整的必要性和可能性,这是权利能力的实质根据;另一方面,仅自由无法定义人格体,人格体必须得到共同体的承认,这就决定了共同体可以通过实定法对于权利能力施加形式约束。由此,并非所有具有独立性的组织都是法人;只有被共同体通过法律承认具有民事权利能力的组织,才是法人。

共同体对于组织权利能力的承认,仍然着重于组织目的、组织秩序和组织资源这三个方面。组织目的要有利于或者至少不悖于共同体的福祉;组织秩序要与共同体的整体秩序相容,不悖于共同体对于组织内个人基本权利的保障;组织资源的获取对于共同体及其他成员的负外部性要被控制在可以接受的范围内。这种承认还受到共同体的监管成本、与第三人的交往成本、第三人了解组织的信息成本等的约束。具体而言,与财产法定的类比、法人基本权利与自然人基本权利的差异、防范组织与国家相竞争的需要以及保护自然人民事主体之尊严的必要性,是共同体在考量是否承认组织的法律主体地位时需要斟酌的主要因素。

国家根据组织目的、基于组织支持国家福利和安全的程度,有选择性地鼓励、承认或者容忍某些组织成为法人,体现了国家干预的不同程度。实定法对于法人权利能力的形式约束,在法人类型法定与法人设立程序法定两个维度展开;而实定法对于法人设立法定条件的规定,则主要是对于法人权利能力之实质根据的立法模拟。法人权利能力的实质根据与形式约束之间,也存在一定的互动关系。

(五)法人是有权利能力的组织

通过上述讨论,本书对于法人概念的研究,以“法人是有权利能力的组织”为基本结论。本书第六章对全书进行了总结:组织是法人的相邻属概念。权利能力是法人的本质特征。法人权利能力的实质根据是抽象的自由和理性,并表现为法人相对于其内外自然人的独立性。法人权利能力受到实定法施加的形式约束。

但是,按照上述认识,我国《民法典》中规定的“非法人组织”概念就会丧失其独立性,而被法人概念所吸收。为了避免这种情况,作为本书理论命题的一个应用,笔者主张用“有权利能力的组织”这个定义项,来代替理论中的“法人”这个被定义项,从而使得我国《民法典》中的“法人”仅作为“有权利能力的组织”的下位概念,而与“非法人组织”相并列。由此,在我国民法学中,民事主体首先区分为自然人与“有权利能力的组织”,“有权利能力的组织”再进一步区分为法人与非法人组织。本书第六章对该理论应用作了较为详细的说明与论证。第六章还说明了本书对于法人概念研究的未竟之处。以下从确定法人的相邻属概念开始,渐次展开具体讨论。

第二章　组织作为法人的相邻属概念

一、引言

《民法典》关于法人和非法人组织的定义条款，最后均落实到“……的组织”。按关系定义法来理解，似乎组织是法人与非法人组织共同的相邻属概念。与之形成对照的是，虽然《德国民法典》没有对法人作出界定，但是德国学说认为，私法法人“是通过私法行为设立的长期存在的人的联合体或组织体，它本身是与其全体组成人员和管理人员互相分开的实体，它本身享有权利并承担义务，通过其机关的行为（在法律上是法人的行为）取得权利并履行债务，由此而发挥自己的作用并参与法律交往”。[1] 对于这个界定中的“人的联合体”与“组织体”是什么关系,则未见进一步的阐释。科英则似将法人作为指称有权利能力的组织的上位概念。[2] 由此,需要回答的问题是:法人与组织这两个概念之间是什么关系?或者更明确一些,组织是不是法人的相邻属概念?

对于上述问题,我国不少学者在未深入讨论组织与社团、组织与财团、组织与公司等的关系的情况下,似乎就予以了肯定。在老一辈学者的著述中,对法人是一个“社会组织”或“社会组织体”,似乎没有值得怀疑之处。[3] 但是,自 20 世纪 90 年代末开启的我国台湾地区学者的著述引入和德国法学名著的汉译工作以来,学者中不乏弃“组织”而赞“团体”者。《民法典》中规定的“非法人组织”,在原先的学理讨论中经常被称作“非法人团体”,即为著例。[4] 因此,我国立法和学理中所采用的“组织”概念,很可能只是一种“自发”,尚未形成“自觉”。法人的相邻属概念究竟应定位于“组织”还是“团体”,仍需认真思考。

另一方面,组织自 20 世纪 60 年代起成为社会学中的一个独立

---

① [德]卡尔·拉伦茨:《德国民法通论》(上册),王晓晔等译,法律出版社 2003 年版,第 183 ~184 页。

② “作为法律技术概念的‘法人’,则是 19 世纪潘德克顿法学的产物。这种新的法人概念不再局限于人的团体,而是一个指称各种有权利能力的组织的上位概念,因而可以容纳独立的财团。”参见[德]赫尔穆特·科英:《欧洲私法史上的法人理论》,傅广宇译,载徐国栋、方新军主编:《罗马法与现代民法》(第 10 卷),厦门大学出版社 2019 年版,第 62 页。

③ 参见佟柔、周大伟:《佟柔中国民法讲稿》,北京大学出版社 2008 年版,第 154 页;江平主编:《法人制度论》,中国政法大学出版社 1994 年版,第 28 页;马俊驹:《法人制度通论》,武汉大学出版社 1988 年版,第 1 页。

④ 参见石碧波:《非法人团体研究》,法律出版社 2009 年版。

的论题。[1] 由此，对于人的集合体现象，在法学的讨论之外也有了社会学的研究成果。这就为法学在一定程度上脱离社团、财团这些经验形式，将组织作为更一般的且是假定已知的概念从而充当法人的相邻属概念，提供了条件。在关系定义法中，对于一个种概念的界定，正是需要找到一个已知的相邻属概念，或者至少是被假定为已知的概念，才能在既有的知识谱系中引入一个新的概念。并且，若是确实可以将组织作为法人的相邻属概念，则社会学关于组织的相关研究成果就可以在一定程度上引入法学，或者至少可以作为法学的镜鉴，以观法学对于法人的性质的既有阐发，哪些与社会学的观察相契合，哪些则有进一步检讨、反思和斟酌的空间。

基于上述两方面的考虑，笔者拟在证成组织可以成为法人的相邻属概念的同时，也试图引入社会学关于组织的研究来重新观察法人。由于"法人"是一个待界定的概念，所以关于法人与组织之间关系的讨论，就必须借助于"法人"的具体表现形式展开。莱赛尔指出，只有人的结合团体与依特殊目的所组织的财产才能成为法人，这已成为通说。[2] 科英也指出，法人不限于团体（Körperschaft），也不等同于团体和社团（Korporation）的概念。除了团体，社会公共机构（Anstalten）和独立的财团也被纳入"法人"概念之下。[3] 因此，讨论法人与组织的关系，需要通过讨论社团、财团、社会公共机构、公

---

① 参见［美］理查德·H. 霍尔：《组织：结构、过程及结果》（第8版），张友星等译，上海财经大学出版社2003年版，第33页。

② 参见［德］托马斯·莱赛尔：《德国民法中的法人制度》，张双根译，载《中外法学》2001年第1期。

③ 参见［德］赫尔穆特·科英：《欧洲私法史上的法人理论》，傅广宇译，载徐国栋、方新军主编：《罗马法与现代民法》（第10卷），厦门大学出版社2019年版，第65页。

司、企业等法人的具体形式与组织之间的关系展开。

最后,倘若组织可以成为法人的相邻属概念,就同时否定了将组织性作为法人的本质属性,因为组织作为法人的相邻属概念就意味着并非所有的组织都是法人。这样,本书的立场就与法人组织体说存在差异,有必要对法人组织体说作一番审视,以阐明此间的差别。

二、现代社会中的组织

组织是当今社会的主要组成部分,当今社会已成为一个“组织的社会”。我们生于组织之中,通常也死于组织之内,而介于生死之间的生活空间,也由组织填满。①

(一)何谓组织

何谓组织,有待厘清。一群人坐在一起开会或讨论问题,不称其为组织,但是如果这种活动有了固定的安排,则可能另当别论。邻居们跑出来一起追赶小偷,不称其为组织,但是如果偷盗事件时有发生,邻居们按一定的方式轮流巡逻,情况可能又有不同。

按《现代汉语词典》(第7版),“组织”一词有多个义项,其中与此处较相关的义项是“按照一定的宗旨和系统建立起来的集体”,如“党团组织”“向组织汇报工作”。美国社会学和管理学者霍尔也对组织作出了界定:“组织是有相对明确的边界、规范的秩序(规则)、

① 参见[美]理查德·H.霍尔:《组织:结构、过程及结果》(第8版),张友星等译,上海财经大学出版社2003年版,第4页。

权威级层（等级）、沟通系统及成员协调系统（程序）的集合体；这一集合体具有一定的连续性，它存在于环境之中，从事的活动往往与多个目标相关；活动对组织成员、组织本身及社会产生结果。”①在上述界定的基础上，我们可以进一步讨论组织的若干性质。

首先，组织是一个集合体，集合体是组织的上位概念。集合体与集合不同，集合不一定有“体”。上述一起开会的与会者、一起追赶小偷的邻居等，可以构成一个集合，但显然他们并未构成组织。两者的根本差别在于，无序的集合只能是“加和”关系，②而组织是“非加和”关系，③能够产生1加1大于2的效果，从而可以实现某种目的和功能。作为一种“非加和”的集合体，组织成员的更新不影响组织的存续。但是，集合体仍然是组织的上位概念。举例而言，闹钟也是其各个零件的集合体，具有大于各个零件之简单加总的整体功能，但闹钟显然不是组织，仅是一个机械的集合体。所以组织还暗含了一个要件，即“人的组织”。换言之，组织作为一种社会现象，是人们基于某种联系而形成的结合形态，当我们说“组织”的时候，

---

① ［美］理查德·H. 霍尔：《组织：结构、过程及结果》（第8版），张友星等译，上海财经大学出版社2003年版，第35页。

② “加和”关系意味着，除了集合的组成部分的性质之外，集合自身不具有独立于其组成部分的新的性质。在美国的法人集合理论看来，法人仅是其中的人与其他要素的加总。See Michael J. Phillips, *Reappraising the Real Entity Theory of the Corporation*, 21 Fla. St. U. L. Rev. 1061, 1066 (1994). 这意味着，集合内任何要素的变动都会使该集合变成一个新的集合。

③ “非加和”关系意味着，除了集合的组成部分的性质之外，集合还具有独立于其组成部分的新的性质。在美国，关于法人的实在说与集合说不同，实在说认为法人作为一种存在，具有作为其组成部分的个人所没有的性质，即法人本身大于其成员之和。See Michael J. Phillips, *Reappraising the Real Entity Theory of the Corporation*, 21 Fla. St. U. L. Rev. 1061, 1068 (1994).

指的都是人的组织，如党团组织、工会组织等。

其次，组织具有一定的连续性，被假定可以永续存在。① 组织超越了成员的生活，有它自己的目标。组织的目标非常重要。正如曾因在决策理论研究方面的成就而获得诺贝尔经济学奖的赫伯特·西蒙所指出的，组织目标可以被看成“组织的存在和行为独立于其成员的行为”的具体表现。② 目标是组织分析的核心。组织是达致特定目的的手段，这个目标是组织内的若干人共同设定的，并且构成他们决策的约束条件，正是目标把他们结合在一起。

再次，个人在组织内的相互作用需要沟通系统和成员协调系统，从而形成秩序和权威等级。③ 组织内的要素受到组织设定的约束条件的制约，对外表现为一个整体。这样的约束条件，就是组织内由规则所保障的秩序。④ 人基于自己的思维和选择能力，能够确定组织的目标、设定组织的结构，能够服从组织的规则、扮演组织中的角色，从而形成组织的“序”，使组织呈现为由人（或同时由物）构成的集合体。

---

① 本章引言所引拉伦茨关于私法法人的界定中，也有“长期存在”这个要素。但是“长期存在”可能仅是组织设立者的设想和期望，而不一定成为现实。组织可能“死亡”，当组织无法继续获得内在或外在资源的支持时，组织趋于死亡。

② See Herbert A. Simon, *On the Concept of Organizational Goal*, 9 Administrative Science Quarterly 1, 2 (1964).

③ 真正的权力平等在组织中是极不可能的。一旦组织超越了很小的规模、简单的技术和较低程度的复杂性，组织的本质就会使它采用某种形式的等级制度。参见[美]理查德·H. 霍尔：《组织：结构、过程及结果》（第8版），张友星等译，上海财经大学出版社2003年版，第89页。

④ 凯尔森正是从这个角度来认识法人的，认为法人就是在成员之间构建起了自己的秩序。参见[奥]凯尔森：《法与国家的一般理论》，沈宗灵译，中国大百科全书出版社1996年版，第112页以下。

最后，组织与一定的社会关系有关。现代社会中，据以形成组织的联系主要是指人的自愿联合的意志，并以“章程”作为这种联系的物化表现形式。韦伯认为，组织内的人际互动是“协会性的”而不是“公社性的”。[①] 韦伯的这一区分，类似于德国学者斐迪南·滕尼斯所说的“共同体”与社会中的“协会”之间的差别。滕尼斯以心理学为基础，区分人的本质意志和选择意志。人的本质意志不断被其选择意志所遮蔽的过程，实际上也是人类社会的组织方式由前近代的“共同体”向近代的“社会”转变的过程。滕尼斯将人的选择意志与逻辑、判断、推理等思维形式联系在一起，与近代以来对人的理性的极大推崇相契合。[②] 因此，若是将人的组织作为研究对象并试图为其建立一个概念体系，在涵养人的本质意志的氏族、家庭、村落等共同体与人基于选择意志的自由联合（协会）之间，当然应该以后者为研究对象。这恐怕是现代关于组织的研究排除家庭、村落、部族、民族等的原因。

组织的上述性质，实际上在既有的法人学说中也得到了相当的阐释。法人的成员、法人的章程、法人的目的、法人的组织结构、法人的存续期限、法人的内部规则和处罚等，都是研究法人理论和制度的经典内容。社会学对于组织的研究表明，法人的很多性质实际上正是源于法人作为组织的下位概念，而具有了组织所“传递”过来

---

① See Max Weber, *The Theory of Social and Economic Organization*, trans. by A. M. Henderson and T. Parsons, New York: Free Press, 1947, pp. 136 – 139. 转引自［美］理查德·H. 霍尔：《组织：结构、过程及结果》（第 8 版），张友星等译，上海财经大学出版社 2003 年版，第 33 页。

② 参见［德］斐迪南·滕尼斯：《共同体与社会——纯粹社会学的基本概念》，张巍卓译，商务印书馆 2019 年版，第二卷“本质意志和抉择意志”。在林荣远译本（北京大学出版社 2010 年版）中，“抉择意志”译为“选择意志”。本书不对此作专门区分。

的性质。

(二)组织的真实性

关于组织,一个社会学和哲学中的两难问题是:组织是真实的吗?

这个问题在法学中同样受到关注。拉德布鲁赫指出,法人现象一经出现便伴随着一个至今悬而未决的法哲学争议,即"这种法人的人格是因为法律而产生的、拟制的,或是先已存在的;它是法律上的现实还是前法律的现实;它是因为法律而存在还是独立于法律而存在"。[①] 施瓦布也指出,关于法人本质的争论(法人拟制说与法人有机体说)最终涉及的是这样的问题,即人们是否把由人组成的共同体视为个人生存表现(Lebensaeusserungen)的化身和总体,抑或视为一个超越其个体成员的存在物。[②]

霍尔认为,组织具有一定程度的真实性。具体而言,如果组织中个人的某些行为总是由组织因素决定,则组织具有真实性。[③] 对组织中个人的行为起决定作用的组织因素与其他因素(互动因素或个人因素)之间的比例,目前还不能计算得十分精确。霍尔的观点是:在某些情况下,大多数个人行为的变化(即使不是百分之百)能够用组织因素来解释(这正是很多组织中训练和教化项目的目的所

---

① [德]拉德布鲁赫:《法学导论》(第13版),米健译,法律出版社2012年版,第73页。

② 参见[德]迪特尔·施瓦布:《民法导论》,郑冲译,法律出版社2006年版,第100页。

③ 类似的观点,参见W. Jethro Brown, *The Personality of the Corporation and the State*, 21 L. Q. Rev. 365, 367-368 (1905)。

在)。在另一些情况下,组织因素与行为的其他决定因素共同起作用。①

至此,将组织作为真实的实体来对待已经涉及了组织内的个人的行为。但是,更为根本的一个问题是:组织自己是行动者吗?霍尔认为答案又是肯定的。前面讨论过的某些组织特征表明了组织的存在。组织的长期存在、组织成员的更新,说明组织并不依赖于特定的个人。成员在首次加入某一组织时,需要面对一种社会结构,包括组织成员之间的互动模式、其他成员对他们的期望以及组织对他们的行为的期望。这些个人是谁并不重要,组织已经建立起一套所有成员都必须遵循的规范与期望体系;不管成员如何更替,这套体系都会继续存在。听到"这是公司的政策""Z大学决不宽恕作弊行为"这样的话时,我们知道它们与组织有关。这些都是组织行为,与组织的(而不是个人的)特性相关。所以,真正的核心问题在于组织会对组织成员、组织本身及社会产生各种结果。②

与组织的真实性相关的一个问题是:组织是否是可观察的?诚然,组织体系的某些部分(如成员之间的关系)无法被直接观察到;相反,组织的存在是从我们可以观察到的事实(如成员的行为)中推断出来的。③ 组织最重要的外在标志是其名称。名称的意义在于,使某个组织成为外在可观的。无权利能力社团同有权利能力社团

---

① [美]理查德·H.霍尔:《组织:结构、过程及结果》(第8版),张友星等译,上海财经大学出版社2003年版,第38页。

② 参见[美]理查德·H.霍尔:《组织:结构、过程及结果》(第8版),张友星等译,上海财经大学出版社2003年版,第38页以下。

③ See Michael J. Phillips, *Reappraising the Real Entity Theory of the Corporation*, 21 Fla. St. U. L. Rev. 1061, 1116 (1994).

一样,对外以自己的名称出现。在交往中,这个名称就标志着社团的个体化,且与其成员的变更无关而标志其连续性。[①] 一个人员频繁变更的联合体,只有当它“有自己的名称,以此使其以被认可的方式将其成员联合为一个整体,且同时使其与其他社团区别开来时”,才能成为一个与其成员的变更无关的实体而存在。[②] 除名称之外,组织为了实现其目的,需要开展一系列活动,需要活动的场所。日常生活中我们习以为常的以某组织命名的大楼,既彰显了组织的名称,也是组织开展活动的主要场所,它们也是组织可以被观察到的一个证据。

虽然关于法人本质的争论在时间上远早于社会学将组织作为一个独立的论题加以研究,但是法人有机体说所力图证明的,恰恰在于组织的真实性。法人有机体说的提出者基尔克也论证了团体的社会实在性。首先,他举例证明团体生活并非都是抽象的,有些方面仍然是可以被感知的,如军团奏着军乐行军、选举者将选票投入选举箱。其次,团体的真实性还为团体的社会功能所证实。基尔克认为,尽管从微观上来说,人类物质文明和精神文明都是由个人所创造的,但却是在由各种团体所构成的社会环境中创造的,没有团体,就不会有人类文明。最后也是最重要的,团体的真实性还为我们的内部经验所证实。从基尔克的论述来看,这些内部经验指的

---

① [德]卡尔·拉伦茨:《德国民法通论》(上册),王晓晔等译,法律出版社 2003 年版,第 237 页。

② [德]卡尔·拉伦茨:《德国民法通论》(上册),王晓晔等译,法律出版社 2003 年版,第 238 页。

是成员在团体生活中经常体会到的归属感、安全感、集体荣誉感等。[①]

但是,组织的真实性却不一定涉及法人的本质特征,如果我们将法人的相邻属概念定位于组织的话。法人是法律对于组织的一种法学建构,此正如社会关系与法律关系之间的关系一样。法律关系并非是社会关系之外的一种关系,而是由法律所调整的社会关系。同样,组织是法人的社会基础,但是若不通过法学的建构,组织本身当然无法成为法律上的人,无法成为法人。事实上,不是不可以想象在法学中将组织构建为其成员的财产,正如企业可以成为企业主的财产一样。所以,法学在构造法人概念时,既依赖于其社会基础,又要在此基础上作出法学的构建,增添新的性质,并将之作为法人相较于其他组织的本质特征。

组织的真实性问题至今悬而未决。这既涉及论者的哲学前见,也涉及论者对于"社会—个人"关系的总体理解。而民法学上关于法人本质的讨论,尤其是法人拟制说与法人有机体说的争论,在一定程度上可以还原为受哲学、社会学、人类学等各学科关注的组织的真实性问题,但是对这一问题的广泛争议却可能掩盖了法学上对于法人本质特征的进一步探究。

(三)组织目标与组织决策

由于组织确实是人构建的,所以组织的目标或任务的概念就会

---

① 参见[德]奥托·基尔克:《私法的社会任务:基尔克法学文选》,刘志阳等译,中国法制出版社2017年版,第69、72~73页。

被提出来。建立组织是为了办成个人无法办到的事情,[1]建立组织旨在办成的事情,即组织的目标。前文已经提及,目标是组织分析的核心。与目的之于组织的重要性类似,法人的目的也备受诸种法人学说的重视。萨维尼认为,法人仅是为了某一法律目的而予以承认的人;法人的拟制之必要性即以法人的目的为基础;法人的概念总是以诸多不同的、独立的目的中的某一个为前提,该目的同样为财产能力所支持,但该目的常常可能比财产能力重要得多。[2] 拉伦茨认为,只有通过目的才能说明社团的长期性和其活动。[3] 施瓦布也说,法人是一个为特定目的服务的设计,借助于这一设计,人的联合体(Zusammenschluss)的建立及其活动可以在一个稳定的法律基础之上进行。[4]

需要说明的是,可能与我们的既往认识不同,社会学的观察发现,组织有着多重目标,这些目标可能是矛盾的,也可能发生变化。[5]从长期来看,由集体确定的、有共同基础的目标并不是一成不变的。对组织内部或外部新的考虑会使组织偏离其最初目标。这不仅会改变组织的活动,也会成为总的目标结构的一部分。重要的一点是,任何组织的目标都是从成员愿望、环境压力和内部压力中抽象

---

① [美]理查德·H. 霍尔:《组织:结构、过程及结果》(第 8 版),张友星等译,上海财经大学出版社 2003 年版,第 6 页。

② [德]弗里德里希·卡尔·冯·萨维尼:《萨维尼论法人的概念》,田士永译,载张谷、张双根等主编:《中德私法研究》(总第 9 卷),北京大学出版社 2013 年版,第 38、39 页。

③ [德]卡尔·拉伦茨:《德国民法通论》(上册),王晓晔等译,法律出版社 2003 年版,第 201 页。

④ 参见[德]迪特尔·施瓦布:《民法导论》,郑冲译,法律出版社 2006 年版,第 101 页。

⑤ 参见[美]理查德·H. 霍尔:《组织:结构、过程及结果》(第 8 版),张友星等译,上海财经大学出版社 2003 年版,第 273 页。

出来的。[①] 组织目标的复杂性和可变性,有助于我们重新检讨法人的目的事业范围对于其权利能力的影响。我国学理经过了长期的努力,才澄清了法人的目的事业与其权利能力的关系。组织目的的复杂性和可变性,为此添加了一个社会学上的注脚。

组织目标不能独立于组织内的行动者个人。[②] 组织目标由个人单独或集体设定,这是组织目标问题中的应有之义。那么问题在于,能否将组织目标简单等同于组织内的(某些)个人(成员或机关担当者)的目标。社团通过其社员大会形成的意思,在何种意义上说是这个社团自己的意思?这些问题实际上又回到了组织的真实性问题。关于组织决策的研究,或许可以为我们提供一些思路和借鉴。

西蒙用组织角色来解释组织目标和组织决策。他认为,组织据以作出决策(确定令人满意的行动方案)的约束条件中的多数(如果不是绝大多数)与组织角色相关,因此仅间接地与扮演该角色的个人的动机相关。在这种情况下,使用“组织目标”这一术语来指称这些由组织角色所施加、仅间接与决策者的动机相关联的约束条件或条件组,是便利的。[③] 事实上,法学对于组织角色并不陌生。在罗马法中,“人格”来源于拉丁文“*persona*”,在词源学上是指戏剧表演者在表演时所带的“面具”,后来又从戏剧扮演中担当权利和义务的

---

① 参见[美]理查德·H. 霍尔:《组织:结构、过程及结果》(第8版),张友星等译,上海财经大学出版社2003年版,第269页。

② See Herbert A. Simon, *On the Concept of Organizational Goal*, 9 Administrative Science Quarterly 1, 7 (1964).

③ See Herbert A. Simon, *On the Concept of Organizational Goal*, 9 Administrative Science Quarterly 1, 21 (1964).

“角色”演变为法律上权利义务主体的各种身份。① 德国学者京特·雅科布斯也着力区分个体与共同体中的人格体，并且指出，“人格体是根据他完成他的角色来定义的”。②

西蒙进一步指出，将组织角色从个人目标中抽象出来，尤其有利于研究组织决策的认知方面，因为这一抽象与人类认识过程的某些已知事实相符。对于人的记忆所储存的全部知识、态度和价值，在一个给定的具体场景下只会涉及其中的一小部分。这样，一个人可以承担广泛的角色，只要在适当的环境中可以调用这些知识、态度和价值，并且各个角色之间几乎不会相互干扰。当前的关于人类认知的信息处理理论假定，在这些由多个不同角色所引发的记忆内容组中只有很少的交叉。单一的个体从一种角色转换到另一种角色的能力，有助于解释组织目标被内化的程度，这种内化意味着个体在扮演角色时自动地激发和适用某些记忆。不管个体怀着何种原始的动机接受组织中的角色，与这一角色相适应的目标和约束就成为决策程序的一部分，存储在他的记忆中，并且界定他的角色行为。③

组织决策是一个复杂的过程，尤其是现代大型组织普遍地存在决策的去中心化，以应对日益复杂多样的决策约束条件。从大多数正规组织的典型层级结构来看，使用“组织目标”的术语指涉定义上

---

① See Bernard Teyssié, *Droit civil: Les personnes*, 12 e edition, Paris: Litec, 2010, p.5. 转引自张其鉴:《民法总则中非法人组织权利能力之证成》，载《法学研究》2018 年第 2 期。

② [德]京特·雅科布斯:《规范·人格体·社会——法哲学前思》，冯军译，法律出版社 2001 年版，第 60 页。

③ See Herbert A. Simon, *On the Concept of Organizational Goal*, 9 Administrative Science Quarterly 1, 12 –13 (1964).

层管理者角色的约束条件和行动方案搜寻标准,具有一定的合理性。但即使如此,也不能把组织目标简单替换成“企业所有者的目标”“企业高层管理者的目标”“有合法权威来指导组织的人的目标”。①

对于组织决策、组织角色、组织目标的上述观察和分析,进一步论证了组织作为法人的现实基础的可能性。笔者认为,法学若是想要构建出法人的概念,这种现实基础是必不可少的,因为法学的构建并不是要创造一个不同于现实的全新的世界。当然,现实纷繁复杂,上述从社会学角度对于某些组织尤其是现代大型组织的观察,仅揭示了组织生活的一个面向或者说一种可能性。一方面,个体是否真正以及在何种程度上将组织角色予以内化,取决于各种机缘和条件,无法强求,而扮演组织角色的个体的差异,也确实会对组织产生影响;另一方面,现代社会中的组织虽然趋于大型化和复杂化,但仍不乏小型、简单组织的存在。各种组织林立并存,要给予统一的解释,非常困难。在某种意义上,唯有个体才是永远的真实,而组织在何种意义上是真实的,则可能仅是一个过程,会随着时间和内外环境的变化而发生变化;故而难以肯定地说,组织何时是真实的,何时又仅是个人手中的工具。这恐怕正是法学在建构法人概念时遇到的最大的困难。

---

① Herbert A. Simon, *On the Concept of Organizational Goal*, 9 Administrative Science Quarterly 1, 2 & 21 (1964).

三、法人的组织性

《德国民法典》在未对法人作出界定的情况下，直接规定了社团和财团，而社团法人和财团法人也是传统民法对于法人的重要分类。瑞士学者则按照法人的结构，将其分为两大主要类型：一为社团性法人，此为人和人的相互联合（人的联合），例如社团；二为机构性法人，其基础在于致力于特定目的的独立的财产（目的性财产），例如基金会。[①] 由于瑞士民法中只规定了唯一的（私法上的）机构性法人，即基金会，从而使“机构性法人”和“基金会”这两个概念经常被混用。[②] 或者说，机构性法人是以基金会为实践原型的法学提炼。据此，我们可以通过考察社团、机构、财团这些法人的外延是否均具有组织性，来考察法人与组织这两个概念之间的关系。

（一）组织与社团

社团有结社人数的基本要求，德国登记社团的成员人数最低为 7 人（《德国民法典》第 56 条），并且社团需要拟定自己的章程，在内部形成一定的结构与秩序。所以，称社团是一个组织，有组织性，能够得到大多数人的赞同。江平指出：“法人是一个团体，一个组织，

---

① 参见［瑞士］贝蒂娜·许莉蔓－高朴、［瑞士］耶尔格·施密特：《瑞士民法：基本原则与人法》（第 2 版），纪海龙译，中国政法大学出版社 2015 年版，边码 1137 以下。拉伦茨也使用“机构”和“基金会”的概念。参见［德］卡尔·拉伦茨：《德国民法通论》（上册），王晓晔等译，法律出版社 2003 年版，第 179 页。

② 参见［瑞士］贝蒂娜·许莉蔓－高朴、［瑞士］耶尔格·施密特：《瑞士民法：基本原则与人法》（第 2 版），纪海龙译，中国政法大学出版社 2015 年版，边码 1360。

一个人的集合体,而不是一个个人,这是它有别于自然人的特征。”①拉伦茨也说,一个社团,无论其有权利能力还是没有权利能力,都是人们为一定目的自由地共同联合建立的,即通过联合,形成了一个长期存在的独立于其各成员个人的组织。②

需要看到,人的联合不一定形成“体”。基尔克强调区分“组织体式的联合”和“合伙式的联合”。基于此,基尔克进一步区分出“组织人”和“人法上的共同体”,进而指出前者系法律主体,而后者不过是一种法律关系。③ 所以,“人的联合体”包含了两层意思,一是“人的联合”,二是形成“体”(组织)。这样,就可以把拉伦茨所说的,“法人既可以是其成员的变更与其存在没有关系的人的联合体(Personenvereinigung),也可以是为着一定目的并具有为此目的而筹集的财产而组建起来的组织体(Organisation)”,④统合到“组织”上来。

但是,将社团定位于组织,可能会丢失“联合体”的信息:契约是自由社团或俱乐部的本质基础。事实上,韦伯首次将“社团”同社会中其他形式的组织进行了区分。⑤ 此与许烺光的“人类集团理论”非常

---

① 江平主编:《法人制度论》,中国政法大学出版社1994年版,第1页。

② 参见[德]卡尔·拉伦茨:《德国民法通论》(上册),王晓晔等译,法律出版社2003年版,第199页。

③ 参见唐勇:《论共有:按份共有、共同共有及其类型序列》,北京大学出版社2019年版,第103页。

④ [德]卡尔·拉伦茨:《德国民法通论》(上册),王晓晔等译,法律出版社2003年版,第178页。

⑤ See Max Weber, *The Theory of Social and Economic Organization*, trans. by A. M. Henderson and T. Parsons, New York: Free Press, 1947, pp. 145 -146. 转引自[美]理查德·H. 霍尔:《组织:结构、过程及结果》(第8版),张友星等译,上海财经大学出版社2003年版,第32页。

不同。[①] 许烺光将中国的宗族、印度的种姓与美国的俱乐部作为“人类集团”的三种不同的典型形态，来比较文化之于人类的集团生活的重要形塑意义。

“人的联合体”这一概念强调了其成立的契约基础。“契约不仅是自由社团或俱乐部的本质基础，而且是自我依赖者们相互间得以发生紧密联系的最重要的方式。”[②]《法国民法典》第 1832 条规定的当事人通过契约共同运作某项事业的“社团”（société，也有译为“公司”），也强调“社团”的契约性，当事人加入这个组织的意思是社团的基础。

对于社团的这种契约基础，许烺光有一段非常透彻的分析：“西方的人人平等思想，在完全自由的个人建立关系时，构成人们最小限度地相互制约的共同基础。然而，平等并没有为人们建立健全的人际关系和满足社交、安全和地位需要提供合适的手段。首先，人在年龄、魅力、能力、经验以及许多其他方面是不平等的。那些在某些方面显然处于优越地位的人能够轻易被说服心甘情愿同处于劣位者保持相互平等关系，这样的社会至今还没有过。其次，尽管人们强调普遍平等，但不仅那些地位优越者，甚至那些劣位者通常要求的也不是与他人的简单平等，而是在他人之上的平等。最后，社交和安全的需要，要求人们结成紧密的人际关系。而仅仅平等的关系无法达到这样的目的。我认为，这些需要是通过自由结社或俱乐

① 参见[美]许烺光：《宗族 · 种姓 · 俱乐部》，薛刚译，尚会鹏校，华夏出版社 1990 年版，第 241 页以下。

② [美]许烺光：《宗族 · 种姓 · 俱乐部》，薛刚译，尚会鹏校，华夏出版社 1990 年版，第 9 页。该书是在最宽泛的意义上使用“俱乐部”一词的。它用来指所有以某种目的有意识组织起来的自由社团（见该书第 214 页）。

部得到满足的。而支配这种人际联系的基本原则是契约。”①

由于将社团定位于组织，抽象掉了社团的“人之联合”的性质，因此该性质就需要在法人的进一步划分中得到体现。传统民法将法人进一步划分为社团法人和财团法人，在突出社团的“人之联合”的性质上，有其正确性。但遗憾的是，财团并不是一个与社团处于矛盾关系的概念，我们对于财团的理解，存在诸多似是而非之处，使得社团法人和财团法人并不构成对于法人的完整划分。

（二）组织与财团

在德语中，财团（Stiftung）是基金会的意思。财团不是人的联合体，而是为实现一定目的，利用为此提供的一定财产而设立的永久性组织体。财团的要件是：财团目的，即财团设立人为财团规定的永久性任务，财团为此而存在；其次为组织，这种组织使财团的任务得由为此而设置的常设机关来完成；最后，提供一笔要移转给财团作为其财产的资金。②

财团与社团相对应，但是财产集合于一处，是不可能成为团体的，故“财团”之谓具有误导性。除了各财产之间的机械性结合之外，财产的集合本身不可能有“体”，“体”所表现出来的秩序和结构，只可能存在于人与人的关系之中。如果财团仅是财产的集合，就既不会有结构和秩序，也无法实现为其设定的目的与功能。所以，财

① ［美］许烺光：《宗族·种姓·俱乐部》，薛刚译，尚会鹏校，华夏出版社 1990 年版，第 214 页。

② 参见［德］卡尔·拉伦茨：《德国民法通论》（上册），王晓晔等译，法律出版社 2003 年版，第 248～249 页。

团背后一定有人，只有人才能组织起来，实现特定目的。因此，可以将财团看作隐性的人的组织，而社团则是显性的人的组织。① 问题在于民法学通说认为财团无成员可言，那么谁是隐藏在财团中的人？

对此，最容易想到的是，财团或者基金会有个管理的问题，需要任命管理委员会，除此之外，还要有外部监督者，以防止管理人侵害财团的利益。从霍尔关于组织的讨论来看，与我们以往的认识不同，组织的成员与企业（公司）的所有者（股东），是两个不同的概念。霍尔在讨论组织与个人的关系时，显然是将雇员、管理阶层、所有者或股东均作为组织的成员看待的。不论是企业的所有者、管理者还是员工，甚至是学校的学生、医院的病人这些暂时处于组织内的人，都被作为组织成员纳入其分析框架，②而与法学仅在社员或所有者（股东）的意义上理解组织的成员，大异其趣。江平也指出，人与团体的关系是多样的：人可以是团体财产的设立人，可以是团体财产的共同出资人，可以是团体财产的管理人，可以是团体财产的受益人，可以是团体财产的使用人，可以是团体财产的劳作人。不同性质的关系构成了不同性质的团体人格。人和团体关系的差异决定了人在团体中享有的权利性质不同：有的享有社员权（社团法人中），有的则不享有社员权。不享有社员权的，则可以享有受益权、

---

① 江平根据团体与其成员的关系构成，区分了三种团体形态：成员显现型、成员隐现型和成员不现型。所谓成员不现型团体，主要是公法上的国库（国家）和市府（地方自治团体），不在私法的讨论范围之内。参见江平主编：《法人制度论》，中国政法大学出版社 1994 年版，第 8 ~ 13 页。

② ［美］理查德 · H. 霍尔：《组织：结构、过程及结果》（第 8 版），张友星等译，上海财经大学出版社 2003 年版，第 7 页以下。

管理经营权、代理权、劳动权等。保障团体成员应当享有的不同权利，可以激发团体成员对团体的向心力和凝聚力，使团体不断巩固和发展。[①] 关于成员的这种认识，有助于解决关于组织及其成员判断上的一些难题。

从日常生活经验来看，公共社会机构如国有事业单位，并不存在明确的私法意义上的所有者，但是不妨碍公共社会机构的工作人员产生对于该机构的归属感，正如笔者自认为是中国社会科学院法学研究所的一员一样。组织文化建设也被作为各企业、事业单位的重要工作之一，以此培育员工及其他工作人员对于组织的归属感，促使他们将自己看作该组织的一员。在国有企业的治理机制中，职工代表大会也是形成集体意思的重要组织机构。公司治理领域从所有者中心主义到管理者中心主义的转变，客观上也要求人们更新关于组织成员的观念。甚至即使是雇员，他们与股东的差异，也可能只是分配顺位的不同。法律对于组织成员的解释若始终狭隘于社团的社员或企业的所有者（股东），则未免过于剪裁社会生活的实际。

法学关于谁是组织成员问题的认识，显然受到了人的自由联合体所奉行之契约原则的强烈影响，而旨在将组织的成员限定于这种联合体的意思机关成员的范围之内。例如，博伊庭强调法人机关和机关成员的不同，机关成员可以不限于法人成员。[②] 这样，就有了两个"成员"问题：一是法人的成员；二是法人机关的成员。虽然法人

---

① 参见江平主编：《法人制度论》，中国政法大学出版社 1994 年版，第 12 页。

② 参见［德］福尔可·博伊庭：《德国公司法上的代表理论》，邵建东译，载梁慧星主编：《民商法论丛》（第 13 卷），法律出版社 2000 年版，第 542 页。

机关的成员无疑也是法人这个组织内部的一员，但是为了限定能够确定法人的“共同意志”的自然人的范围，仅法人意思机关的成员被作为法人成员看待。但是，某些方面也发生着松动。关于非股东能否基于刺破面纱理论承担责任，虽然美国有的法院曾经表示股东与公司之间的所有权关系对于刺破面纱理论的运用是必要的，但是也有法院认为，“将公司作为个人的另一个自我”的责任可以以衡平所有权的概念为前提，根据该概念，“对公司行使充分控制权的个人可被视为‘衡平法上的所有人’，尽管该个人并非公司的股东”。[①]

从上述分析可以看出，对于组织的成员，既可以采取一种宽泛的立场，如霍尔对组织的分析那样；也可以采取一种狭窄的立场，如法学中的既有认识。但是，一旦“他营机构”成为法人的一项原则，[②]那么组织成员范围的扩大就只是一个程度问题了。当然，到目前为止，法人机关成员与普通工作人员的区别仍然被强调。已经废止的《民法通则》第 43 条规定：“企业法人对它的法定代表人和其他工作人员的经营活动，承担民事责任。”很多学者将其中的“其他工作人员”解释为所有的工作人员。[③] 但是《民法典》第 62 条将法人的法定代表人和其他工作人员的行为对于法人的意义作了明确的区分，仅法定代表人以法人名义或者为执行职务的行为才是法人自己的行

---

① 参见[美]斯蒂芬·M. 班布里奇、[美]M. 托德·亨德森：《有限责任：法律与经济分析》，李诗鸿译，上海人民出版社 2019 年版，第 118 页。

② 即由机关负责对外代表，机关成员可以由法人成员以外的人充任。参见[德]迪特尔·梅迪库斯：《德国民法总论》，邵建东译，法律出版社 2000 年版，第 818 页。

③ 参见魏振瀛主编：《民法》(第 3 版)，北京大学出版社、高等教育出版社 2000 年版，第 83 页；马俊驹、余延满：《民法原论》，法律出版社 1998 年版，第 162 页。

为,法人的其他工作人员和雇员的行为依代理制度解决与法人之间的关系。[①] 尽管如此,至少财团的机关成员是财团这个组织中隐现的成员,应该能够得到赞同,从而财团本身也是一个组织,具有组织性。

（三）组织与公司、企业

传统上,公司被理解为一个社团,对于此点的反思是从一人公司开始的。《日本商法》第 52 条第 1 项对于公司的定义为:“以商业行为为目的的所成立之社团。”一人公司欠缺社团性,就成为否定一人公司最有力的理论根据之一。[②] 当然,亦有学说试图论证一人公司仍然具有社团性,提出了“潜在社团说”“股份复数说”“股份分割说”等诸种学说,[③]不过这些学说显然过于矫情。但如果对于组织的成员采取一种宽泛的立场,则亦有助于解释一人公司何以具有组织性这个棘手的问题。一人公司的成员可以不限于公司的股东,而是还包括其他管理人员甚至是雇员。这些人显然是被组织起来从事某一事业的。其结果就是,一人公司也具有组织性。当然,这种组织在多大程度上能够独立于其唯一的股东,不成为其手中的“傀

---

① 自《民法总则》(已废止)开始,教科书的立场就随之改变,认为法定代表人执行职务的行为就是法人的行为,而法人的其他工作人员与法人之间的关系为职务代理关系,法人对其他工作人员执行职务的行为承担民事责任,是基于对代理后果的承受。参见魏振瀛主编:《民法》(第 7 版),北京大学出版社、高等教育出版社 2017 年版,第 88 ~89 页。

② 参见赵德枢:《一人公司详论》,中国人民大学出版社 2004 年版,第 214 页。美国学者沃尔夫也认为,基尔克的法人有机体说无法解释一人公司。See Martin Wolff, *On the Nature of Legal Persons*, 54 L. Q. Rev. 494, 502 (1938).

③ 参见赵德枢:《一人公司详论》,中国人民大学出版社 2004 年版,第 225 ~226 页。

偏”,则是法律在考虑是否赋予其主体资格时需要考虑的问题。

在关于一人公司的讨论过程中,学说也开始反思公司本身的社团性。虽然英文“corporation”与德文“Korporation”都内含有“结为一体”的意思,但是有学说认为资合公司之基本性质并非社团,而系以股东出资所形成之目的财产为主之团体,其性质在基本意义上较为接近财团法人。① 因此,公司本身的社团性也值得进一步反思。从公司的设立过程来看,资合公司多采募集设立的方式,通过发行股票募集公司的资本。也就是说,资合公司是先设定了公司的目标、章程、组织结构等,然后才找来股东,这与“人的联合”的传统意义有很大差距。

证券市场高度发达后,仍然依股权划定公司成员的范围,在解释力上严重不足。英国学者梅特兰早就说过,“合股公司只是一种他投钱进去并从中取出红利的机器”。② 对于仅在证券市场上购买股票的股东来说,他们既不认为公司是自己的,也不认为公司与自己有任何关联,股票仅是其获取红利的工具,与基金、期货、黄金、理财产品等一样,仅是风险不同的金融工具。这样的股票持有者,不仅不应该被认定为公司的所有者,反而应被作为金融消费者而得到倾斜性保护。③ 而公司的原始发起人要实现对于公司的管理和控制,则必须通过出任董事、监事或高级管理人员等机关成员才能

① 参见赵德枢:《一人公司详论》,中国人民大学出版社 2004 年版,第 226 页。

② 参见[英]F. W. 梅特兰:《国家、信托与法人》,[英]大卫・朗西曼、马格纳斯・瑞安编,樊安译,北京大学出版社 2008 年版,第 145 页。

③ 参见陈洁:《投资者到金融消费者的角色嬗变》,载《法学研究》2011 年第 5 期。

实现，[①]依瑞士民法对于法人的分类，用机构性法人来解释这类股份公司，似乎更为合适。在新兴的商业领域如私募基金，其机构性更为明显。基金发起人事先设定基金的目标、资金规模、投资领域、运作方式、管理团队等，再面向部分高资人群募集基金的资金。如果私募基金采取有限合伙的方式，出资者一般为有限合伙人，管理者一般为无限合伙人。这类商事组织也显然是先设立了机构，才有其成员。

与一人公司类似，个人独资企业也是一种商事组织。个人独资企业在商法理论的分类上，一般是归为“商个人”。但是，从《个人独资企业法》的立法理念与立法用语来看，又明确将其定位为一种“经营实体”，而《民法典》则将之定位为一种组织。强调其个人属性的学者认为，《个人独资企业法》试图用组织化的企业形态影响自然人人格，显然没有认识到个人独资企业的个人属性及其非正式性。[②]但也有学者指出，我国个人独资企业立法意在强化个人独资企业的团体性和主体性，与境外立法认同独资企业的人格和业主的人格为一体、独资企业被视为个人的延伸的理论已有很大不同。[③] 这就涉及企业是否一般地具有组织性的问题。

事实上，如果回想一下汉斯曼等美国学者关于“法律与企业的

---

① 博伊庭认为，人合公司适用原始的成员自我管理原则；对于资合公司，则适用继受的机构管理原则。人合公司的股东仅凭其成员资格就具有执行事务的权限和代理的权限，而资合公司的机关成员必须通过任命行为赋予其机关成员的权限。参见［德］福尔可·博伊庭：《德国公司法上的代表理论》，邵建东译，载梁慧星主编：《民商法论丛》（第13卷），法律出版社2000年版，第544页。

② 参见徐强胜：《企业形态法定主义研究》，载《法制与社会发展》2010年第1期。

③ 参见李建伟：《个人独资企业法律制度的完善与商个人体系的重构》，载《政法论坛》2012年第5期。

产生”的经典研究，就能发现企业的“实体防护”（entity shielding）旨在将企业与其企业主区隔开来，哪怕企业主仅有一人。根据他们的研究，中世纪法也给予个人独资企业以“实体防护”，并且这种“实体防护”是严重地域化的。如果一个商人在不同的地域有多个营业，或者同一营业的分支在不同地域，某一地域的债权人仅就当地的资产具有优先权。结果是，一个商人的营业的每个分支事实上就是一个独立的实体。这种以地域为基础的“实体防护”很可能是为了适应当时政治辖区高度分裂的本质。① 其实，还可以考虑的是，一个营业（分支）不仅关涉营业主以及债权人的利益，同时也关涉该营业（分支）内其他人员的利益。这样，将一个营业（分支）作为一个独立的实体，也是具有组织基础的。

在商法上，营业既可以成为被转让的客体，营业自身也可以成为主体。要言之，营业的达成需要组织营业所需的人、财、物等资源，并且需要不断地适应营业环境的变化。在现代商业条件下，虽然仍然存在个人开展的营业，但是以组织形式开展的营业，无疑越来越占据主导地位。莱赛尔根据社会学系统理论，提出了将企业视为组织的观点。② “企业的概念使人们注意到，经济成就通常不仅仅是个人活动的成果，而是许多个人有目的的、有组织的共同作用的成果。”③

---

① See Henry Hansmann, Reinier Kraakman & Richard Squire, *Law and the Rise of the Firm*, 119 Harv. L. Rev. 1335, 1367 –1369 (2006).

② Raiser, Das Unternehmen als Organisation, S. 138ff, 153ff. 转引自［德］托马斯·莱赛尔：《企业和法人》，赵亮译，载易继明主编：《私法》（第1辑·第1卷），北京大学出版社2001年版，第101页。

③ ［德］托马斯·莱赛尔：《企业和法人》，赵亮译，载易继明主编：《私法》（第1辑·第1卷），北京大学出版社2001年版，第100页。

综上,对组织成员采取宽泛的理解,不仅能够将财团(以及以财团为原型的机构性法人)定位为组织体,解释“财产的集合何以有体”这样的难题,而且一人公司(个人独资企业)也可以据此名正言顺地跻身于商事组织之列。正如前面已经揭示的,这一定位更能适应现代商事组织的发展,如公司治理从股东中心主义向管理者中心主义转变,股东从公司的所有者变为外部投资者甚至是金融消费者,公司的募集设立更是体现了发起人之外的股东从公司团体中的“隐退”。并且,将社团、财团等均定位于组织,能够回答本章引言部分提出的“人的联合体”与“组织体”的关系问题,即用“组织体”统合“人的联合体”,并将组织作为法学上拟构建的法人概念的相邻属概念及现实基础。

四、法人的组织性与法人组织体说

笔者主张法人具有组织性,法人的相邻属概念可以定位于组织,并不是说组织性是法人的本质特征。并非所有的组织体都是法人,①并非法人才有组织性。在组织中,可以进一步划分出法人组织与非法人组织。需要说明的是,此处的非法人组织是与法人组织相并列且矛盾的概念,它们二者的并集构成组织的全集。按这种分类方法,我国《民法典》规定的“非法人组织”既然被承认为民事主体,

① 无论是萨维尼的法人拟制说还是基尔克的法人有机体说,都承认并非所有的组织体都是法人。

那么它们就是法人。① 在关于组织的进一步分类中,它们恰恰是法人组织,而不是“非法人组织”。当然,这种立法例并非我国独有。2000 年 6 月 27 日,为了将欧盟消费者保护指令转化为国内法,《德国民法典》第 13 条和第 14 条分别新增规定消费者和经营者。其中,第 14 条引入“有权利能力的人合组织”(rechtsfähige Personengesellschaft)这一概念,此等人合组织虽然具有权利能力,但根据第 14 条第 1 款之规定,它们并非法人。在外延上,有权利能力的人合组织主要包括商事公开合伙、有限合伙与自由职业者合伙团体等。② 上述两个在笔者看来不太成功的立法例,凸显了这样的问题:在将法人定位于组织之后,如何在组织中进一步区分法人组织与非法人组织?这个问题涉及的是法人相对于其他组织的本质特征,本书第三章将对之展开专门讨论,但是需要在此对法人组织体说展开进一步的分析。该说虽然也涉及法人的组织性,但通常被归为法人实在说的一支,涉及法人的本质问题,不同于本章对于法人相邻属概念的探讨。

---

① 相同观点,参见王涌:《法人应如何分类——评〈民法总则〉的选择》,载《中外法学》2017 年第 3 期。事实上,张友渔教授早在《民法通则》制定时就曾提出民事主体的二元化定位:“对于合伙组织不应单列一章,自有民法以来,就只有自然人和法人作为民事主体,合伙应当包括在公民和法人之内……不能有‘第三民事主体’,合伙够法人条件的应当作为法人或视同法人,不够条件的应当作为自然人进行活动的一种形式。”参见张友渔:《关于民法通则〈征求意见稿〉的一些意见》,载鲍霁主编:《张友渔学术精华录》,北京师范学院出版社 1988 年版,第 176 页。

② 根据德国民法的传统理论,在自然人之外只有法人才有权利能力。如果承认这些人合组织也有权利能力,那么就无法区分人合组织与法人,进一步的推论就是,将人合组织并入法人的概念之中顺理成章。莱赛尔即主张扩大法人范围,将人合组织也纳入法人体系。参见[德]托马斯·莱赛尔:《新变更法视角下的共同共有与法人》,徐同远译,载王洪亮等主编:《中德私法研究(14):共同共有》,北京大学出版社 2017 年版,第 109 页。

正如导论部分已经介绍过的，法人组织体说从对于主观权利的认识出发，讨论何以成为权利主体的问题。法人组织体说将主观权利的“利益”“意志”“法力”三个面向进行拆解，将“法力”作为国家承认或许可法人的依据，将“利益”归于法人本身，“意志”则借助于充任法人机关的自然人的意志。按法人组织体说的上述思路，代表集体利益的意志可以源于集体中的个人的意志，并且这种意志是集体在现实中成为一个权利主体所必不可少的。因为权利实际上就是一种行为的力，[①]没有这种意志就不可能形成一种现实的力量，权利也不可能实现。这种理论阐释在一定程度上契合于前文关于组织决策尤其是组织角色行为的分析。笔者也认为，法人作为一个组织，本身并不具有产生意识和意志的生物学基础。所谓集体意志，实则指的是集体将某个或者某些人依角色而作出的选择、判断与决策通过一定的规则和程序上升为集体的意志。但是，法人组织体说似乎认为法人的意志“必然”可以从其集体中的个人处获得源泉，而前文分析指出，组织角色和组织目标能否内化于扮演组织角色的个人，仅是一种“可能”或者一个“过程”。并且，既然集体的意志和行动能力最终来源于集体中的个人，就必须时刻防止集体反被个人所控制甚至成为个人手中的“傀儡”。

法人组织体说与法人拟制说、法人有机体说最大的不同，就在于其认为权利(利益)的归属与服务于该利益的意志的归属可以分离。无论是法人拟制说还是法人有机体说，都认为理性能力是“人

---

① Saleilles, *De La Personnalité Juridique: Histoire et Theories*, 2nd edition, Paris: A. Rousseau, 1922, p. 546. 转引自仲崇玉:《法人人格学说研究》，西南政法大学2006年博士学位论文，第137～138页。

之为人”的根本所在。法人拟制说认为仅自然人才具有这种理性能力，所以法人的权利能力仅是“拟制”的产物；[①]与之相对，法人有机体说则认为法人本身构成社会的有机体甚至是生命体，因此本身即拥有理性能力，能够成为权利的适格主体。[②] 法人组织体说一方面认为基尔克的法人有机体说充满了“泛灵论”思想，“集体”不可能有自己的意志，因为缺少产生意志的生物学基础；另一方面又将自然人的理性能力作为法人成为权利执掌者所不可欠缺的原动力，由此，法人的“能力”实来源于自然人的能力。此点不仅与关于组织决策的分析颇有默契，也与滕尼斯对集会的选择意志的来源的阐释相契合。正如滕尼斯所说，“它(集会)之所以能作为一个抉择意志的统一主体，进而据此做出行动，只是因为包含在它之内的自然人将其中的多数达成的一致肯定或一致否定设想、虚构为此主体的抉择意志”。[③] 但是，法人组织体说分置“利益”与“意志”的构造，尤其是集体的利益在何种程度上独立于其成员的利益，成员又在何种条件

---

① 生物人被认为是唯一拥有理性者，萨维尼正是依此提出他的著名公式：“所有的法律都为保障道德的、内在于每个人的自由而存在。因此，关于法律上的人或权利主体的原初概念必须与生物人的概念相一致，并且可以将这两种概念的原初同一性以下列公式表述：每个个体的生物人，并且只有个体的生物人，才具有权利能力。”参见 Savigny, *Jural Relations; Or, the Roman Law of Persons as Subjects of Jural Relations: Being a Translation of the Second Book of Savigny's System of Modern Roman Law*, trans. by William Henry Rattigan, London: Wildy & Sons, 1884, pp. 1 –2。

② 基尔克与萨维尼一样，也认为权利主体的基础是先验的自由意志——“在法律领域中，意志是人格的灵魂”(《德意志合作团体法》第 2 卷)。参见仲崇玉：《论基尔克法人有机体说的法理内涵和政治旨趣》，载《现代法学》2013 年第 2 期。在法人问题上，与萨维尼不同，基尔克认为团体是一个有机体——生命体——人，它有意志——团体意志，它有人格，所以无须经由国家拟制即可成为法律上的人。参见[德]奥托·基尔克：《私法的社会任务：基尔克法学文选》，刘志阳等译，中国法制出版社 2017 年版，第 66 页以下。

③ [德]斐迪南·滕尼斯：《共同体与社会——纯粹社会学的基本概念》，张巍卓译，商务印书馆 2019 年版，第 341 页。

下和何种程度上内化组织角色的要求，则尚待进一步的细分和阐发。[①]

法人组织体说尤其注重法人机关的重要意义。该说认为，集体要取得法律人格，首先应当具有特定的内部结构和秩序，其要点是具有一个集体的代表机关，机关根据集体内部规章服务于集体利益，从而使其可以作为一个整体从事活动。[②] 鉴于法人组织体说对于法人内部组织结构的重视，需要检讨组织结构能否成为区分法人组织与非法人组织的标准，从而成为法人的本质特征。法人组织体说的另一代表人物萨莱耶斯强调，法人人格有其事实基础，法人人格的构成要素是社会的和经验的。但是只有这些因素以一种特定的方式加以组织，它们才能构成一个法人。如果这些因素组织得构成一个实体，这一实体能够被授予构成主观权利的权力，则它们就构成了一个法律意义上的人。[③] 这经常被理解为法人是组织得适于成为法律主体者，其有适于成为权利主体的组织结构用以表示和实

---

① 反对者认为，"作为团体性之物质基础的抽象的团体利益是不存在的，存在的只有团体成员之间共同的个人利益"。参见李高中等：《法人组织说批判——兼谈国有企业公司化改造问题》，载《法学》1996 年第 12 期。美国学者杜威也指出，慈善基金的利益实为受益人的利益。参见 John Dewey, *The History Background of Corporate Legal Personality*, 35 Yale Law Journal 662 (1926)。这种反对意见与耶林的法人否认说同气连枝。

② 此外，法人还必须具有住所与名称，必须有符合社会利益的目的。参见 Frederick Hallis, *Corporate Personality: A Study of Jurisprudence*, London: Oxford University Press, 1978, pp. 241 -242。

③ Saleilles, *De La Personnalité Juridique: Histoire et Theories*, 2nd edition, Paris: A. Rousseau, 1922, p. 549. 转引自仲崇玉：《法人人格学说研究》，西南政法大学 2006 年博士学位论文，第 143 页。

现自己的意思。[①] 诚然,组织的章程或规章将对组织的结构作出规制:在整体中为每一个成员分配位置、界分出上下级、决定相互联系的成员结合体的序列,甚至确定一个具体成员的领导地位。[②] 但是,从对于组织本身的研究来看,恐怕无法以组织结构这样的形式要件来充任法人的本质特征。

诚然,组织结构与组织的一定程度上的独立性是相关的。组织结构具有三个基本功能。首先也是最重要的,结构有利于产生组织输出并达成组织目标。其次,结构有利于使个人差异对组织的影响最小化,至少能规制个人差异对组织的影响。结构强行规定个人适应组织的要求,而不是组织适应个人的要求。最后,结构是运作权力的场所(结构首先决定或规定哪些职位具有权力)、作出决策的场所(结构在很大程度上决定了信息流是否能用于决策)以及进行组织活动的场所(结构是组织活动的竞技场)。[③]

但是,组织结构是可以随着时间推移而变化的。组织结构虽然反映其形成时期的特定时尚,却能够被重新设计。组织的深度、广度及扩展度会随着时间和环境的变化而变化;组织的章程可以根据需要进行修改;随着时间的推移,组织内不同的群体和个人的权力有得有失,权力的配置也需要服从于这种变化。这就决定了组织结

---

① 参见梁慧星:《民法总论》(第 5 版),法律出版社 2017 年版,第 120 页;林诚二:《民法总则》(上册),法律出版社 2008 年版,第 177 页;胡长清:《中国民法总论》,中国政法大学出版社 1997 年版,第 100 页。

② 参见[德]奥托・基尔克:《私法的社会任务:基尔克法学文选》,刘志阳等译,中国法制出版社 2017 年版,第 76 页。其实,组织体说的此观点可谓继承了有机体说的观点。

③ 参见[美]理查德・H. 霍尔:《组织:结构、过程及结果》(第 8 版),张友星等译,上海财经大学出版社 2003 年版,第 57 页。

构作为一个形式要件,无法成为进一步区分组织的标准。事实上,法人的同一性并不取决于其组织形式。例如一个社团,原来是作为无权利能力社团建立的,后来才决定取得权利能力。应该说,并不是那个合法组织的团体解散了,只是表现为另一种组织形式而已,以前和以后都是那一个团体。①

上述关于组织结构的分析表明,组织的结构仅为组织的形式,我们无法根据组织的结构要素在组织中进一步区分法人组织和非法人组织。因此,在将法人的相邻属概念定位于组织之后,还需要进一步考虑法人相较于其他组织的本质特征问题。对于这个问题,法人组织体说并没有给出充分有力的回答。②

五、小结:组织作为民事主体的构建基础

在我国《民法典》以及众多企业组织法均将法人、公司、企业定位于“……的组织”的情况下,笔者试图在理论上论证法人的相邻属概念为“组织”,可能会被认为是多此一举。但笔者认为,在理论上确定法人的相邻属概念,借助其他学科尤其是社会学、文化人类学对于组织的既有研究揭示组织自身的含义、目的与结构,厘清组织与“人的联合体”、社团、财团、公司等概念之间的关系,具有相当重

---

① 参见[德]卡尔·拉伦茨:《德国民法通论》(上册),王晓晔等译,法律出版社2003年版,第208~209页。

② 正如王泽鉴所言,“组织体说从法人系法律上的组织体观点立论,固较合理,但仍未能说明何以对于组织体应赋予权利能力的实质理由及依据”。参见王泽鉴:《民法总则》(最新版),北京大学出版社2009年版,第151页。马俊驹也早就指出,法人组织体说并没有从本质上说明什么样的组织才能成为法律所承认的权利主体。参见马俊驹:《法人制度通论》,武汉大学出版社1988年版,第31页。

要的意义。

近代以降,尤其是从德国理性法学认为生物人成为法律主体这一“最高贵的事”[①]根源于意志和理性以来,自然人成为社会生活中“大写的人”,原子化的个人成为社会的基本构成,原先束缚个人的家庭、宗族、封建行会等传统社会组织形式纷纷解体,以至于反映法国大革命精神的《法国民法典》仅规定了自然人,未规定法人。民法学之人法理论也仅专注于解释每个自然人的权利能力。而组织或者被当权者所敌视,或者被视为旧社会的遗毒而遭唾弃,或者被理论研究者所忽视。萨维尼虽然不否认法人的存在,但是认为无须对各类法人作出统一的理论解释,所以将法人的权利能力归为“拟制”。事实上,法人拟制说、实在说、否认说、目的财产说等众多法人学说,均是从与自然人的类比中解释法人,这表明了民事主体理论的构建以自然人为原型的基本面貌,这种理论构建方式至今未得到反思。

不幸的是,这种原子化的纯个人构成的社会,最多仅能成为社会变革的一个过渡形态(时期),[②]或者仅存在于理论构造之中,而无法使社会处于一种稳定的状态。狄骥批评法国大革命取消了社会中的组织团体,使“没有组织的个人群众在极端强大的国家面前被解除武装”,“国家便毫无限制地统治着一群独立而无能的个人,统

---

① 黑格尔说:“生物人(Mensch)最高贵的事就是成为人格人(Person)。”参见[德]黑格尔:《法哲学原理》,范扬、张企泰译,商务印书馆1961年版,第46页。原书译为“人间最高贵的事就是成为人”。

② 原子化的纯个人构成的社会仅是新的社会组织方式的“垫脚石”。See Mark M. Hager, *Bodies Politic: The Progressive History of Organizational "Real Entity" Theory*, 50 U. Pitt. L. Rev. 575, 584 (1989).

治着像一盘散沙的人们”，导致了一些走向与其宣扬的自由、正义、人权、平等相反的行径。[①] 梅特兰曾这样评论法国的情况：“绝对的国家遇到了绝对的个人，这就是现代专制主义的座右铭。”[②]滕尼斯也说：“（个体的）任意的自由与（一个独裁者或国家的）任意的专制并非彼此对立。它们不过是同一状况的两种不同现象。它们之间可能或多或少地会互相争斗。然而从本质上来讲，它们是同盟。”[③]德国自19世纪开始的工业化和城市化带来了人口的大流动，人们脱离了传统家庭、封建领主或雇主的庇护，旧有的生活形态不复存在，在陌生的地方、陌生的环境和陌生的人群中重新寻求庇护的需要，为“结社”奠定了最为坚实的基础，导致德国结社文化的兴起和流行。[④]

从文化人类学研究来看，宗族、种姓和俱乐部被作为可以比较的对象而一并研究，他们都是人作为社会性动物的基本生存方式。从这个意义来说，在生物人与法律上的人之间画等号，仅是在“天赋人权”思想影响下人性解放的短暂一瞥。事实上，作为社会性动物，人从家庭中解放出来，成为原子化的社会基本构成之后，又不得不进入各种生产（经济）单位中，以获得其生存和发展所必不可少的资源。正如许烺光所言，“永久性人际联系的缺乏，人与人完全平等的思想、契约原则、寻求明确归依以满足社交、安全、地位要求的满足，

① 参见［法］莱翁·狄骥：《宪法论——法律规则和国家问题》（第1卷），钱克新译，商务印书馆1959年版，第473～474页。

② ［英］F. W. 梅特兰：《国家、信托与法人》，［英］大卫·朗西曼、马格纳斯·瑞安编，樊安译，北京大学出版社2008年版，第85页。

③ 参见［德］斐迪南·滕尼斯：《共同体与社会——纯粹社会学的基本概念》，张巍卓译，商务印书馆2019年版，第400～401页。

④ 参见李伯杰：《“三个德国人，必有一社团”》，载《读书》2015年第10期。

这些因素交织在一起,使俱乐部生活构成生存的必要条件”。[①]

当然,现代社会中,权利能力已经被普遍地赋予了原子化的个人,这是现代社会重新组织起来的过程中的一个重要条件和背景。在新的互联网技术和社会背景之下,社会的组织方式更为复杂多样,个人与个人、个人与组织、组织与组织之间的互动更为频繁。对于现代社会组织方式发生的这些变化,需要理论上给予关注、研究并予以回应。

---

① [美]许烺光:《宗族·种姓·俱乐部》,薛刚译,尚会鹏校,华夏出版社 1990 年版,第 215 页。

第三章　权利能力作为法人的本质特征

一、引言

法人的社会基础是一种组织;法人与法人之外的组织的本质区别,即为法人的本质特征。将法人定位于组织,确定了法人的相邻属概念,接下来需要确定的是法人的本质属性。① 依现有学理,法人的本质属性即其权利能力,这种权利能力使法人组织与法人之外的组织得以区别开来。《德国民法典》将权利能力视为法律意义上的人(包括自然人和法人)的本质属性。权利能力,首先是指人能

---

① 本质特征是从外部来认识事物,本质属性则是从内部来认识事物。认识事物需要把握其本质属性,依据本质属性可以将该事物从其他事物中区别出来,所以在与其他事物的比较中,构成其本质特征。

成为权利的主体的能力。①

从研究法人概念的角度出发,关于法人本质特征的这一既有观点,仅能作为假定的、待证明的命题,需要在进一步的论证中展示其合理性或不合理性。现有研究表明,权利能力概念从其在理论上的提出到成为实在法的命令,其内涵发生了不小的变化,其中的关键在于权利能力与意志能力的分离。并且,权利能力除了历时的变迁之外,在自然人与法人之并存的共时状态中,也可能针对自然人和法人而异其内涵,从而使法人的本质特征不得不处于模糊的状态。为了深刻理解作为法律中的人的本质特征的权利能力,我们必须回到这个概念的最初含义,并致力于理解其后来发展变化的原因。

二、作为意志能力的权利能力概念的提出及其内涵

(一)个体与共同体的关系作为"人法"的核心内容

1. 个体、人格体与主体

民事主体之谓,更确切地说,应该是民事法律关系的主体,而民事法律关系的内容主要就是权利和义务;所以民事主体就是民事权利义务的主体,这又被简称为权利主体。由此可见,主观权利、法律关系等民事法律体系构建的根基,也是民事主体这一概念的背景。民事主体、民事权利的主体,也被称为"民法上的人"或者"法律上的人"。关于民事主体的法,即为"人法"。"人法"规定个体与共同体

---

① 参见[德]卡尔·拉伦茨:《德国民法通论》(上册),王晓晔等译,法律出版社2003年版,第48页。

之间的关系,[1]是每个共同体的规范系统都要回答的首要的重大问题。“人法的实质内容是个体与整体间的权利关系,物权法则是这一关系在财产占有上的表现。”[2]

罗马法是通过“人格”这一概念和制度,来规定个体与共同体之间的关系的。“人格”(*persona*)这个概念,据学者考证,最初是指舞台上角色的面具,后来用来指个体在共同体中所扮演的角色。这一制度的思想其实至今仍然被接受和继承,学者使用“人格体”这样的概念,以表征被共同体所承认的个体。仅当个体被某共同体接受为自己的成员时,个体才转变为这个共同体的“人格体”。当然,现今的学者多使用“民事主体”“权利主体”之谓,个体依权利能力而成为民事主体,故“人格体”虽作为一种学术上的术语仍被使用,但是径用“个体”“权利主体”的概念,亦不妨碍人们的理解。

在法哲学层面,作为个体与主体之间的过渡性概念,“人格体”

---

① 需要说明的是,滕尼斯在其名著《共同体与社会》中,区分“共同体”与“社会”这两种人类的群体生活的结合类型。简言之,共同体的类型主要是在建立在自然的基础之上的群体(家庭、宗族)里实现的。莱赛尔也认为,从历史和社会学上来说,共同体是指通过人的天性而形成的并以成员间情感上的纽带为基础的组织。参见[德]托马斯·莱赛尔:《德国法的非国家性社团组织》,金晶译,载民政部民间管理局编:《中德社会团体内部治理比较研究》,石油工业出版社2009年版,第183页。血缘共同体、地缘共同体和宗教共同体等作为共同体的基本形式,不仅仅是它们的各个组成部分加起来的总和,而且是有机地浑然生长在一起的整体。共同体能够涵养人的本质意志。与此相对,社会是一种目的的联合体,社会中的人们不是彼此相互结合,而基本上是分离的。社会的基础是个人、个人的思想和意志,社会中人们之间的关系主要是交换关系,人的选择意志处于优势地位。本书不对“共同体”“社会”这两个术语作刻意区分,两个术语都用于表达作为个体的生存环境的人类群体,不同用语主要服务于语境的需要。

② [德]斐迪南·滕尼斯:《共同体与社会——纯粹社会学的基本概念》,张巍卓译,商务印书馆2019年版,译者导言,第23页。

仍是必不可少的,因为“主体即自我理解的人格体”。[①] “人格体”是一个相对于外在看法的概念。这一被解释为人格体的生物,可以为自己接受这种解释(或者也预先推定),并且因此而成为主体。[②] 所以,这里面有一个从个体到人格体,再从人格体到主体的转变过程。

从个体转变为人格体(主体)的关键,在于得到共同体的承认。法律主体总是相对于制定法律的共同体而言的,因此,仅当共同体承认某一个体的成员资格时,即个人被附加了表征被共同体所承认的某种资格或能力时,个体才成为该共同体中的法律主体。“在法律实践中并不涉及去创造人格人的本质,而是经由法律使得在法律之外被创造的人适格。”[③]共同体对于个体的承认以何者为条件,或者说,共同体何时承认某个体的人格体地位,则取决于共同体对于其中的人格体的期待。

2. 依角色和任务定义的人格体

人格体首先意味着自由,正是自由切断了自然界的因果联系,表现为一种选择的可能性。自由既是主观权利的条件,又是客观法对其加以规范的基础(可以响应法律的行止要求)。如果人们的“纷争”“憎恨”“愤怒”仅具有认知的性质,那么就不会存在一个社会——人格体(主体)就会失去机能——而是只会存在知悉着的诸动物的一种预定的、和谐的共存,就像在一个蜂箱中,不是由素质和

---

① [德]京特・雅科布斯:《规范・人格体・社会——法哲学前思》,冯军译,法律出版社 2001 年版,第 47 页。

② [德]京特・雅科布斯:《规范・人格体・社会——法哲学前思》,冯军译,法律出版社 2001 年版,第 63 页。

③ [德]罗尔夫・克尼佩尔:《法律与历史——论〈德国民法典〉的形成与变迁》,朱岩译,法律出版社 2005 年版,第 59 ~60 页。克尼佩尔在此引用了胡塞尔的话。

欲求、而是由强制性认知来控制的。没有自由，规范和遵守动机将是同一的。[①]

近代以来的哲学范式，将人格体所需要的“自由”立基于生物人的“理性”。正如狄骥在其《宪法论》中所说，“法律仅能适用于了解目的的自觉意志，而这些目的正是限定这些自觉意志。就我们所知，之所以只有个人才能成为法律主体，是因为只有个人才掌握着一种了解自己目的的自觉意志。因此只有自觉和能支配自己行为的个人才是法律的主体”。[②] 按照现有的观点，意志、自由是生物人的“天赋”，但是从个体与共同体的关系来看，恐怕无法仅凭自由来定义人格体。正如卢梭所言，“人生来是自由的，但却无处不身戴枷锁”。[③]

人格体是根据共同体需要他扮演的角色来定义的。[④] 角色的扮演，是扬弃个体性而融入共同体的关键。雅科布斯说，共同体对于人格体的承认“只能被理解为通过某种构造他们的规范——通过一个抛锚基底——所形成的诸人格体的结合，只能被理解为诸角色的归属。在这一理解过程中，主体自己构造了自己。特别是，如果承认应该意味着什么的话，承认与互相的价值估计的产生没有什么关

---

① 参见[德]京特·雅科布斯:《规范·人格体·社会——法哲学前思》，冯军译，法律出版社 2001 年版，第 58 页。

② [法]莱翁·狄骥:《宪法论——法律规则和国家问题》(第 1 卷)，钱克新译，商务印书馆 1959 年版，第 324 页。

③ [法]卢梭:《社会契约论》，李平沤译，商务印书馆 2011 年版，第 3 页。

④ 参见[德]京特·雅科布斯:《规范·人格体·社会——法哲学前思》，冯军译，法律出版社 2001 年版，第 60 页。狄骥则将这种角色称为“社会职务”。参见[法]莱翁·狄骥:《拿破仑法典以来私法的普通变迁》，徐砥平译述，上海社会科学院出版社 2017 年版，第一讲“主观法与社会职务”。

系。所涉及的毋宁是,把角色理解为对完成一项扬弃诸个体的任务来说是必要的过程”。[①] 在这里,似乎“人格”所内含的“角色”的含义,又被挖掘出来了。在这种角色中,诸义务和诸权利被绑束在一起,在这种意义上创立了一种地位:人格体是为此目的而确定的,因此,人格体不能简单地从该群体中被除去。[②] 每一个不再是孩子并且接受其角色的人大概都知道,主体性不是某种划一的东西,而是需要与各种角色相适应。[③]

共同体为诸人格体所设定的诸角色,又是根据共同体(群体)的任务来确定的。共同体在与其他共同体的竞争中,提出自己的任务。抽象地说,人格体按照其地位和能力的情况支持共同体的福利和安全,是人格体所要承担的主要义务。为此,才需要为人格体设定相应的权利。

(二)市民社会对于人格体的期待

1. 市民社会中“缩小的”人格体概念

根据亚当·斯密的表述,“市民社会”或“交换社会”是一个“人人皆商”的社会。[④] 在这个地方,商人、交易所、企业、公司并立,它们在世界市场或国内市场中彼此进行贸易往来。

---

① [德]京特·雅科布斯:《规范·人格体·社会——法哲学前思》,冯军译,法律出版社 2001 年版,第 28、29 页。

② 参见[德]京特·雅科布斯:《规范·人格体·社会——法哲学前思》,冯军译,法律出版社 2001 年版,第 51 页。

③ 参见[德]京特·雅科布斯:《规范·人格体·社会——法哲学前思》,冯军译,法律出版社 2001 年版,第 53 页。

④ 参见[德]斐迪南·滕尼斯:《共同体与社会——纯粹社会学的基本概念》,张巍卓译,商务印书馆 2019 年版,第 148 ~149 页。

现代法律在很大程度上主要适用于城市社会、工商社会。对应于现代社会的经济条件，市民社会对于人格体的期待主要在于两个方面：一是能够按照目的导向理性作出选择，二是对自己作出的选择承担责任。对应于劳动分工和信息能力的限制，人格体拥有作出关涉自己的决策的最充分的信息，也最能够作出符合自身利益、使自己利益最大化的决定。由此，"'任意'在其所存在的程度上——在经济的领域，不是指活动的内容，而是仅指活动的方式——解消了市民的公共位置。举例来说，在营业自由的情形下，一项职业就萎缩成劳动力投放的方式和方法"。[①] 当然，无论在法学还是经济学中，这种理性的、责任自负的主体，只是一个假定而已。

市民社会中，形成各种关系的不再是宗教的精神，也不再是民族的精神，而是经济的精神，因此就必须在经济的精神中寻找人格体的积极定位：在"按照其地位和能力的情况支持共同体的福利和安全"这种义务的位置，出现的就是为经济过程作贡献的义务。人格体是在市民社会中必须进行经济活动者，并且享有为进行经济活动所必需的各种权利。[②]

事实上，在康德的法概念中，也可以看出规范性纽带的稀薄化。"能够使一个人的任意按照自由这种一般的法律与另一个人的任意统一在一起的许多条件的总和"，仅具有一种消极的内容，即不损害

---

① ［德］京特·雅科布斯：《规范·人格体·社会——法哲学前思》，冯军译，法律出版社2001年版，第105页。

② 参见［德］京特·雅科布斯：《规范·人格体·社会——法哲学前思》，冯军译，法律出版社2001年版，第106页。但是，国家因此就有了一个具有自我原动力的竞争对手，就像在欧洲中世纪为了描述公共秩序有必要提到皇帝和教皇一样，今后也有必要举出国家和经济。

另一个人,不扰乱另一个人;也就是说,这一个人和另一个人在基本原则上被设想为相互孤立的诸个体,他们的共同性局限于在其存续中不得互相扰乱。在这种状态下,如果人们探究是什么构成了人格体,那么回答是,谁不允许被侵害并且在他那方面不实施侵害,谁就是人格体。无疑,如果没有这样一种状态,任何社会都是无法存在的;但是,如果停留在这一状态上,那么就是把所有积极的联系都委于任意。这种"缩小的"人格体对于市民社会来说是必要的,以便把诸个体解放出来,使他们作为市民和作为工业的劳动力从事经济活动。同时,也没有忽视群体的需要,而是通过一只看不见的手来满足群体的需要;并且,"劳动分工"使劳动合理化的程度越高,群体满足其需要就越快,以至于在最后"人类能够从那里消失,而让机器来代替";"在劳动和满足需要的这种依赖性和相互性中,主观的利己心就转化为为满足所有其他人的需要作贡献——作为辩证运动,通过一般就转化为特殊的中介,以至于每一个人为自己营利、生产和享受,他就因此而为其他人的享受而生产和营利"。①

滕尼斯也说,"社会"就被想象成仿佛由这些分离的个体真正构成的东西:他们似乎为着自己工作,而从整体上看,他们的劳动却是为着普遍的社会;与此同时,他们似乎为社会劳动,但却是为了自己才工作。通过不断的重新分工、重新选择,最终每个个体将从事实质上相同的、简单的或者说基本的工作,个体将成为一个原子,作为原子,他为社会的全体劳动贡献自己的力量,社会的全体劳动就是由这些原子的劳动组成的。通过交换,每个人把对自己来说不需要

---

① [德]京特・雅科布斯:《规范・人格体・社会——法哲学前思》,冯军译,法律出版社2001年版,第105~106页。

的价值放弃掉，以此换取等同于放弃了的价值、然而为自己所需的价值。[①]

这种“缩小的”人格体概念，也源于近代以来公法与私法的二元划分。[②] 罗马法中的“人格”是一个杂糅了公法与私法的概念，罗马共同体中的一员是一种集公法地位与私法地位于一体的角色，从而公法对于共同体中的个体的要求也被作为获取“人格”的条件，其中最为明显的就是身份对于“人格”的影响。梅因说，在“人法”里提及的一切身份的形式，都源自从前家庭所有的权力与特权，并且在某种程度上，它至今仍然保留了这种色彩。[③] 仅在区分公法与私法的前提下，私法中的法律主体才能够在简化的关系基础上处理其与所属的共同体之间的关系；人格体对于共同体所承担的公法上的任务、在公法上所扮演的角色，才可能与其私法地位无关。在公法与私法区分开来之后，私法仅规定每个人在私法中的地位，以及与此相适应的财产关系和人身关系，公法设定的条件就不再是私法中的人格体的要件，从而也为市民社会中“缩小的”人格体概念奠定了

① 参见［德］斐迪南·滕尼斯:《共同体与社会——纯粹社会学的基本概念》，张巍卓译，商务印书馆 2019 年版，第 136 页。

② 而公私法的分离，也与启蒙运动以来理性主义的全面推进有关。韦伯指出，官僚制具有遵守规则、长于“手段—目的”的计算以及就事论事占优势的“理性”性质。参见［德］马克斯·韦伯:《经济与社会》（第 2 卷），阎克文译，上海人民出版社 2020 年版，第 1378 页。并且，只有随着国家的官僚化以及总的来说法律的官僚化，才会看到这样一种明确的可能性:对“客观”法律秩序和由它保障的个人“主观”权利作出明确的概念划分，并进一步对“公”法和“私”法作出明确划分——前者是调整公共机构之间以及它们与臣民之间的相互关系，后者是调整被治理者当中个人之间的关系。参见［德］马克斯·韦伯:《经济与社会》（第 2 卷），阎克文译，上海人民出版社 2020 年版，第 1372 页。

③ 参见［德］斐迪南·滕尼斯:《共同体与社会——纯粹社会学的基本概念》，张巍卓译，商务印书馆 2019 年版，第 356 页。

基础。

因此,对于生物人的人格体(主体)地位的普遍承认,对应于近代以来经济领域的大生产和劳动分工以及随之而兴起的市民社会。以商业经营为主导的现代生活,其最直接、最简单的形态即经济交往和相应的、以契约为特征的法律事实。这种新的经济、文化、社会条件对于共同体中的人格体的期待,已经极大地简化为"相互尊重原则",[①]因此只要"做好你自己""管好你自己",就同时是为他人以及整个共同体作贡献了。"市场和建立在市场基础上的商品经济,构成了以纯粹的自我利益互为取向的行动类型,这是最重要的行动类型,是现代经济生活的典型特征。"[②]

2. 市民社会对于人格体的理性期待

正因为这种"缩小的"人格体概念将个体与共同体之间的所有积极联系都委于任意,所以它对于人格体之理性,提出了超过以往任何社会的期待和要求。也就是说,这种"缩小的"人格体概念,在另一方面对应着与劳动分工相对应的、每个个体均能充分发挥自己的理性的内在要求。

然而,康德哲学所称的"理性"、滕尼斯所称的"选择意志"、雅科布斯所称的"任意",对于生物人而言并非是必然能达到的。为了达致市民社会所要求的人格体的理想状态,为了能够被视为完整的人

---

① 拉伦茨认为,从人的理性可以推导出人的"尊严",从人的"尊严"可以进一步推导出"相互尊重原则",即每个人都享有要求其他人尊重自己的权利;而他也必须相对于任何其他人受到该义务的约束。参见[德]卡尔·拉伦茨:《德国民法通论》(上册),王晓晔等译,法律出版社2003年版,第47页。

② [德]马克斯·韦伯:《经济与社会》(第1卷),阎克文译,上海人民出版社2019年版,第170页。

格体和法律主体，人应如何具有此种性质？按照克尼佩尔的概括，这是分三步完成的：第一，通过涤净情感在规范上纯化自由，通过涤净意愿在规范上纯化意志；第二，思辨想象中的人作为道德的人，或者先验的庸俗化；第三，理性的（法律抽象的）人与机械化世界的统一。①

在康德的自由与义务伦理中，“道德的人格就是道德律令之下的理性本质的自由”，道德的或法律的人是作为唯一的、独立于具体的规定的、纯思想建构的、思辨想象中的人。② 自由不是渴望、本能、无法估量的东西——所有那些经由人可能产生的东西都能够违背秩序的法律。自由仅是人格人，他的意志涤净了个性、偏好和欲望，其是作为理性、作为道德。人只有通过理性的内在立法约束住情感并基于此种方式成为道德律令之下的一个理性的存在，才是自由的，即作为人格人除了受制于自己单独或至少同时和他人所给出的律令以外，不受制于其他任何律令。③

滕尼斯正是将理性从人的意志的整体中孤立与对立出来，才提

① 参见[德]罗尔夫·克尼佩尔：《法律与历史——论〈德国民法典〉的形成与变迁》，朱岩译，法律出版社2005年版，第78页以下。

② 参见[德]罗尔夫·克尼佩尔：《法律与历史——论〈德国民法典〉的形成与变迁》，朱岩译，法律出版社2005年版，第84页。

③ 参见[德]罗尔夫·克尼佩尔：《法律与历史——论〈德国民法典〉的形成与变迁》，朱岩译，法律出版社2005年版，第77～78页。

出了人的本质意志与选择意志的二分。[①] 并且很清楚,人格体即选择意志的主体。[②] 在滕尼斯的笔下,成熟男性才是目的导向理性的真正拥有者,才能成为选择意志的主体。[③]

启蒙运动的根本,在于将理性用于一切事物,让知识领域里没有层级之分。[④] 对于人格体的这种理性期待,必然导致一个抽象的

---

① 关于本质意志与选择意志的区分,滕尼斯是将它们作为人类意志的两种观念类型。他在书中作了如下说明:人类意志的高度复杂多样的特性必然要求依据二分式的研究,根据它们是真实的意志还是想象的意志,将它们与作为公分母的标准概念联系到一起。通过这样的方式,它们就变成可被比较的东西。在经验里,不可能出现没有选择意志的本质意志,在选择意志里,本质意志表现着自身;也不可能出现没有本质意志的选择意志,选择意志以本质意志作为根基。但是,如果要严格区分这些标准概念的价值,我们只需觉察到,经验的倾向将通往这个概念的方向还是那个概念的方向。尽管它们彼此并存,相互影响,甚至可能彼此促进,相互增强,但只要每一个意志类型都指向权力(Macht)与统治(Herrschaft),那么它们必然彼此冲突、相互反对和相互竞争([德]斐迪南·滕尼斯:《共同体与社会——纯粹社会学的基本概念》,张巍卓译,商务印书馆 2019 年版,第 272 页)。只要个体的本质意志从自身之中发展出赤裸裸的思维与选择意志,选择意志就会倾向于瓦解本质意志,并倾向于使本质意志依附于它(见该书第 449 页)。

② 参见[德]斐迪南·滕尼斯:《共同体与社会——纯粹社会学的基本概念》,张巍卓译,商务印书馆 2019 年版,第 337 页。

③ 参见[德]斐迪南·滕尼斯:《共同体与社会——纯粹社会学的基本概念》,张巍卓译,商务印书馆 2019 年版,第 291 页以下,即该书第二卷第三章"经验的意义"关于男人、女人、孩子、老人、青年、成年等的讨论。

④ 对于这种理性主义,浪漫主义给出的评价是负面的。按照滕尼斯的看法,现代人依靠理性制造出"人格"确保他们获取利益、在世上"过得好"(Wohl),他们却无时无刻不活在分裂的状态里,从个体的角度来说是同本真的自我(Selbst)分离,从社会的角度来说则是同具有自然情感的俗众(Vulgäre/Volk)隔绝乃至对抗,社会日益被撕裂。参见[德]斐迪南·滕尼斯:《共同体与社会——纯粹社会学的基本概念》,张巍卓译,商务印书馆 2019 年版,译者导言,第 15 页。克尼佩尔也认为,"文明的进程"强化理性、一个作为自我控制的逐渐清晰表现出来的理性,而这并非没有一个很高的代价。面对诸多症状,精神分析的研究通过概念"抑制"证明了这一文明的进程,现代社会中的生活要求持久地——并且需要持久地加以修正——压抑愉悦原则,"社会必须在其最重要的教育任务中接受如下任务:抑制、限制性的欲望,令个人意志顺从并与社会命令一致"。并且,"无需赘述:一个文化,其令如此众多的成员不满意,并驱使该众多成员去反对,毫无持久存在的前景,当然该文化也不值得受到维护"。参见[德]罗尔夫·克尼佩尔:《法律与历史——论〈德国民法典〉的形成与变迁》,朱岩译,法律出版社 2005 年版,第 98 页。

人格体概念，这种抽象的人格体概念也导致了抽象的平等概念。经济交往中的平等是抽象的平等、货币的平等，从来都不是从事交换的具体的人的平等。此前的在人与人之间的不平等的关系，随着这种抽象人格而一律平等化，相反，不平等的关系转而存在于主体的对立面即客体之中了。在市民社会中，"权势根本不存在于主体（赤裸裸的个人）之内，而毋宁说存在于客体之中，即存在于主体的抉择意志的范围，因而特别是他们的财富范围之内"。①

其实，若是我们换一个视角，观察一下现代社会对于孩童教育的重视甚至由国家来主导对于下一代的培养，也可以看出些许端倪。一个社会需要什么样的"人"，不正是首先体现在对于作为这个社会未来的主人的未成年人的教育之中吗？这恐怕是我国虽然官方提倡"教育减负"，但是孩子们的学习负担仅是从来自公立学校转向来自教育市场机构的真正原因。父母以自己在社会中成长、立足以及获得生存和发展资源的亲身经历，对于社会需要什么样的人都有自己的切身体验和感知，所以社会对于"人"提出的希望和期待，也会这样一代代地传递下去，这不是通过"减负"的口号或行政命令就可以扭转的。在一个崇尚科学、理性、计算的社会，对于下一代的教育也势必朝着这个方向进一步强化。

（三）权利能力作为承载人格体理性能力的概念

前文已经提及，罗马法用"人格"这一概念来表达个体与共同体

---

① ［德］斐迪南·滕尼斯：《共同体与社会——纯粹社会学的基本概念》，张巍卓译，商务印书馆 2019 年版，第 369 页。韦伯也指出，"单单所有权就可以成为各种权力形态的基础，而不光是市场权力的基础"。参见［德］马克斯·韦伯：《经济与社会》（第 2 卷），阎克文译，上海人民出版社 2020 年版，第 1308 页。

的关系。当代学者在解释权利能力与人格的关系时,常常指出权利能力与人格在主体资格的含义上同义,只是人格概念存在多重含义,不利于理论体系的清晰,所以采取权利能力之谓。[①] 例如,郑玉波认为:“权利主体之地位或资格,谓之‘权利能力’,也曰人格。”[②]李宜琛认为,“可以享有权利之资格谓之权利能力,亦曰人格。”[③]

但是,反映古代罗马社会中个体与共同体关系的人格制度,显然是与古代罗马的政治、经济、军事环境相匹配的,其突出的特点是共同体内人与人之间法律上地位的不平等。奴隶与自由民、家父与家子或妻、市民与外邦人,在古代罗马社会中都有着对应于个体不同身份的不同法律地位。基于人格体在共同体内扮演某个角色这种含义,而角色可以是各种各样的,所以即使都能成为人格体,其权利义务或者说法权地位也很可能是不平等的。这些都成为近代以来与市民社会之需要相匹配的民法学所要反对和批判的对象。

前文已经表明,市民社会中的人格体,在各种规范性纽带稀薄化的同时,尤其强调对于人格体的理性期待。这样,原本由人格制度所承载的确定人格体之具体角色的诸多规范性内涵,就需要被扬弃,而市民社会对于人格体之理性期待,亦需要找到合适的概念载体。权利能力概念正是在这样的背景下提出来的。

---

① 参见[德]卡尔·拉伦茨:《德国民法通论》(上册),王晓晔等译,法律出版社2003年版,第119~120页。

② 郑玉波:《民法总论》,台北,三民书局1995年版,第70页。还有学者认为,“权利能力,亦即人格之别称,享受权利,负担义务之能力也”。参见梅仲协:《民法要义》,中国政法大学出版社2004年版,第53页。

③ 李宜琛:《民法总则》,中国方正出版社2004年版,第46页。

1. 权利能力概念的提出

据考证,理论上最早提出权利能力概念的,是19世纪初的蒂堡。[①] 蒂堡首先将权利能力分为自然权利能力和市民权利能力,认为"市民权利能力就是罗马法上称为人格(Caput)或者身份(Status)的东西,现代法则与此相反,包含所有由法律——单个的权利依赖于该法律——创造的属性,称其为民事身份";"自然权利能力,包含所有能产生特定法律关系的物理属性,被称为自然身份"。[②] 其次也更重要的是,他认为享有自然法上权利能力的前提包括如下几个方面:第一,具备人的身体;第二,已经完全出生;第三,是活体而且必须具有存活能力;第四,具有理性。在蒂堡看来,理性的具备是取得权利能力的前提条件,因此,理性有瑕疵的生物人被他排除在权利能力者之外。他指出,"活体出生并且具有生存能力的人只有在如下条件下才可能作为权利和约束的主体,即他有能力运用自己的理性。理性没有发展因此而潜存的人以及因为疾病而丧失了运用理性的能力的生物人既不能成为权利人也不能成为义务人"。[③]

蒂堡提出的这一理论的关键,就在于其关于自然权利能力和市民权利能力的区分。因为市民权利能力就是罗马法上被称为人格

---

① Vgl. Anton F. J. Thibaut, System des Pandektenrechts, erster Band, bei Johann Michael Mauke, Jena, 1803, S. 140. 转引自张保红:《权利能力的双重角色困境与主体资格制度重构》,载《法学家》2014年第2期。

② Anton F. J. Thibaut, System des Pandektenrecht, erster Band, bei Johann Michael Mauke, Jena, 1803, S. 156. 转引自沈建峰:《权利能力概念的形成和变迁》,载《北方法学》2011年第3期。

③ Anton F. J. Thibaut, System des Pandektenrecht, erster Band, bei Johann Michael Mauke, Jena, 1803, S. 141 ff. 转引自沈建峰:《权利能力概念的形成和变迁》,载《北方法学》2011年第3期。蒂堡的这一立场,另参见刘召成:《部分权利能力制度的构建》,载《法学研究》2012年第5期。

或者身份的东西,而自然权利能力才是关于法律上的人(主体)的新“发现”的属性。并且,自然权利能力并没有否定市民权利能力,在两者的关系上,自然权利能力是生物人成为法律上的人的根本或者说基础,而市民权利能力则是实定法加诸法律上的人的外在约束。换言之,自然权利能力是法律上的人的实质根据,市民权利能力则是实定法对于法律上的人所施加的形式约束。这样,自然权利能力就承载了市民社会对于人格体的理性期待,理性能力成为自然权利能力的实质根据。

权利能力实际上是对于人格体之基础的进一步探究。在罗马法中,人格体以生物人为基础,但是为何生物人能够成为人格体,则没有揭明。权利能力对这个问题进行追问并给出回答,正是生物人所具有的理性,使生物人得以运用理性并按法律的要求作出选择,从而能够成为权利人或者义务人。

权利能力概念适应了市民社会对于人格体的理性要求,也与近代以来的理性法哲学一脉相承。根据康德的主体理论,“没有理性的东西只具有一种相对的价值,只能作为手段,因此叫作‘物’;而有理性的生灵叫作‘人’,因为人依其本质即为目的本身,不能仅仅作为手段来使用”。[①] 因此,成为人的前提就是具有理性。另外,根据

---

① [德]康德:《道德形而上学》第2章。转引自[德]卡尔·拉伦茨:《德国民法通论》(上册),王晓晔等译,法律出版社2003年版,第46页。需要注意的是,该书中译本中没有提及“理性”,而是使用“人性”这一术语:“人性本身就是一种尊严;因为人不能被任何人(既不能被他人,甚至也不能被自己)纯然当作手段来使用,而是在任何时候都必须同时当作目的来使用,而他的尊严(人格性)正在于此,由此他使自己高于一切其他不是人、但可能被使用的世间存在者,因而高于一切事物。”参见[德]康德:《道德形而上学》(注释本),张荣、李秋零译注,中国人民大学出版社2013年版,第239页。当然,从道德哲学来看,人的本质属性正在于人的理性。

康德的权利学说,“权利为全部条件,根据这些条件,任何人的自由意志按照一条普遍的自由法则,确实能够和其他人的自由意志相协调”。[①] 权利能力解决的是“谁可以成为权利和义务主体”的问题,权利既然是自由意志存在的条件,那么权利的主体就应该拥有自由意志、具有理性,所以理性缺失的东西就不能享有权利能力。近代以来的经济、社会、文化、哲学范式、主流思潮等,形成了一个相互支持并不断强化的体系。

2. 权利能力的实质根据与形式约束

现代民法学在将权利能力作为民事主体的本质属性之时,不再区分自然权利能力与市民权利能力。这样,作为民事主体实质根据的自然权利能力和作为对于民事主体施加形式约束的市民权利能力,就被统一于权利能力之中。经过这样改造的权利能力,就应该同时内含其实质根据与形式约束。

(1)实质根据

近代以来的哲学范式强调,只有作为种属物的生物人才是目的性动物。这种认识将人从自然界的因果律中解放出来,用一个主观的世界取代了必然的世界。这样的哲学信念反映到法学中来,法律主体即是法律所要调整和规范的对象,这种规范的必要性,正在于人的自由。人的自由在此切断了自然界的因果链条,产生了通过规范加以约束的必要性。

《奥地利一般民法典》的起草人蔡勒(Zeiler)认为:“理性的存在,只有在决定自己的目的,并具有自发地予以实现的能力时,才能

---

① [德]康德:《法的形而上学原理——权利的科学》,沈叔平译,商务印书馆 1991 年版,第 40 页。

称为人格。”[①]这样，作为权利能力之基础的，不再是完整的生物人，而是生物人的自由和理性这一被格外强调的部分属性。当然，生物人仍然被认为是唯一拥有理性者，萨维尼正是依此提出他关于权利主体与生物人的原初同一性的著名公式：“所有的法律都为保障道德的、内在于每个人的自由而存在。因此，关于法律上的人或权利主体的原初概念必须与生物人的概念相一致，并且可以将这两种概念的原初同一性以下列公式表述：每个个体的生物人，并且只有个体的生物人，才具有权利能力。”[②]这一定义显然严格地遵循了康德主体哲学。[③]

(2)形式约束

权利能力概念本身并不含有平等的伦理内涵，它是无色的技术性概念，因此对其作出限制并没有逻辑上的困难，正如与自然权利能力相对的市民权利能力所表明的那样。从罗马法直到中世纪的法学和立法发展也证实了这一点。早在提出权利能力概念之时，蒂堡就认为市民权利能力也即实定法上的权利能力“取决于法律专断

---

① [日]星野英一：《私法中的人》，王闯译，载梁慧星主编：《民商法论丛》(第8卷)，法律出版社1999年版，第155页。

② See Savigny, *Jural Relations; Or, the Roman Law of Persons as Subjects of Jural Relations: Being a Translation of the Second Book of Savigny's System of Modern Roman Law*, trans. by William Henry Rattigan, London: Wildy & Sons, 1884, pp. 1–2.

③ 德国学者维亚克尔指出：“从学术成熟期起迄至宏大的晚期释义学巨著，萨维尼均严守理性法学与康德的自由伦理。”[德]弗朗茨·维亚克尔：《近代私法史——以德意志的发展为观察重点》，陈爱娥、黄建辉译，上海三联书店2006年版，第375页。

的规定。它可以被完全或者在特定情况下取消”。① 萨维尼也主张，他的上述“同一性”公式不过是对于法律主体的原初观念，实定法可以从两个方面对其进行修正——限制和扩张。对于自然人，并非每个生物人都平等地享有完整的权利能力，而是存在诸多限制和不平等。“经常会出现属于所有单个生物人的自然的权利能力被我们的实定法所限制的情况。”②而就法人而言，则需要扩张上述公式：“我们必须考虑权利能力扩张至通过纯粹拟制而得以承认的人造主体的情形。我们称这一主体为法人。”③“法人是一个人为拟制出来的享有财产能力的主体。”④

正因如此，为了实现所有人的抽象平等，就需要一条“实在法上的命令”，以将权利能力平等地赋予满足权利能力之实质根据的人。这就是实定法规定权利能力的必要性。“在关于人类本质的现代哲学沉思中，为了废除旧的等级体系的法律和论证所有人具有平等的

---

① Anton F. J. Thibaut, System des Pandektenrecht, erster Band, bei Johann Michael Mauke, Jena, 1803, S. 143. 转引自沈建峰:《权利能力概念的形成和变迁》，载《北方法学》2011 年第 3 期。

② Savigny, *Jural Relations; Or, the Roman Law of Persons as Subjects of Jural Relations: Being a Translation of the Second Book of Savigny's System of Modern Roman Law*, trans. by William Henry Rattigan, London: Wildy & Sons, 1884, p. 2. 在该卷中，萨维尼用两页纸的篇幅交待了这个公式，之后转而用 172 页(第 3 页至第 174 页)的篇幅讨论自然人权利能力上的各种限制和不平等，公式反倒成了例外。

③ Savigny, *Jural Relations; Or, the Roman Law of Persons as Subjects of Jural Relations: Being a Translation of the Second Book of Savigny's System of Modern Roman Law*, trans. by William Henry Rattigan, London: Wildy & Sons, 1884, p. 176.

④ Savigny, *Jural Relations; Or, the Roman Law of Persons as Subjects of Jural Relations: Being a Translation of the Second Book of Savigny's System of Modern Roman Law*, trans. by William Henry Rattigan, London: Wildy & Sons, 1884, p. 178.

权利能力,一个法律命令是必要的。”[①]这里所说的法律命令,就是作为实定法概念的“权利能力”,这便是“权利能力”概念在实定法中的诞生。需要一个概念,使所有的人都能参与到私法关系中来,就必须有权利能力作为“人”的条件,以防止存在不是“人”的“人”。事实上,单有“权利能力”这个概念仍是不够的。实定法还必须揭示,私法中的权利能力一律平等。

与笔者的这一分析不同,有学者认为,单纯从自然人角度讲,当自然人普遍地获得民事主体资格后,权利能力概念就是多余的,因为此时自然人就是法律主体。“人类社会演变至今,对于人权之保护,几成举世之共识。保障人权之前提,即承认自然人不分种族、国籍、性别、宗教在法律上一律平等。准此,自然人不分国内外,均为人,均有人格,均具权利能力,则权利能力之制度,在自然人之范围内,几无价值可言。”[②]但是这种观点既不符合理论分析,也不符合规范现实。需要认识到,民法对于生物人的权利能力的规定,是对各国宪法(基本法)规定的人的地位在民法上的积极呼应,而各国宪法(基本法)关于人的地位的规范,又是受到国际人权公约的约束的。虽然这一实定法命令已经成为我们每个人生存的基本制度环境,但

---

① [德]罗尔夫·克尼佩尔:《法律与历史——论〈德国民法典〉的形成与变迁》,朱岩译,法律出版社2003年版,第60页。

② 曾世雄:《民法总则之现在与未来》,中国政法大学出版社2001年版,第78页。蒋学跃也赞同此观点。他认为,一旦现代民法确立了自然人地位平等后,人格以及权利能力的概念确实没有多少存在的价值与意义了。参见蒋学跃:《法人制度法理研究》,法律出版社2007年版,第58页。也有学者提出废除民事权利能力制度的观点。参见傅强:《论废除民事权利能力制度的必要性》,载《新视野》2005年第5期;孟勤国、戴欣悦:《变革性与前瞻性:民法典的现代化使命——〈民法总则〉的现代性缺失》,载《江汉论坛》2017年第4期。

既然它规定的是对于权利能力的形式约束，就存在根据时空条件的变化而另作规定的可能性，因而不能在观念中将该条件视为不存在。

3. 权利能力概念扬弃人格概念的价值意蕴

权利能力概念的提出，转变了我们思考个体与共同体之间关系的切入点。更确切地说，个体取代共同体，成为观察和思考问题的出发点。虽然权利能力内含了民事主体的实质根据和受到的形式约束，但是由于其将重点置于“能力”而非如人格那样置于“资格”，所以将民事主体理论关注的重心，从共同体赋予的角色和地位，转变到主体自身具有的属性上来。从某种意义上说，这是用“能力”（权利能力）取代了“资格”（人格）。“能力”的有无是一个事实问题，不依赖于他人的承认；而“资格”则有待于他人的承认与赋予。用“能力”取代“资格”，由此才将自然人的出生变为一个法律事件，自然人依出生而取得权利能力，获得了主权者（共同体）的概括承认，共同体无须再作出具体承认，从而贯彻了天赋人权的思想。①

这种从“人之为人”的资格到能力的转变，为现代社会平等价值的宣扬和贯彻落实，作了思想上的准备。因为人的能力仅取决于自己（通过先天遗传和后天努力习得），所以“人之为人”的命运也掌握在自己而非他人手中。虽然人的能力在事实上有强弱之别，但是这

---

① 相反，罗马家父对于家子有生杀予夺的大权。若新生儿是儿子，其会被放在地上，等待家父通过“举起”的动作，来赋予他家子的地位。若新生儿是女儿，也需要等待家父发出“抱去吃奶”的命令，才获得被家父抚养的权利。参见吴宗谋：《再访法人论争——一个概念的考掘》，我国台湾大学法律学研究所2004年硕士学位论文，第55页。

种“量”上的区别不足以证成“质”上的区分对待，从而要求所有的人在法律上都得到平等对待。① 由此，在权利能力通过“继承”人格概念而内含的由实定法所施加的形式约束方面，不仅原本对于权利能力作出种种限制和不平等规定的实定法逐渐被废弃，而且通过一条规定生物人的权利能力一律平等的实定法命令，最终实现了实质根据对于形式约束的统治。

三、意志天赋不均作为自然人权利能力的障碍及其克服

通过一条“实在法上的命令”，明确规定每个生物人都具有权利能力，既是近代以来人的解放、人的理性得到重视和推崇的观念的胜利，也是近代以来民族国家重构“个人—社会”关系的有力工具。每个生物人都自出生时起具有权利能力这一点，体现了近现代社会对于社会的基本原子即个体生物人如何在社会中立足的期待。个体要努力成长为或者被塑造为能够根据环境和场景作出选择，并且能够对自己的选择承担责任的独立自主的人。没有其他人会为你作出选择，没有其他人会为你的选择承担责任。即使是儿童或成年

---

① 这遵循了霍布斯的传统：“自然使人在身心两方面的能力都十分相等，以致有时某人的体力虽则显然比另一个人强，或是脑力比另一个人敏捷；但这一切总加在一起，也不会使人与人的差别大到使这个人能要求获得人家不能像他一样要求的任何利益。”［英］霍布斯：《利维坦》，黎思复、黎廷弼译，商务印书馆 1985 年版，第 92 页。与此相反，韦伯却认为，人与人之间自然条件的差异，是人们之间实际地位差异的来源。“人的命运并不平等。人际之间的健康状况、财产状况、社会身份状况等都不可能没有差异。简单的观察即可表明，只要存在这种差异，处在较有利地位的人就始终需要把他的地位看作某种方式的‘正当’地位，把他的优势看作‘应得’的优势，而他人的不利地位则是‘咎’由自取。造成差异的纯偶然因素可能会极为明显地被一笔勾销。”［德］马克斯·韦伯：《经济与社会》（第 2 卷），阎克文译，上海人民出版社 2020 年版，第 1318 页。

精神障碍者,随着人权观念的发展,也越来越强调尽量尊重他们的个人意愿,即使他们的选择能力明显存在不足。这样的个体,在社会中是一个孤独的存在。但无论这种自主选择和自负责任是否是个人所期待或愿意的,甚至有的个体会对自己不得不作出选择这一点倍感痛苦,[①]每个个体仍然必须努力成为这样的人,否则就会被他身处的社会所淘汰。虽然我们如何赞誉权利能力的平等价值都不为过,但是另一方面,也不能回避伴随平等而来的"代价"。

以理性能力(意志能力)作为权利能力的实质根据,面临的一个显而易见的困难,是如何看待儿童和成年精神障碍者这样的理性明显存在不足的人。按照蒂堡原来的理论设想,欠缺理性的人没有权利能力,不能成为权利主体。从某种意义上说,每个生物人都具有权利能力这条实定法命令,对于某些个体来说可能就是一种"拟制"。狄骥曾借用法人组织体说的代表人物萨莱耶斯的话说过,如果说法人的权利能力是一种拟制,那么儿童和成年精神障碍者的权利能力就是双倍的拟制。[②]

(一)儿童与成年精神障碍者的理性能力不足与主观权利体系的矛盾

以理性、自由为实质根据的权利能力理论,首先没有解决理性不足者的主体资格问题,这一点是不符合这个时代社会进步的要求

---

① 黑格尔引用歌德的话说,立志成大事者,必须善于限制自己。黑格尔接着说,人唯有通过决断,才投入现实,不论作出决定对他来说是怎样的艰苦。参见[德]黑格尔:《法哲学原理》,范扬、张企泰译,商务印书馆1961年版,第24~25页。

② 参见[法]莱翁·狄骥:《宪法论——法律规则和国家问题》(第1卷),钱克新译,商务印书馆1959年版,第343~344页。

和自然法观念的。按照这些观念,所有的生物人基于伦理的要求,都应当成为法律的主体。

当然,忠实于理论的学者或许不得不接受理论所给出的指引和结论。狄骥即主张“儿童和疯人的非法律主体论”。一方面,他认为,不自知其行为的人不是客观的法律主体,这一点没有什么可争辩的。因为法律规定是有目的性的规律,它是对意志适用的,并且包含有一种积极或消极的命令。可是一种命令只能对一个自觉的意志适用。一种法律规则恰巧为一个儿童或一个疯人违反的时候,那就不对他产生任何一种社会反应,这就是他不是法律主体的最好证明。① 另一方面,虽然狄骥不承认他们是客观的法律主体,但并不反对保护他们的利益。他认为,儿童和疯人是受到保护的,而且在现代各国的立法上受到大力保护,使他们的道德和物质利益不受损害。但狄骥认为这种保护不构成疯人或儿童的一种权利,因为它仅是一种对伤害儿童或疯人的禁止,一种对公众所作的消极命令,事实上没有别的东西。所有的人,只要自知其行为,便都是法律的主体,并且都是客观法一般禁止的对象,因此不许他们伤害任何丧失理智的个人的道德和物质的利益。这足够确保对于这种丧失理智的人的保护了,而不必想象这种丧失理智的个人是一个主观权利的主体。②

在现代民法学的权利理论看来,对于利益的最好保障就是赋予

---

① 参见[法]莱翁·狄骥:《宪法论——法律规则和国家问题》(第1卷),钱克新译,商务印书馆1959年版,第336~337页。

② 参见[法]莱翁·狄骥:《宪法论——法律规则和国家问题》(第1卷),钱克新译,商务印书馆1959年版,第338页。

相应的权利,为了保护理性不足者的利益,承认他们能够享有权利就是必要的。正是在这一点上,狄骥的观点与民法学的主观权利理论相左。正是由于狄骥反对在客观法之外还存在主观权利,所以他也反对将针对儿童和疯人的保护设想为他们自己成为法律主体,因为他们即使没有权利,也可以通过客观法的要求保护他们的道德和物质的利益。

狄骥的"儿童和疯人的非法律主体论",提示我们必须注意到民法学的主观权利体系与权利主体问题之间的关联。一方面,民法学以权利为基础构建自己的体系,而根据康德哲学,权利是自由的全部条件,所以权利能力也以具有自由、具备理性作为对于权利主体的实质要求;另一方面,以权利为基础的民法学体系,又是通过权利归属来划分社会的各种生存和发展资源,理性不足者若无权利能力,就会失去参与社会财产分配的资格,为了避免这种情况,又不得不承认理性不足者也能成为权利主体。事实上,面对主观权利体系的这种矛盾状态,耶林提出了权利的利益说,并以此反对权利的意志说。① 耶林认为,权利只是被保护的一种人类利益,而儿童和疯人就有需要保护的利益;由于他们的地位,他们所有的利益甚至还需要一种具有特殊保障的保护。因此他们有权利,也是权利主体。但是,耶林的利益说却无法解释为何仅强调"人类利益",而不包括诸

---

① 耶林写道:"如果人格和法律的行为能力在意志要求的能力上是同一的东西,那为什么世界上各国的立法(我还不知道有什么可以作为例外)不仅在儿童和疯人当中承认和保护人格的纯粹人性,如人身和生命,而且还要授予他们以与有意志能力的人们相同的承受财产的能力呢? 如果回答说,法律尊重他们有未来意志能力的可能性,那也只能成为一种可悲的、无法辩护的遁辞罢了。"[德]耶林:《罗马法的精神》,墨内勒译本(第4卷),第319页。转引自[法]莱翁·狄骥:《宪法论——法律规则和国家问题》(第1卷),钱克新译,商务印书馆1959年版,第343页。

如动物的利益这样的问题。[①]

在主观权利体系下,若没有权利,利益即无所依归,所以不得不扩大权利主体予以应对。狄骥提出的问题是,为什么一定要采取主观权利体系?按照前文所描述的市民社会中的"个体—社会"关系,恐怕没有其他的答案。市民社会中,每个个体都必须对自己负责、对自己的行为负责,在诸个体行为的耦合中,社会得以存续和运转。这样,每个个体都必须被赋予主观权利,必须通过自己的努力获得生存和发展的资源,每个个体的努力是整个社会获得延续和发展的动力源泉。就连刚出生的婴儿,也被认为即时取得了对于其父母的抚养请求权,以此确保每个个体都被连结到主观权利体系之中。

(二)权利能力与行为能力的分与合

权利能力概念面临的这种结构性障碍,需要民法学作出进一步的回应,理论家们事实上也是这么做的。学者们提出了各自的解决方案,[②]并且各解决方案逐鹿的结果也是我们已经知道的,即抽离权利能力内含的理性要求,另提出行为能力的概念来容纳被抽离的理性要求,在分离权利能力(享有权利的可能性)和行为能力(行使权利的可能性)的基础上,通过法定代理制度将一个理性健全者的意志看作是理性不足者的意志。通过这一系列法学的构建,权利的享有与权利主体意志能力的不足将不存在任何矛盾,理性不足者在主

① 参见[法]莱翁·狄骥:《宪法论——法律规则和国家问题》(第1卷),钱克新译,商务印书馆1959年版,第343页。

② 关于施耐勒、普赫塔、温德沙伊德对此问题的解决方案和相关论述,详见沈建峰:《权利能力概念的形成和变迁》,载《北方法学》2011年第3期。

观权利体系中最终取得了主体地位。因此,权利能力的现代界定基本形成,那就是“权利能力是成为权利和义务载体的能力”。[①] 它不仅是一种潜在的能力,也是一种现实的能力。

由于不少学者已经对权利能力与行为能力相分离的过程作了精彩的论述,[②]使得本书可以仅简要地提及这一过程。在萨维尼看来,权利的拥有与权利的获得及权利的行使应该被严格区分。[③] 权利能力被构造为拥有权利的可能性,而非获得和行使权利的可能性。这样,就将理性因素从权利能力概念中分离出去,权利的享有这种消极能力成为权利能力的唯一内涵。这就为并不具有完满理性和意志的人也拥有权利能力提供了可能。对于现实的法律交易以及法律责任承担而言,法学在权利能力之外另行构造出行为能力甚至责任能力的概念,[④]对于具体判断法律行为的效力以及侵权责任的承担而言,具有积极意义,以便在具体场景下对于理性能力作

---

① ［德］迪特尔·梅迪库斯:《德国民法总论》,邵建东译,法律出版社 2000 年版,第 781 页;［德］卡尔·拉伦茨:《德国民法通论》(上册),王晓晔等译,法律出版社 2003 年版,第 120 页。

② 德国学理在这个问题上的发展,详见沈建峰:《权利能力概念的形成和变迁》,载《北方法学》2011 年第 3 期;刘召成:《权利能力与行为能力的合与分》,载《国家检察官学院学报》2013 年第 5 期。

③ See Savigny, *Jural Relations; Or, the Roman Law of Persons as Subjects of Jural Relations: Being a Translation of the Second Book of Savigny's System of Modern Roman Law*, trans. by William Henry Rattigan, London: Wildy & Sons, 1884, p. 1.

④ 值得注意的是,萨维尼提出的行为能力(Handlungsfähigkeit)是一个广义概念,表示理性能力的全面运用,既包括以法律关系变动为目的的行为(法律行为)能力,也包括非以法律关系变动为目的的行为(主要是侵权行为)能力。尽管立法中有人数次提议采用萨氏的行为能力,但《德国民法典》最终采用狭义行为能力(Geschäftsfähigkeit),在含义上仅包括萨氏的前者,理由是遵循立法先例,行为能力一般表示法律行为能力。这样,侵权能力(Deliktsfähigkeit)也在立法上单独出来。相关考证,参见顾祝轩:《民法概念史·总则》,法律出版社 2014 年版,第 59 ~60 页。

出具体判断。

权利能力(拥有权利的可能性)和行为能力(获得和行使权利的可能性)两个概念分离之后,分别与民法学的不同制度相勾连。具体而言,权利能力仍然被作为民事主体的本质属性,成为实定法承认或赋予某存在以主体资格的标志;而行为能力则是法律行为的一个生效要件,行为能力不足者所为的法律行为无效或者效力待定,从而使行为能力被限缩到了法律行为领域。当然,在我国的民法学中,行为能力并没有被进一步区分为法律行为能力和责任能力,故对于侵权责任的承担而言,行为能力也成为归责时需要考虑的要件。这样,虽然行为能力是作为意志、理性的法律承载而从权利能力中分离出来的概念,但是在现有的民法制度架构中,却与人法制度存在不小的距离。

但是,我们仍然可以追问:权利能力和行为能力这两个概念之间是什么关系?虽然对此可以简单地作答,即两者都是自然人的能力,但是这种回答没有说明,为何自然人刚好需要这两者,而非其一或者更多?换个角度想,既然两者都是自然人的某种能力,那么两者是否存在共性,从而能够在两者的基础上再抽象出一个更为一般的"能力"范畴?

上述疑问并非笔者的天马行空,而是有种种迹象可循。我国民法学教科书常将权利能力和行为能力统称为自然人的能力制度,但却没有在权利能力和行为能力之外,抽象出一个更为一般的"能力"概念。有学者借鉴德国学者法布里乌斯的观点,①认为权利能力与

① Fritz Fabricius, Relativität der Rechtsfähigkeit, C. H. Beck Verlag, 1963.

行为能力之间仍然存在密切的联系，不仅权利能力的享有在一定程度上以行为能力为基础，而且权利能力的具体内容依赖行为能力来确定，因此，权利能力需要行为能力与责任能力的配合才能完成主体能力的完整构造。[①] 但是，法布里乌斯的观点不仅混淆了权利能力与行为能力，事实上是以行为能力取代了权利能力，而且还会从根本上动摇民事主体的抽象平等，不仅未被德国主流理论所接受，我国学者也对之提出了深刻的批评。[②]

前文对于法律中的人的深刻分析，揭示对于每个生物人来说，要真正达致自由、理性，需要摒弃个性、偏好、欲望、情感、意愿等，专注于发展目的导向理性，才可能符合现代社会对于市民的基本要求。这似乎是一个永远也无法达致的“彼岸”，而生物人离这个“彼岸”的距离，则只是或近或远的差别。[③] 所以，实定法规定的法律中的人，只能无限接近、而无法真正达致此种思辨中的人。虽然法律假定每个成年生物人都拥有理性，但是这种庸俗化了的理性可能掺杂了个人的任性、意愿、欲望，从而与道德哲学中的人(法律的人)仍

---

① 参见刘召成：《权利能力与行为能力的合与分》，载《国家检察官学院学报》2013年第5期。

② 参见郑晓剑：《权利能力相对性理论之质疑》，载《法学家》2019年第6期。笔者也不赞同“权利能力的具体内容依赖行为能力予以确定”这一命题。权利能力是主体的一种抽象能力，所以权利能力的具体内容或者范围之谓，均无从谈起。

③ 以塞亚·伯林提及，有段时间，康德认为只有少数人受到足够的启蒙，获致足够的经验或具有足够高尚的道德才能给出问题的正确答案。但是在卢梭《爱弥儿》的刺激之下，康德逐渐相信所有人都有能力给出问题的正确答案。参见［英］以塞亚·伯林：《浪漫主义的根源》，［英］亨利·哈代编，吕梁、张箭飞译，译林出版社2019年版，第102～103页。笔者理解，这一细节深刻揭示了理性的达致(以成为道德主体)的或然性，以及通过对于理性的强调所构造的近现代社会，必然会随之强调对于儿童的教育，正如我们今天身处的社会和时代一样。

然有着不小的差距。如果情况是这样,那么区分理智健全的成年人与成年痴呆者,就仅是一个理性的程度即量的规定性的问题,而非有无理性即质的规定性的问题。[①] 这或许是后者也被承认具有权利能力的一个更为有力的原因。

申言之,既然每个生物人都无法达致那个理想的、思辨中的自由而理性的人的状态,那么法学在通过权利能力将生物人(human being)构造为自然人(natural person)时,就无法作质的规定性上的区分,而应按照伦理的要求,一律予以承认。换言之,自由究竟是何时获得的,又是何时失去的,实难有准确的标志和计量方法,所以,权利主体的这种扩大化也不是完全没有基础和依据的。

甚至,就更有理性"色彩"的行为能力而言,随着人权观念在宪法(基本法)以及国际公约中的进一步发展,此种因无法作质的规定性上的区分而一律予以承认的观点,也有所体现。在关于心智残疾人的法律能力方面,《残疾人权利公约》第 12 条要求各成员国承认心智残疾人享有与其他人平等的法律能力。按照残疾人权利委员会于 2014 年 4 月 11 日通过的第 1 号《一般性意见》,这里的"法律能力"包括两个方面:拥有权利的能力和行使权利的能力,即不仅指"持有权利并且作为法律上的人在法律面前得到承认的法律地位",而且包含"就这些权利行事并且行为得到法律承认的法律权利的行

① 甚至就儿童来说,也未必不具有理性。黑格尔曾经说,"小孩是自在的大人,最初他是自在地具有理性,开始时他是理性和自由的可能性,因而仅仅从概念上说是自由的。然而这种最初自在地存在的东西,还不是在它的现实性中存在着。这种自在地具有理性的人,必须用下列办法努力创造它本身,即既要超出自身,又要在自身内部培养自身,这样他也就成为自为地具有理性的人。"[德]黑格尔:《法哲学原理》,范扬、张企泰译,商务印书馆 1961 年版,第 22 页。

使”。法律能力的这两个方面是不可分的。[①]《残疾人权利公约》第12条要求缔约国采取适当措施，便利心智残疾人获得他们在行使其法律能力时可能需要的协助，并且要尊重残疾人的权利、意愿和选择。这种“协助决定”模式相比于原先通过法定监护和法定代理所构建的“替代决定”模式，是对于存在完全无理性之人的彻底否定。换言之，《残疾人权利公约》仅承认自然人的理性存在多少或程度之分，但不承认其存在有无之别。这样，《残疾人权利公约》就在自然人（或多或少）的理性的基础上，重新统合了权利能力和行为能力。

综上，借由行为能力概念的提出，权利能力与其内含的理性能力（意志能力）渐行渐远，从而使每个生物人从出生时起即被承认拥有权利能力，更为彻底地贯彻了平等和天赋人权等近代以来备受推崇的价值理念。但是，后来的理论争鸣和实践发展似乎又昭示，权利能力作为主体的标志，无法彻底地与理性、自由等人之根本属性相分离。权利能力和行为能力概念在理论和实践中重新统合的努力，都说明了这一点。

---

① 参见残疾人权利委员会第十一届会议给出的旨在解释《残疾人权利公约》第12条的第1号《一般性意见（2014年）》，第12、14自然段，载联合国人权高专办网：https://tbinternet. ohchr. org/_ layouts/15/treatybodyexternal/Download. aspx? symbolno = CRPD/C/GC/1&Lang =zh，最后访问日期：2020年11月26日。需要指出的是，《残疾人权利公约》（中文本）第12条第2款和第3款的表述是：“缔约国应当确认残疾人在生活的各方面在与其他人平等的基础上享有法律权利能力”；“缔约国应当采取适当措施，便利残疾人获得他们在行使其法律权利能力时可能需要的协助”。因此，从大陆法系国家的实定法区分权利能力与行为能力的角度着眼，该公约约文与残疾人权利委员会的解释之间存在重大差异。但是本书旨在从理论上讨论权利能力与行为能力的关系问题，此处作为一项例证，以证明对于权利能力与行为能力之间的关系，存在作不同理解的可能性。

(三)面向生物人意志天赋不均的法学构造

学界通常认为,《德国民法典》中的权利能力剔除了理性的内容,这可以从两方面来印证:一方面,民法典起草人在预案理由中明确表示权利能力与意志能力无关;另一方面,立法过程中,社会民主党议员曾提出以"法人格"取代"权利能力",理由是防止权利能力与行为能力混同。但立法者对二者已有清晰界分,权利能力不考虑理性,无行为能力仍具有权利能力。①

关于权利能力剥离理性之后,自然人取得权利能力的法理依据,理论上实际存在两种发展可能性。一种是,重新找回"人"这个概念,即用人的伦理性补充人的理性可能存在的障碍,并依此制约实定法可能加诸人格体之上的种种形式约束;另一种是,容忍一个被抽空实质根据的权利能力概念,将伦理要求隔离在法律体系之外,但同时冒着实定法不受管束的可能性。从历史来看,后者显然是实践中的选择。论者多提及,权利能力由此得以脱离"人",而成为主体的一个抽象标志,从而为民事主体中法人的登场准备了条件。但是,权利能力倘若果真既抽离了理性,又脱离了"人"这个根基,那么就只能成为一个空洞无物的概念,成为立法者手中的"提线木偶",成为实定法任意予夺主体资格的工具。有学者批评道,使用一个简化成这样的、纯粹法律技术上的人的概念是解决不了什么问

① 参见顾祝轩:《民法概念史·总则》,法律出版社2014年版,第40~41页。

题的。[①]

从理论上说，没有实质根据，也就无法对权利能力施加形式上的约束，正所谓“皮之不存，毛将焉附”。所以，上述第二种路径只可能是表象，可能源于人们在认识上出现的偏差。事实上，即使是罗马法中的人格，也必有其实质根据，该实质根据即人格(person)所无法脱离的人(man)。当我们将人的本质属性归为自由与理性之后，法学中即用权利能力来加以表达。第一种路径虽然用“伦理性”“人性”等替代“理性”，但是如果我们进一步追问“伦理性”“人性”从何而来，恐怕仍然逃不脱“理性”。不要忘记，在康德看来，道德要求的本质就是理性本身，人类的绝对价值，即人的“尊严”，就是以人所有的这种能力为基础的。[②] 而黑格尔也是从人的自由和理性出发，构建了他的法哲学体系，该体系同时涵盖法学与伦理学。这样，仍然应该将权利能力作为理性在法学中的承载，只是这种自由(理性)还处于一种无限的、潜存的、自在的状态，还没有在现实中找到自己的“定在”。[③] 黑格尔在财富中看到了人之自由的最初的定在，而在民

---

① 参见[德]里特纳：《法律上的人和法人》，载《法律中的自由与责任：迈耶尔－哈约兹诞辰庆贺文集》，1982年版，第335页。在里特纳看来，“法律上的人是依据根本的，即法律本体论和法律伦理学方面的基础产生的，无论是立法者还是法律科学都不能任意处分这些基础。”转引自[德]卡尔·拉伦茨：《德国民法通论》(上册)，王晓晔等译，法律出版社2003年版，第57页，注13。

② 参见[德]卡尔·拉伦茨：《德国民法通论》(上册)，王晓晔等译，法律出版社2003年版，第46页。

③ 在黑格尔的哲学体系中，“定在”是一定的存在(Dasein ist bestimmtes Sein)。按黑格尔的辩证法，“定在”出现在绝对观念对象化和异化为一定的现实历史存在，并扬弃异化的历史定在复归自身的进程中。在《法哲学原理》中，黑格尔是在阐释市民社会经济关系时设定“定在”的现实指归的。在市民社会中，人的主体性存在物化于社会财产的生产与占有之中。参见张一兵：《定在概念：马克思早期思想构境的历史线索》，载《中国社会科学》2019年第9期。

法学中,法律行为被认为是对于意思自治的高度抽象的制度表达。如果我们重新认识权利能力与行为能力的关系,那么权利能力的实质根据仍在于人之自由、理性这样的根本属性,而行为能力则是理性能力在法律行为领域的“定在”。权利能力与行为能力,一抽象、一具体,一无限、一有限。

因此,立于自然人从出生时起一律具有权利能力这种法学构造背后的,正是人的伦理性:“个人将其在民法中不可动摇的中心位置归结为与生俱来的尊严、成为不可或缺的‘人权’的载体。”①人具有理性和意志能力是基于整个人类的一种理念上的认识,是维护人的本性的一种工具。痴呆者毕竟是少数,同时我们不能因为他们意志能力的缺陷而否认其作为人的权利,而婴儿则是潜在的、未来的完整的人。洛克也认为:人们都会把在形象与组织机能上和自己相同的活物叫作人,尽管那个活物可能终生没有意识。② 正因如此,对我们的整个法律制度来说,伦理学上的人的概念须臾不可或缺。这一概念的内涵是:人依其本质属性,有能力在给定的各种可能性的范围内,自主地和负责地决定他的存在和关系,为自己设定目标并对自己的行为加以限制。③

---

① [德]罗尔夫·克尼佩尔:《法律与历史——论〈德国民法典〉的形成与变迁》,朱岩译,法律出版社 2003 年版,第 82 页。

② 参见[英]洛克:《人类理解论》(上册),关文运译,商务印书馆 1959 年版,第 307 页。

③ 参见[德]卡尔·拉伦茨:《德国民法通论》(上册),王晓晔等译,法律出版社 2003 年版,第 45 页。我国学者在论证每一个生物人的主体性时,也多从人的伦理性出发。例如,李永军教授认为,不具有理性的婴儿和有精神障碍的人是作为例外而为主体的,即他们之所以是主体而非客体,是因为伦理规则而非理性规则,仅仅是以假定的理性来赋予其合理的外衣。参见李永军:《论权利能力的本质》,载《比较法研究》2005 年第 2 期。张保红则将之称为“人道”。参见张保红:《权利能力的双重角色困境与主体资格制度重构》,载《法学家》2014 年第 2 期。但是,我国学者将伦理规则与理性规则相对立,似乎误解了伦理与理性的关系。事实上,伦理学正是建立在人的理性基础上的。

意志天赋不均导致的构造自然人权利能力的困难,如果采取分离权利能力与理性能力、用行为能力来承载理性能力的构造,不仅会导致权利能力概念的空洞化,也会导致权利能力与行为能力这两个概念之间的关系无法得到清晰厘定。人们很容易提出这样的疑问:没有行为能力(理性能力)的人,究竟是何以成为主体的? 而如果我们将抽象的理性能力重新回填到权利能力这个概念中,理解上就更为顺畅:权利能力仍然表征市民社会中的人格体所需的理性能力,即使这种理性能力还处于一种潜存的、自在的状态,亦然;权利能力仍然是人格体的质的规定性。而行为能力则是人之理性的"定在"或者说是具体表现,从而可以在具体场合中对人之理性能力提出具体的要求,比如在具体场合中能够识别自己行为的性质与后果,并能够根据该认识结果决定自己的行为,换言之,在具体场合具体地判断某人能否独立、有效、负责地从事民事活动。笔者认为,是否存在完全不具有理性能力的生物人,不仅是一个心理学上的事实问题,依赖于我们对生物人本身的认识的不断深化,更是一个伦理学上的价值判断问题。① 现代社会无疑已经肯认了每个生物人获得自由的可能性,从而一切生物人从出生时起一律具有权利能力,正是对于道德哲学中的"人"在法律中的移植。按黑格尔的法哲学原理,人的意志(自由)最初是无限的、没有外部的定在,也没有实在化,只是处于一种可能性的状态,孩子的意志就处于这样一种状态。

---

① "理性不足者何以有理性能力"这一问题的提出及其回答,在拉伦茨看来,是将"意志"理解为心理学的范畴,而不是理解为伦理学的范畴,从而陷入了困境。拉伦茨曾如此评论过温德沙伊德的私法概念体系以及比尔林的心理学法学理论。参见[德]卡尔·拉伦茨:《法学方法论》(全本·第6版),黄家镇译,商务印书馆2020年版,第42、56~57页。

只有将意志在外在的物中表现出来，意志才获得其规定性、才是实在的。依此，权利能力与行为能力的关系，就是一种从潜能转变为实在的能力的关系，一种从可能性向现实性转化的关系。

由此，通过提出行为能力这个概念，权利能力得以抽象化。这种抽象化，并非是说其完全与理性能力相分离，从而将自身变成一个空洞无物、意义真空的概念，而是说其可以从具体的场域和“定在”中脱离出来，从而不再受到经验的约束，不会陷于“理性不足者为何仍有理性能力”这样的思维陷阱之中。也就是说，权利能力与行为能力的关系，不是现在所理解的一种平面分割的关系（区分为拥有权利的能力与获得及行使权利的能力），而是一种内在自由与外部“定在”的关系（是自由在“抽象”与“具体”中的不同体现）。那么，在法人领域，能否以及通过何种法学构造，来继续阐发自由并构建这样一种抽象与具体、内部与外部的关系？

四、意志独占作为法人权利能力的障碍及其克服

现代民法学教科书在解释法人的权利能力时，多从以下角度着眼：出于简化法律关系（便宜交易、诉讼、课税、归责等）、限制责任、保持团体稳定性等目的，[①]德国法赋予法人以权利能力。按照现在的通行解释，抽离了理性能力之后，权利能力作为一个空洞的“标签”可以被贴到任何事物之上，从而为法人的登场准备了条件。但是，权利能力被赋予法人之后，理论家们并没有放弃（从未放弃也不

① 参见［德］迪特尔·梅迪库斯：《德国民法总论》，邵建东译，法律出版社 2000 年版，第 814～815 页；朱庆育：《民法总论》，北京大学出版社 2013 年版，第 407～408 页。

应放弃)对于法人本质的追问。这就是说,用一个空洞的概念作为法人的本质特征,哪怕仅仅是形式上的,也完全无法令人满意。由于这个问题的核心,仍然在于市民社会对于其人格体的理性期待,所以在法人本质的问题上,理性能力仍然是核心,法人拟制说与法人有机体说的尖锐对立,正在于法人是否具有理性能力。[①] 与自然人的意志天赋不同,法人作为一个组织体,面临的最大障碍在于意志是生物人独有的机能,如何能够成为法人获得主体地位的基础?

(一)意志能力由生物人独占与法人作为目的理性最佳承载者的矛盾

众多论者都强调,法人作为法律上的人,体现的是工具理性。在克尼佩尔看来,法人正是为了克服人格体理论的“意志天赋”结构而规定的:“完全人格人”(Vollperson)有能力交易和行为,即只有在目的导向理性中满足可资利用的自由标准的人才有行为能力。法人为法律行为,其目的从一开始就指向增进财产、所有权的理性和财富的积累。那些满足实质人格人的内质的人,即以现实原则而生活的人,亦为法律行为。被排除的人是那些理性失灵、尚未戒掉不

---

① 按萨氏的学说,作为权利能力之根基的人的理性能力,只有自然人才可能拥有。据此,法人的权利能力只可能是拟制的结果,是由国家特别赋予的。而基尔克则相反,在他看来,德意志合作团体拥有自己的共同意志,不仅是一个有机体,甚至拥有“生命”,所以当然也具有权利能力,应该被承认为主体。但是,对于哪类组织能够被拟制为法人,法人拟制说并未涉及,并且萨维尼在承认旧式团体的同时,也承认基于人的自由意志的联合体和基于特定目的的财产可以成为法人。即使按照基尔克的法人有机体说,这也是一个未竟的课题。基尔克也承认,德意志合作团体究竟在何种意义上具有共同意志,还需要多种学科共同努力研究澄清,他呼吁各学科共同努力来解决这个问题。关于萨维尼和基尔克的法人学说,参见本书第一章。

加阻止追求兴趣原则的人，或者是那些毫无收益的浪费、挥霍金钱和恣意享受生活的作为挥霍者的人。因此，法人的行为能力很快即成立，而“依赖于自然规定的精神的人”却必须首先被磨炼，直至其作为完全人格人出现后方可享有行为能力。将自由规定为在目的导向理性中确定行动目标并选择行动策略加以实现，那么人格体与自然现实的人的关系必然倒置。①

依此，现代市民社会中人格体的原型，恰恰应该是法人，而非自然人。事实上，考虑到人类理性在现实中的有限性，法人可能比自然人更有能力以一种有目的的、合理的和计算的方式行事，在决策过程中纳入更多的考量。法人能够并且实际上或理论上应该有足以鄙夷个体的知识。在决策（选择）能力、信息能力和（财产）责任能力方面，法人都优于自然人，将法人作为现代社会中人格体的典型，才符合现代社会“营业自由”“人人皆商”的真实状态。相反，现代社会中，自然人的理性能力实际上是在缩小的，尤其是在交易领域蜕化为消费者、在生产领域蜕化为劳动者。随着自然人在消费领域和劳动领域责任的减轻或免除，如电商消费者的七天无理由解约权、②劳动者一般过失所致他人损害事故的责任减免，③实际上也在不断

---

① 参见［德］罗尔夫·克尼佩尔：《法律与历史——论〈德国民法典〉的形成与变迁》，朱岩译，法律出版社 2003 年版，第 82 ~83 页。滕尼斯也表达过类似的意思。因为“人格”的概念自在而自为地是一种人为的产物、是一种虚构，因此相对于自然的本质意志主体，虚拟的选择意志主体更完美地符合它。参见［德］斐迪南·滕尼斯：《共同体与社会——纯粹社会学的基本概念》，张巍卓译，商务印书馆 2019 年版，第 343 页。

② 《消费者权益保护法》（2013 年）第 25 条规定：“经营者采用网络、电视、电话、邮购等方式销售商品，消费者有权自收到商品之日起七日内退货，且无需说明理由……”

③ 《民法典》第 1191 条规定：“用人单位的工作人员因执行工作任务造成他人损害的，由用人单位承担侵权责任。用人单位承担侵权责任后，可以向有故意或者重大过失的工作人员追偿。”

消蚀自然人的主体地位。主体意味着担责，而不能或不用担责，反过来也会侵蚀主体地位。

或者可以进一步说，生物人纯化其理性能力的一种途径，恰恰是通过自愿设立拥有目的导向理性的法人来实现的。法律中的人是思辨中的人，其是民法之非感性的法律主体的典型。克尼佩尔认为，无需用拟制说或有机体说来解释法人的本质。“法律的人不必通过拟制与人等同，或者根本不必通过人的生活加以填补，并且也不必被提炼成一个较高的、组织的生命单元，相反，经验中的人必须致力于拘束、抑制其感性与情感，以成为道德的法律的人，不仅因为法律制度要求经验中的人具有法律的、道德的人的资格，而且经验中的人自身也就此要高尚起来。”①

法人面临的主要问题，不在于目的导向理性的不足，学者早就指出，行为能力的问题与法人无关，或者说，法人均具有行为能力。②但是，认为法人在交易和行为中均具有目的导向理性能力的观点，与生物人独占意志能力，则存在矛盾。狄骥说：在个人主义观念下，之所以只有人类才有权利，是因为他是唯一赋有自由意志的实体。同一理由也说明只有人类才能服从法律。主观权利是一种意志能

① 参见［德］罗尔夫·克尼佩尔：《法律与历史——论〈德国民法典〉的形成与变迁》，朱岩译，法律出版社2003年版，第87页。

② 瑞士法理上认为，“由于法律只是对特定的人的联合和目的财产（社团性法人和机构性法人）承认了其权利能力，从而也就在很大程度上丧失了对权利能力和行为能力进行区分的必要。换句话说，如果承认某构造具有权利能力，那么它一定也具有行为能力”。参见［瑞士］贝蒂娜·许莉蔓－高朴、耶尔格·施密特：《瑞士民法：基本原则与人法》（第2版），纪海龙译，中国政法大学出版社2015年版，第382页。德国和我国学者归于法人行为能力项下的内容，主要是何类自然人、基于多大的权限、在何种范围内、通过何种法律机制，将其行事的法律效果归属于法人。

力;客观法是各个意志所接受的一种规训。只有意志的主体才能成为法律的主体——主观的权利主体、客观的法律主体。因此个人是唯一的法律主体;集体和社团当然都不是而且也不可能是法律主体。[①] 如何化解此种矛盾?或者换一个提问的方式,为什么自然人的意志能力能够成为法人目的导向理性的基础?

(二)生物人扮演组织角色的可能性

克尼佩尔没有说,为什么法人天生就可以成为一个人格体、天生就是具有目的导向理性的。在法人既借助于又脱离于自然人的这种矛盾关系中,如何使人的组织可以成为人格体(处于社会的秩序图式中,拥有权利义务,扮演某种角色)?对于这个问题的回答,恰恰在于雅科布斯所说的,群体的真实只是一个过程,群体的真实以生物人意识的分裂为前提,即生物人将自己的快与不快的工具性图式与在群体内的当为(义务)相对应,从而扮演群体中的某个角色。[②] 与之类似,黑格尔也认为,家庭关系是以牺牲人格为其实体性的基础。[③]

---

① 参见[法]莱翁·狄骥:《宪法论——法律规则和国家问题》(第1卷),钱克新译,商务印书馆1959年版,第345页。

② 雅科布斯说:如果某一个体只要显示出意识,人们就认为其具有主体性,那么,主体性就已经存在于工具性的世界中;当然,在那里主体性只是意识的另一个名称。如果主体性是指自我意识中的反思状况,那么,个体就不能单独地获得它,因为所有出现在他的意识中的东西对他来说都必然表现为自己的世界,亦即表现为自己的快或者不快,以至于缺乏能够将其自身衬托出来的背景。为了能够产生自我意识,必须将(至少)两个图式导入到同一个意识中去,即一个意识同时包含着两个图式——具体地说:一方面涉及快或不快,另一方面涉及当为/自由空间或者义务/任意。自我意识以在自己的义务和自己的快之间存在区别这一意识为前提。只有意识的分裂,才使在义务意识的背景之前把快作为其他的但是仍然是自己的意识内容来对待的可能性,反之亦然。参见[德]京特·雅科布斯:《规范·人格体·社会——法哲学前思》,冯军译,法律出版社2001年版,第24页以下。

③ 参见[德]黑格尔:《法哲学原理》,范扬、张企泰译,商务印书馆1961年版,第49页。

这就是说,组织是有可能借助于生物人的不自由而获得自由的。生物人受到组织内角色的约束,受到组织秩序和组织所要求的当为的制约而按照组织角色的要求行事,将自己囚禁于组织角色的“牢笼”中而变得不自由;相反,组织则通过角色的分解、任务的分配、规则的约束和秩序的维持,将生物人的不自由作为自身获得自由的基础,从而具备成为人格体的条件。①

正因为组织通过生物人获得的这种自由一方面脱离了自然界的因果律,另一方面又不能还原为组织内部的个人的自由,所以必须对这种自由施加规范的约束,从而使之本身成为人格体。而当组织仅沦为个人的工具之时,组织则没有自身的自由,有的仅是组织中的个人的自由,所以规范的约束理应施加于其中的个人而非组织。虽然组织依赖于成员来开展活动,但是组织的秩序和文化能够将组织成员的行为转变为组织的行为。

法人在民法学体系中是被抽象为“一”的,即“多样性中的统一”。而这个“一”,就是法人诸成员通过一定的机制而形成“一致”的选择意志,从而适于成为民法中抽象的主体,并且这种选择意志可能并不反映任何个体的特殊偏好。法人的行为不同于组成法人的个人的行为,虽然各个个体可能为法人的行为贡献了某些部分,但是没有人能够为统一的法人行为负责。若是从社会学角度来观察,正如韦伯所指出的,组织的法人资格观念,其最理性的实际体现

---

① 关于个人扮演组织角色的认知方面的分析,参见 Herbert A. Simon, *On the Concept of Organizational Goal*, 9 Administrative Science Quarterly 1, 12 – 13 (1964)。

就在于成员的法律范围与单独建构的组织的法律范围彻底分离。[①] 原则上说,私人企业的官僚与现代公务员一样,职务活动与私生活领域是相分离的。并且,在私人企业中,这项原则已经扩大应用于处在顶端的企业家本人,大体上已经是办公处所与住所分离、商业交往与私人交往分离、商业资产与私人财产分离。[②]

从道德视角来看,组织文化能够影响组织内个人的道德选择。已有研究表明,“仅个体的特性不足以解释道德和伦理行为”。[③] 组织文化会被融入组织成员的生命之中,从而脱离了这种文化就无法理解里面的个体。这种融合具有心理学和社会学的维度:“群体并非仅是人们遭遇和与之互动的世界的外部特征……他们同时也被内化并贡献于人们关于自我的认识。群体决定着我们是谁,我们看到什么,我们思考什么以及我们做什么。”[④]如果责任是与能力绑在一起的,那么组织就需要为它们有能力造成的好的或坏的结果承担道德责任,而个体的道德行为也需要组织的道德行为的支持。

---

① 参见[德]马克斯·韦伯:《经济与社会》(第 2 卷),阎克文译,上海人民出版社 2020 年版,第 1024 页。对此,拉伦茨也认为,“法人制度使团体本身的权利范围同成员的权利范围相分离,使整体和个别成员之间能够发生法律关系”。[德]卡尔·拉伦茨:《德国民法通论》(上册),王晓晔等译,法律出版社 2003 年版,第 57 页。

② 参见[德]马克斯·韦伯:《经济与社会》(第 2 卷),阎克文译,上海人民出版社 2020 年版,第 1323 页。

③ Bart Victor & John B. Cullen, *The Organizational Bases of Ethical Work Climates*, 33 Admin. Sci. Q. 101, 103 (1988). Cited from Susanna K. Ripken, *Corporations Are People Too: A Multi-dimensional Approach to the Corporate Personhood Puzzle*, 15 Fordham J. Corp. & Fin. L. 97, 135 (2009).

④ See S. Alexander Haslam, *Psychology in Organizations: The Social Identity Approach* 22 (2001); See also Robert C. Solomon, *Ethics and Excellence: Cooperation and Integrity in Business* 161 (1992). Cited from Susanna K. Ripken, *Corporations Are People Too: A Multi-dimensional Approach to the Corporate Personhood Puzzle*, 15 Fordham J. Corp. & Fin. L. 97, 134 (2009).

法人在社会中具有独特的同一性和存在。作为社会实体，他们自由地主宰着自己的景象（landscape）。今天，诸如体育场、公园、音乐大厅等公众娱乐场所，都显示法人的名称，而在过去，这些地方经常以公众捐助者或者英雄人物来命名。流行文化充满了特定公司人格的形象，在很大程度上源于公司对于"标识"技术的使用，以为它们在公众眼中创造唯一的和吸引人的同一性……这些象征（标识）和标语将公司人格化，并将公司与公众联系在一起。当人们听到不同公司的名称时，就会联想到某些印象。[①]

但是，仅仅上述关于组织获得自由的可能性的讨论，并不能得出这肯定是事实的结论。仅当诸个体在组织中发现某种幸福生活时，组织才可能是现实的。[②] 组织能否成为人格体，与生物人能否摒弃动物性的欲望、情感、激情而纯化为一个自由意志的载体一样，取决于各种机缘和条件，并非表现为一种必然性。组织要在与内部个体的无休止的斗争中、在与外部环境的不断交换中，才能获得自己生存和发展的空间。而组织已经获得的生存和发展空间，也可能随着时空约束条件的变化而逝去。组织的真实性与生物人的自由处于对立之中。生物人可能把组织作为自己的皈依，从组织中发现幸福生活，认真扮演组织中的角色，也可能仅将组织作为工具性考量

---

① See Susanna K. Ripken, *Corporations Are People Too: A Multi-dimensional Approach to the Corporate Personhood Puzzle*, 15 Fordham J. Corp. & Fin. L. 97, 138－139 (2009).

② 参见［德］京特·雅科布斯：《规范·人格体·社会——法哲学前思》，冯军译，法律出版社2001年版，第49页。雅科布斯在此处讨论的是"规范的现实性"。由于组织秩序对于组织的重要性，所以"规范的现实性"的条件亦是组织的条件。正如雅科布斯在全书最后总结的命题C1："当创设人格体的规范指导着交往时，也就是说，当这种规范给行为提供了标准的解释模式时，社会才是现实的"。参见该书第118页。

的环境。[①] 对于组织的真实状况,“只能用精神的眼睛来注视,即必须从构成它们的人自身的意识(Bewuβtsein)和意愿(Wollen)方面来解释”。[②] 并且,与生物人的出生和死亡具有明显的可观察性不同,组织的“生”与“死”可能没有明显的标志。当然,若是从自由的生物人角度着眼,生物人何时成熟到有其自由,其实也是无法事先确定的。所以,何时真正(现实地)具有自由,是无法强求的,无论生物人还是组织,均仅是具备成为人格体的可能性。但是相比对于自然人的构建,法学对于法人的构建则要复杂得多。

判断组织何时是自由的,何时又是不自由的,何其困难! 所以,斯宾诺莎所言之“永远的真实”,就是个体的即自然的而不是社会的永远的真实;并且,尽管实际上没有哪一个体能够避免与其他个体一起生活,然而他并非必须与其他个体一起接受某种共同的任务,也就是说并非必须社会地生活。[③] 按照这种观点,仅生物人才是永远的真实,而组织的真实则至多是一个过程。

上述正反两方面的分析表明,组织具有获得自由的可能性,但同时也不必然是自由的。与社会学仅从外部观察和描述各类组织不同,法学致力于规范的调整,因而必须界定自己的调整对象。法

---

① “一旦部分参与到整体之中,它们就皆相同;倘若每一个部分只表现自身,只从事其固有的活动,那么它们就是彼此分离、多种多样的。”这种关系“也存在于个体与包含着他们的现实的群体之间。我们能够将群体视作正在成长、正在消亡以及正在向一个更高的构造演进的存在者,也就是说,我们总将它们理解成一个主动的、有生命的、可变的东西”。[德]斐迪南·滕尼斯:《共同体与社会——纯粹社会学的基本概念》,张巍卓译,商务印书馆2019年版,第335页。

② [德]斐迪南·滕尼斯:《共同体与社会——纯粹社会学的基本概念》,张巍卓译,商务印书馆2019年版,第6版和第7版序言,第59页。

③ 参见[德]京特·雅科布斯:《规范·人格体·社会——法哲学前思》,冯军译,法律出版社2001年版,第61页。

学对于法人的界定，与对于自然人的界定一样，也是一个构造的过程。

(三)独立性作为法人权利能力的核心构造

人们肯定要追问，从组织内生物人的不自由中获得组织自身的自由，何以可能？法学又如何来表达此种可能性？或者说，组织的自由如何与生物人的自由相容？笔者的回答是，此处需要引入任意原则来解决这个难题。社团、协会、俱乐部、慈善基金、公司、企业等现代社会中的各类组织，均以自愿设立为其基本原则。由于生物人个体是自愿进入组织之中、自愿受到组织秩序的约束和组织文化的涵养、熏陶的，所以即使个体在组织内是不自由的，但这种不自由恰恰是以其最为抽象的自由为基础的，因此仍然可以从人的自由意志这个最为根本的理念中得到说明。并且，由于组织的目的领域是由组织内的生物人通过设立或者自愿加入行为而设定或认可的，所以生物人的这种不自由，是具体的、限定的、仅在某一目的领域中的，从而不构成对于生物人的无限的、潜在的、自在的、自由的根本性“反动”。

如果组织的自由是从生物人个体的自由中引申出来的，那么这种自由就是暂时的、有条件的、有限的。换言之，并非任何组织在任何时空条件下都具有这种自由，从而与生物人从出生时起一律具有权利能力不同，组织的权利能力并非当然的，并非所有的组织都具有权利能力。引入任意原则，也可以在一定程度上解决这个问题，即组织是否具有权利能力，首先取决于组织成员是否意欲约束自己的自由从而使组织获得自身的自由。组织成员通过各种途径表达出来的此种意愿，[①]可以作为法学界定组织的法律地位的一个基础。

当然，并非一有组织成员的意愿，组织就获得了自由——成员表达出来的意愿也未必是真实的。除了要受制于共同体的承认（此乃对于权利能力的形式约束）之外，还需要从组织自由的外部表现或者“定在”加以判断。对此可供参考的是，黑格尔认为，家庭作为人格来说在所有物中具有它的外在实在性。它只有在采取财富形式的所有物中才具有它的实体性人格的存在。[②] 结合黑格尔关于所有权是自由的最初的定在的观点，可以得出结论，组织的独立财产也将是组织获得自由的外部表现。拉伦茨对此进一步阐释道：“所有权本源的和首要的意义不是实现排除他人侵扰的请求权，而是一种可能性，即人格通过拥有物或通过自己拥有的物的力量，创造和保持适合于他的个体性的存在空间，并由此表明自己为一个人格（Person），即证明自己是自由的。”[③]笔者认为，所有权对于人格体的意义，不仅适用于自然人，也适用于法人。但是，组织的独立财产除了来源于其成员的自愿让渡和组织自身的积累之外，还特别需要法律的建构；否则，一次诉讼就能够使组织财产还原为组织内自然人的个人财产。组织的独立财产的维持，也离不开相应的组织决策机制的保障，否则组织财产也会在事实上沦为个别成员的个人财产，从而无法继续成为组织自身自由的“定在”。当然，在组织决策机制

---

① 依照法律规定的有权利能力的组织的形态来设立组织，可以认为其成员有使组织获得权利能力的意愿。成员以组织的名义而非自己个人的名义从事民事活动，也有可能被认为是表达了此种意愿。

② 参见［德］黑格尔：《法哲学原理》，范扬、张企泰译，商务印书馆 1961 年版，第 185 页。

③ ［德］卡尔・拉伦茨：《法学方法论》（全本・第 6 版），黄家镇译，商务印书馆 2020 年版，第 43 页。

的构建上，组织成员也有很大的自治空间，从而组织决策的独立性也表现出某种或然性，有待于法学的进一步建构。

以上分析表明，法人面临的主要问题，是在自然人普遍成为权利主体的前提下，法人与其内外自然人的关系如何构建的问题。对内而言，主要是法人是否“独立于”其成员、管理者甚至雇员；对外而言，则主要在于法人的独立性能否得到社会的普遍承认。可见，法人的民事主体地位问题，主要是其相对于自然人的独立地位的构建。这样，就可以理解拉伦茨在《德国民法通论》中，对于法人独立性的讨论为何着墨那么多。拉伦茨一方面承认权利能力是法人的本质属性，另一方面在给法人下定义时，却只字不提权利能力，而是着眼于法人独立于其成员的这一性质。法人的基本特征是它自身作为一个法律实体与作为法律实体的成员或者职能机关的个人相分离。因此它本身能作为法律主体，享有权利和承担义务，具有与自然人相同的地位。①

粗略地说，对于组织何以成为法律中的人，法律是以组织在财产、决策等方面表现出来的独立性作为区分标准，同时辅之以登记技术，原则上将独立于其成员的组织作为一端即法人，将不独立于其成员的组织仅作为成员之间的一种法律关系，从而采取了不同于一律承认自然人的权利能力的法学构建技术，形成了一种二元对立的结构。这样一种构建，是采取了一种静态的视角，来对应组织何时从其成员中“涅槃”而获得其自己的“生命”这样一个动态的过程；采取了一种外部的标志，来评价组织及其成员的意愿和意志；采取

① 参见[德]卡尔·拉伦茨：《德国民法通论》(上册)，王晓晔等译，法律出版社2003年版，第181页。

了一种定性的方式,来回避更为精细的定量问题,从而必然会在理论上和实践中遭遇重重困难。

当然,正如生物人的理性能力未必使之被共同体承认为人格体一样,组织相对于其成员的独立性也未必使之被共同体承认为人格体,况且组织还天生具有与共同体相竞争甚至是抗衡的可能性。这在法国大革命解散一切社团①以及德国试图通过登记制度将社团纳入国家的监控之下,②均可见一斑。所以,决定法人组织可以成为人格体的力量,与承认所有的生物人可以成为人格体的力量一样,均是现代商业社会中居于主导地位的经济。

总体而言,法人也是法学构建的结果。与自然人需要不断磨砺自己在法律交往中的目的导向理性能力不同,法人需要磨砺的是其相对于自然人所取得的独立性。按现代观念,凡自然人都具有权利能力,存在疑问的是其行为能力,而现代组织是一个目的性的构造,所以原则上都具有行为能力,存在疑问的是其是否独立于组织内的成员。法人的主体资格的核心,即在于其是否为独立的实体,从而可以与相关的自然人相分离,拥有自身的法律范围或权利范围。与

① 法国1794年的一项法令规定:"凡号称为学术会议、人寿保险公司以及一切以不记名股份或者是记名但可以自由转让的股份合资成立的团体,一概予以禁止。"参见[苏联]E. A. 弗莱西茨:《为垄断资本服务的资产阶级民法》,郭寿康等译,中国人民大学出版社1956年版,第4页。

② 《德国民法典》第54条规定:"对于无权利能力社团,适用有关合伙之规定。以此类社团之名义向第三人实施法律行为者,行为人负人身性责任;行为人为多数时,各自作为连带债务人承担责任。"梅迪库斯指出,对无权利能力社团作出如此不妥当的、不利的规定,并非出于立法者的疏忽。毋宁说,这是一种蓄意的做法,其目的在于促使社团取得权利能力。这一政策,与立法者在19世纪末叶对追求政治、宗教或社会宗旨的社团所持的不信任态度有关。参见[德]迪特尔·梅迪库斯:《德国民法总论》,邵建东译,法律出版社2000年版,第853页。

自然人领域的行为能力不完全对应于其在现实中的理性能力类似，法学对于法人之独立性的构建也不完全对应于这个组织相对于其成员的事实上的独立性。正如法律对自然人的行为能力的规定，在某种意义上“强迫”自然人成为一个自负责任的人，法律对于法人之独立性的构造，也在一定程度上要求和促使法人相对于其成员取得事实上的独立性；换句话说，法人的形式为组织提供了活力。但是，与自然人领域通过行为能力对于生物人在具体场合下的理性能力作出量上的区分不同，理论上还没有进一步区分不同组织的独立性的不同程度，基本上仍然采取独立与不独立这样的二分构造，从而无法涵盖和回应组织生活实践中体现出来的不同程度的独立性。

法人的独立性与自然人的行为能力一样，其功能都是使作为民事主体的实质根据的自由获得外部的“定在”。但是，与自然人的行为能力主要在法律行为领域表达自然人的自由与理性不同，组织的独立性可能表现在组织的名称、住所、组织结构、财产、责任以及不受成员变动影响等诸多方面，因此实定法上没有设定一个专门的术语来指称组织的这种性质。换句话说，与自然人的行为能力有自身的规范适用价值不同，组织的独立性体现在更为具体的领域，所以独立性这个性质本身也是从诸多更具体的性质中抽象出来的较为一般的性质。事实上，“独立”与“自由”意思较为接近，如果不需要对于独立性作量上的区分，本来没有必要在法人的权利能力之外再讨论法人的独立性，这两个概念基本上是等值的。但是，鉴于学理上有将权利能力与理性能力相分离的通行观点，鉴于实践的发展要求对于组织的独立性作更为细致的划分，鉴于组织的独立性相对于权利能力是更为具体的性质、可以使关于法人如何获得自由的讨论更具有可操作性,鉴于一个抽象的权利能力概念可以成为自然人与法人共同的本质属性,理论上就有必要将对于法人之权利能力的讨论,进一步转换为对法人之独立性的探究。换句话说,对于法人独立性的进一步讨论,一方面是对法人权利能力之研究的继续和深化,另一方面也降低了问题的复杂程度,使得仅能用“精神之眼”观察的法人之中的生物人的自由与意志,可以通过对于组织独立性的观察和判断而外显。

法人之独立性概念的提出,既成全了将自由、理性作为抽象的权利能力的实质根据,又使之在法人领域具有了外部的“定在”,同时开启了一个新的问题领域,即组织独立性的具体判断与程度区分问题,是笔者在下一章中要着手解决的问题。

五、小结:同一个历史进程中的自然人与法人

通过对于作为法律中的人的本质特征的权利能力概念的体系定位、价值功能、内涵流变等的细致梳理分析,笔者对于法人本质特征的追问,虽仍以权利能力为可接受的答案,但是与学界通行的对于权利能力的空洞化理解不同,笔者认为权利能力仍然是对于作为道德哲学主体本质的抽象的理性和自由的法律表达,并应以法人相对于自然人的独立性作为这种抽象的权利能力在法人的法学构建中的具体展开或曰“定在”,通过对于组织独立性的观察和判断,来深化对于法人本质特征的研究和认识。

生物人普遍具有权利能力,随之也产生了法人的权利能力问

题。不少学者指出,权利能力虽然是为生物人平等地成为权利主体而量身定做的,却为法人登上历史舞台提供了便利。言下之意,权利能力制度的真正获益者乃法人。但是,这种想法无形中在生物人与组织体的主体资格获得之间嵌入了时间顺序,并且有着这样的前见:个体生物人是本来的权利主体,而组织体则是后来者。笔者却以为,生物人普遍地具有权利能力,与部分组织体获得权利能力,是在近现代社会形成过程中同时发生的、相互关联的法现象。这是因为,当每个生物人普遍地具有了权利能力之后,组织体的权利能力问题就凸显出来。若是组织体内仅部分或唯一的生物人具有权利能力,那么与组织体相关的法律关系可以围绕这个生物人来构建。近代小企业主与他经营的企业之间,其实就采取了这种构造,所以企业作为一种营业,仅表现为小企业主的权利对象。正是由于组织体内的每个生物人都普遍地具有权利能力,与组织体相关的法律关系围绕谁来构建这个问题,才凸显出来。尤其是在现代大型企业集聚了众多的投资者、管理者、劳动者(雇员)并涉及众多利益相关者的情况下,围绕该大型企业的经营所发生的法律关系由谁来承载的问题,更为突出。当然,现代大型企业等经济组织的产生与发展本身,也离不开每个生物人都具有权利能力这一条件。毋宁说,生产方式的转变、生产关系的重构、个体的解放、家庭的解体、现代组织的产生与发展等,是在同一个历史进程中发生的,它们之间存在互相依赖、互相促进、互为条件的不可分割的关系。

这样,权利能力概念固然为法人登上历史舞台提供了法学上的基础,但是也必须看到,自然人的权利能力实际上在一定程度上发挥了抑制、制约组织体的权利能力的功能。萨维尼公式的后半部分,即仅有生物人,才能成为权利主体,无疑是对于这种抑制作用的学理性表达,并且产生了深远的影响。法人拟制说至今仍在民法学教科书中占有一席之地,并为诸多学者所赞同。这种赞同的背后,实际上是在价值位阶上作出了区分:按康德哲学,仅生物人才是目的,而组织体仅是实现生物人目的的手段。这种赞同也惧怕这样一种事实,即组织体无论在财产能力、目的导向理性能力、信息能力、风险承担能力等诸多方面,都远远超越生物人个体,承认组织体的权利能力,会贬低自然人的地位,使个人的权利能力黯然失色,从而打破民事主体平等这一我们极为看重的价值。

笔者认为,生物人作为永远的目的、对于人人平等的价值追求,固然是我们所珍视也不愿意放弃的,但是组织体的权利能力问题与生物人的权利能力问题相伴而生,也是不能回避的历史和现时的真实情况。恰恰是自然人通过放弃自己在特定领域的自由,才凝结出了组织的自由。对此,实定法已经作出了回应,即在普遍承认自然人的权利主体地位的同时,也在一定范围内承认组织体的权利能力。这个范围的选择和斟酌,总体来说是受到经济、社会、政治、文化、价值观念等多方面影响的。

人类作为群体性动物,在很大程度上无法脱离群体。所以,幻想一个由原子化的个体直面作为共同体的国家的社会组织方式,是不现实的。人总是要生活在适宜规模的群体之中。在人从神权、君权、父权中解放出来之后,基于其自主选择而结成的目的性组织,是人类社会历史和实践已经揭明的社会组织方式。不承认这一点,一味地贬抑组织的主体地位,试图以此巩固和捍卫自然人的神圣地位,虽然价值立场上值得赞同,但是与社会真实相距甚远。只有正视问题，才可能解决问题。从某种意义上说，人类社会正是在个体与其所在群体的不断斗争中向前发展的。个体与群体的关系构造，是哲学、社会学、法学、经济学甚至神学的永恒课题。

第四章　组织独立性的展开

——以企业为例

一、引言

社会生活中存在各种各样的组织。法学在组织这种社会存在的基础上抽象出法人这一概念时，必定是以组织的某种或某些社会学形态为基础的。《德国民法典》中对于法人的规定，以社团和基金会这两种组织形态为基础，当社团或基金会符合一定的条件时，法律承认其有权利能力，能够成为民事法律关系的主体。

但是，与德国有着浓郁的社团文化不同，①

---

① 关于德国的社团文化，参见李伯杰：《三个德国人，必有一社团》，载《读书》2015 年第 10 期。我国民法学一向以社团法人与财团法人为法人的两种基本类型，因此不是从组织的社会学形态来认识社团的，而是将以成员为基础

我国社会中的组织形态,在改革开放前主要体现为各种国营的企事业"单位",改革开放以来则尤为重视经济领域中的企业。事实上,我国对于法人的关注和研究,与现代企业的公司制转型基本同步,可以说,我国法学界对于法人的既有认识和构想,是以公司尤其是公众型股份公司为原型的。例如,蒋大兴教授认为,《民法总则》(已废止)中关于法人部分的条文设计,存在明显的"复印公司法"之问题。①

受制于据以建模的组织的社会学形态,无论是德国的法人理论还是我国的法人理论,均在一定程度上桎梏了社会生活中组织实践的发展。这方面较为突出的表现,就是区分企业的组织形态,仅承认某种特定形态的企业尤其是在组织结构上与社团类似的企业具有权利能力,而忽视了各种企业形态之间的共性。

依莱赛尔的观点,企业是"由数个成员和一定数量的资产按照法律规定设立的同一组织,它按照经济规则运作,生产商品或者提供服务;它还通过市场向社会公众提供产品,满足社会公众对产品的需求;此外,它通过获得的利润来满足投资者、职工和管理者的利

的法人都认作社团法人。但《德国民法典》规定的社团法人,只是承认符合特定条件的社团为法人,其并没有创设社团的概念。根据通常的定义,社团(Verein)是由众多成员为实现共同的而非个人的目的形成的长期性的组合,其存续独立于成员的变更,对外是有自己名称的统一体,对内存在团体性的章程。毋宁说,社团是一个法学之外的已知的概念,在德国文化背景下,理解社团没有任何困难,而法学只是规定什么样的社团适格。正是由于我国欠缺这种社团文化,除了参加学生社团之外,我国民众的社团生活经验相当匮乏,所以在理解社团上出现了偏差。

① 参见蒋大兴:《〈民法总则〉的商法意义——以法人类型区分及规范构造为中心》,载《比较法研究》2017 年第 4 期。

益需求和其他需要”。[①] 企业在市民社会中发挥组织社会生产的基本经济功能，经济学已将市场经济中的独立生产单位即企业作为市场经济体系的中心概念。企业的概念使人们注意到，经济成就通常不仅是个人活动的成果，而且是许多个人有目的、有组织的共同作用的成果。正如汉斯曼等所言，现代社会的经济活动不是由个人主宰的，而是由企业所主宰，企业拥有资产、订立合同并且承担法律上独立于它们的所有者和管理者的责任。[②]

企业是市民社会中的一种典型的组织形式。企业作为近现代社会中生产的主要组织者，有构建和参与社会关系的强烈需求。企业在现代市场经济中占据主导地位，并且对于非经济领域的组织有强烈的吸引和示范作用。由此，讨论企业是否都能够成为法人，成为自20世纪70年代起法人研究的一个重要视角。德国学者弗卢梅的“群体理论”，正是旨在论证合伙（企业）可以具有行为权限、成为权利承载；莱赛尔也通过其法社会学研究论证企业为法人。[③] 那么，企业是否为法人，又缘何为法人？这正是本章拟回答的核心问题。

---

① ［德］托马斯·莱赛尔、吕迪格·法伊尔：《德国资合公司法》（第3版），高旭军等译，法律出版社2005年版，第28～29页。

② See Henry Hansmann, Reinier Kraakman & Richard Squire, *Law and the Rise of the Firm*, 119 Harv. L. Rev. 1335, 1336 (2006).

③ Vgl. Werner Flume, Allgemeiner Teil des Bürgerlichen Rechts, Erst Band, Erst Teil, Die Personengesellschaft, Springer Verlag, Berlin 1977；［德］托马斯·莱赛尔：《企业和法人》，赵亮译，载易继明主编：《私法》（第1辑·第1卷），北京大学出版社2001年版。

二、企业之法律地位对于传统法人理论的挑战

传统法人理论从组织的社会学类型出发,讨论社团与合伙是否存在质的差别,这主要是德国学理贡献的思路。德国学理将自愿的目的联合体(freiwillige Zweckverbände)明确划分为法人和人合组织,法人的社会原型为社团,而人合组织的社会原型为合伙。我国也有学者采纳此种思路,并据此否认民事合伙具有组织性。[①] 这种观点将企业中的公司尤其是公众型股份公司看作社团,对于企业中的合伙则适用合手原理,从而得出结论:前者是法人,后者不是法人。

(一)人合组织与法人的两分

从法学史方面考察,合手共有共同体(Gesamthandsgemeinschaft)和具有法人资格在社团在概念上的区别反映了两种不同类型的、重要的人类组织(人的现实结合形态)。这一分类起源于罗马法中的"*societas*"和"*universitas*"。在德国法学史上,合手共有合伙和社团法人是两个相对应的概念。19 世纪德国法学家奥托·冯·基尔克系统研究了合手共有合伙和社团法人的特征,总结了两者之间的区

---

① 参见李永军:《民事合伙的组织性质疑——兼评〈民法总则〉及〈民法典各分编(草案)〉相关规定》,载《法商研究》2019 年第 2 期。

别。[①] 在法国法中,两个相关的概念“société”和“association”今天仍然被广为采用。在英美法体系中,与此相应的概念是合伙与公司。[②] 按德国的传统理论,合伙适用合手共有原则,即共同共有的法理。[③]

莱赛尔从社会学类型的角度描述了合伙与社团的特征尤其是差别。[④] 通常来说,合伙指的是有限数量并具有共同利益的成员组成的一种人的结合形态。该组织没有章程,合伙人相互间形成债务合同关系,共同拥有合伙财产,并以个人身份处理合伙事务,因此原则上合伙并不需要一个法律上独立和特别的机构。合伙人的更换往往并没有预先规定,原则上一旦合伙人退伙或者死亡,合伙即解散。从社会学的角度来看,合伙规模较小,成员人数有限,而且基本上保持不变。根据德国法,合伙的基本形式是《德国民法典》第 705 条以下规定的民事合伙(Zivilgesellschaft),特别形式则是《德国商法典》中规定的普通合伙(offene Handelsgesellschaft)和有限合伙(Kommanditgesellschaft),这些特别形式都以营利企业为前提。只要是民事合伙在结构上符合法律要求,民事合伙的形式可以适用于

---

① 基尔克指出,有两种“由历史塑造的思维方式支撑和主导着我们所有的法律制度”,它们之间在概念上存在不可逾越的鸿沟,遵守它们之间的界限是“绝对必不可少的”。Vgl. Otto von Gierke, Genossenschaftstheorie, 1887, S. 339. 转引自[德]托马斯·莱赛尔:《新变更法视角下的共同共有与法人》,徐同远译,载王洪亮等主编:《中德私法研究(14):共同共有》,北京大学出版社 2016 年版,第 94 页。

② 参见[德]托马斯·莱赛尔、吕迪格·法伊尔:《德国资合公司法》(第 3 版),高旭军等译,法律出版社 2005 年版,第 12 页。

③ 参见[德]托马斯·莱赛尔:《德国法上的非国家性社团组织》,金晶译,载民政部民间组织管理局编:《中德社会团体内部治理比较研究》,石油工业出版社 2009 年版,第 187 页。

④ 以下关于合伙与社团的特征与差别的分析,参见[德]托马斯·莱赛尔:《德国法上的非国家性社团组织》,金晶译,载民政部民间组织管理局编:《中德社会团体内部治理比较研究》,石油工业出版社 2009 年版,第 184 ~185 页。

文化、社会和经济目的下的各个领域。

社团则是追求共同目的,并独立于成员更换的长期性的人合性共同体。[①] 对外,社团体现为一个独立的整体,具有独立的名称和独立于成员的财产,并以这样的整体来取得权利和履行义务;对内,社团制定独立于成员个人意愿的规范化的章程,设立形成社团意思、对外代表社团的特定机构。从社会学上看,与合伙相反,社团体现了成员众多并具有流动性(成员经常发生变动)的组织的功能条件。根据德国法,社团还包括股份有限公司(Aktiengesellschaft)、有限责任公司(Gesellschaft mit beschränkter Haftung)和合作社(Genossenschaft)。[②]

日本学者也指出,依传统观点,社团和合伙是具有完全不同性质的社会实体。在社团,作为成员的个人丧失了重要性,社团成为一个超越个人的独自存在,即成为了一个单一体。而在合伙,作为成员的个人仍然具有重要性,合伙不是超越个人的独立存在。[③]

---

① 莱赛尔指出,团体是相对于合伙来说一个最重要的概念。在公法上,团体的概念使用至今,而在《德国民法典》和民法教义中,团体的概念则被社团所取代。然而,在关于社团法的基础研究中,团体仍有其意义,并且为了法律制度的统一,也不应被放弃。

② 与社团和合伙都不同,基金会是一个为管理特定资产而成立、具有独立法人地位的组织,它不是人的联合体,其财产通常是为特定目的而捐献的。与社团和社团法人相比,人的因素在基金会中并不起重要的作用。捐赠人的意愿虽然对于基金会的设立起着决定性作用,但是,其作用也仅止于此。设立基金会的关键是要保持其组织的客观性。基金会没有成员,它只有机构和基金的使用者。法学理论把基金会视作由私人资产组成的一种特殊机构,这些资产必须长期用于某一特定的目的。

③ 参见[日]山本敬三:《民法讲义 I 总则》(第3版),解亘译,北京大学出版社2012年版,第410页。

(二)传统理论面临的挑战

传统理论主要以社团作为抽象出法人理论的社会基础,但是已经表现出了无法适应社会经济发展需要的种种迹象。山本敬三对此批评道:从对社会实体的理解来看,“现实中存在各式各样的团体”,因此无法两分作为社会实体的社团和合伙。从法律规范与社会实体的对应关系来看,有关社团与合伙的法律规范未必与作为社会实体之两者的区别相对应。典型如,合名公司在《日本商法》上被赋予法人格,其社会实体却是合伙。《日本民法》关于社团法人和合伙的规定,应当理解为立法者分别以典型的社团(2006 年修改前)和典型的合伙为对象而设置的规定。现实中也存在这样的团体:就某一个问题而言具有社团特征,就另一个问题而言却具有合伙特征。对于这种非典型的团体,不应当不折不扣一股脑地适用社团法人或合伙的规定,而应当分别就每一个问题适用适合其特征的规定。[①]

从组织运行的发展趋势看,此种非此即彼地区分社团与合伙的立场,随着社会的发展而逐渐被消解。合伙企业与公司之间,存在明显的过渡形态,特别是美国具有特殊性的有限责任公司(Limited Liability Company, LLC),更是集合了合伙企业与公司企业的优势。此种有限责任公司是由立法者结合公司制企业有限责任与合伙制企业内部治理的灵活性和单重所得税等优势而创造出来的一种企业形态。而大陆法系的有限责任公司,也因意思自治和法律规定而有相当多的“类型”,如股东可以在公司章程中约定为公司债务承担

① 参见[日]山本敬三:《民法讲义 Ⅰ 总则》(第 3 版),解亘译,北京大学出版社 2012 年版,第 411 ~412 页。

一定的担保数额，从而使其有限责任有变为无限责任之可能。至于合伙企业本身，也可以依合伙契约和法律安排合伙之结合的紧密或松散与否，而呈现出如美国合伙企业制度中的普通合伙、有限合伙、有限责任合伙等多种形态。日本也通过《投资事业有限责任组合法》《有限责任事业组合契约法》等特别法，引入了承认合伙成员有限责任的合伙类型。[①] 我国《合伙企业法》于2006年修订时，也引入了特殊的普通合伙企业与有限合伙企业。

在有限责任公司与股份有限公司之间，由于现代出现了大量大型的有限责任公司，从而使其与大量的不上市的股份有限公司的区分没有实质意义。基于此，日本于2005年修改公司法，将二者完全置于同样的法律调整之下，不再对二者加以区分，而将小型的有限公司以所谓的合同公司予以规定。合同公司是在内部关系上适用合伙的规范，而全体社员仅仅负担有限责任的公司。[②] 日本的合同公司受到了美国有限责任公司（LLC）的影响。这种更重视企业规模而不是企业法律形态的做法，其实德国也有尝试。德国颁布的《有关小型股份公司和简化1994年股份法的法律》改变了对上市的股份公司和非上市的股份公司适用同一规定的做法，对两种不同的公司分别作出了不同的规定。[③]

新形态的商业组织也不同于以往的传统上市公司，逐渐走向自

---

① 参见［日］山本敬三：《民法讲义Ⅰ总则》（第3版），解亘译，北京大学出版社2012年版，第413~414页。

② 参见刘小勇：《解读日本2005年公司法的大修订》，载《太平洋学报》2007年第1期。“合同公司”有的译为“合作公司”。参见《日本公司法典》第2条，吴建斌、刘惠明、李涛合译，中国法制出版社2006年版，第1页。

③ 参见［德］托马斯·莱赛尔、吕迪格·法伊尔：《德国资合公司法》（第3版），高旭军等译，法律出版社2005年版，第23页。

治化、契约化,组织内部的权力、责任以契约条款之方式详细写明划分,改变了传统的商业运作模式。这种转变减弱了传统公司下所产生的代理问题,进而减少了监管的必要性。新形态之公司例如“优步”(Uber)、“爱彼迎”(AirBed and Breakfast, Airbnb),都是建立在一种合作之管理结构上。这些公司的所有权与责任紧密相连,不同于以往大型金融机构的崛起削弱了公司名义拥有者与公司本身之间的联系。投资者、创立者、经理人通常还有员工之利益以及责任都通过契约进行详细划分,他们利用股份或绩效奖金来激励员工。此种运作方式使得此类小企业可以获得传统家族式经营企业所无法得到的资金池。①

对股份有限公司的社团性,学者也提出了种种质疑。莱赛尔指出,将资合公司划入社团法人这一类是比较勉强的。就股份有限公司而言,由于股东的决策权越来越少,因而,最多只能将它视为一种病态的社团法人。另外,公司资本独立于股东,而且只能用于规定的经营目的,董事会逐步成为一个独立的公司决策机构。这些都表明,股份有限公司也有机构的特征。② 山本敬三也指出,现在,股份有限公司、合名公司、合同公司都可以由一人设立,设立后社员变为一人也不构成解散事由,因此公司已经不再被预定为“社团”,只具有将人作为成员之法人的含义。③

---

① 参见王文宇:《揭开法人的神秘面纱——兼论民事主体的法典化》,载《清华法学》2016 年第 5 期。

② 参见[德]托马斯·莱赛尔、吕迪格·法伊尔:《德国资合公司法》(第 3 版),高旭军等译,法律出版社 2005 年版,第 13 页。

③ 参见[日]山本敬三:《民法讲义 I 总则》(第 3 版),解亘译,北京大学出版社 2012 年版,第 413 ~414 页。

总体来看,各种经济组织形式之间的内在固有差异已经越来越少,法人与人合组织的两分无以为继。传统法人理论乃基于组织的社会学类型尤其是社团与合伙的区别而作的法学抽象,着眼于组织的形式结构。但是,组织结构具有多样性和可变性,在崇尚意思自治的市民社会中,组织结构也存有自治的空间。不仅不同的企业形式之间可以相互转换,在不同的企业形式之中,也有一些共同的法律结构。与统一的企业法区别越来越大的是联合会法。它调整的是非企业性的组织,比如文化组织、社会组织、政治组织、运动组织和经济协会。[①] 考虑到企业组织结构的多样性、可变性、存在的自治空间以及不同的法律形式有着相同的经济实质,恐怕无法依据企业的组织结构(企业法律形态的重要方面)来区分法人企业与非法人企业。

诚如莱赛尔所言,承认所有参与到法律关系中的组织的主体地位是今日社会和经济生活的要求。社团与合伙固然有其社会类型学上的基础,可以保留这种区分,但是这种区分不构成二者法律地位差异的原因。[②]

三、企业独立财产作为企业独立性的核心构造

笔者认为,企业的法律主体地位可以从企业的独立财产中获得

① 参见[德]托马斯·莱赛尔、吕迪格·法伊尔:《德国资合公司法》(第3版),高旭军等译,法律出版社2005年版,第27～28页。

② 参见[德]托马斯·莱赛尔:《德国法上的非国家性社团组织》,金晶译,载民政部民间组织管理局编:《中德社会团体内部治理比较研究》,石油工业出版社2009年版,第187、188页。

说明。一旦我们在头脑中确立了不同于企业出资者的个人财产的"企业财产"这个观念,那么由企业自身作为该财产的支配者从而成为法律上的主体,就呼之欲出了。也就是说,企业运营的财产一旦与出资者的个人财产相区隔,出资者不得取回其出资,出资者的个人债权人也不得直接就该部分出资而受偿,那么就需要在法律上为这部分营运财产确立新的主人,企业的主体地位由此得到确立。

当然,企业的这种主体地位并非是必然的。如果用于企业运营的财产仍然由提供这些财产的自然人直接支配,那么就可以围绕这个(些)自然人来构建与企业运营相关的法律关系,此时企业仅表现为这个(些)自然人的权利客体,因此仅表现为合伙人之间的纯粹债之关系的合伙仍然是存在的。[①] 因此,重要的是,什么样的资产区隔足以支撑一个主体意义上的企业概念。这既是德国学理中关于合伙的民事主体地位的相关讨论的核心问题,也是美国学者提出的资产区隔理论所要解决的问题。

(一)德国关于合手共有的"群体理论"

在德国,2000 年以前,民事合伙、商事普通合伙和有限合伙等人合组织,在财产归属、责任承担乃至主体资格上均受合手共有规则

---

① 按照弗卢梅的观点,合伙可以区分为合手合伙与非合手合伙,德国司法实践中称为"外部合伙"与"内部合伙"。非合手合伙是纯粹债之关系的合伙,弗卢梅将隐名合伙视为这种合伙关系的典型例证。民事合伙中,合伙人享有完全的自由,可将合伙关系部分构建为合手合伙,部分构建为合伙人之间的单纯的债之关系。参见[德]维尔纳·弗卢梅:《合伙与合手》,金晶译,陈大创校,载王洪亮等主编:《中德私法研究(14):共同共有》,北京大学出版社 2016 年版,第 68 ~70 页。

统摄。[①] 虽然由于《德国商法典》第124条、第161条第2款和《有关自由职业者合伙企业法》第7条第2款的规定，商事普通合伙、有限合伙和自由职业者合伙企业已经拥有自己足够的权利，并承担相应的义务，因而在法律权利能力方面，它们已经与法人没有任何区别；[②]而且2000年《德国民法典》修改（第14条）时，也规定了有权利能力的人合组织（rechtsfähige Personengesellschaft）作为法人之外的有权利能力的组织，[③]但是在理论上澄清民事合伙的法律构造，对于商事合伙仍然具有意义。正如乌尔默所言，由此可以“在民法领域为人合公司奠定一个可行的（理论）基础，并将《德国商法典》第124条第1款的规定融入其中”。[④]

对于按共同共有理解民事合伙的传统理论，德国学理展开了反

---

① 合手共有，“可产生于民法上的合伙（《德国民法典》第718条以下）、无限责任公司与两合责任公司（《德国商法典》第105条以下、第161条以下）、（夫妻约定）共同财产（《德国民法典》第1415条以下）以及共同继承财产（《德国民法典》第2032条以下）”。［德］鲍尔、施蒂尔纳：《德国物权法》（上册），张双根译，法律出版社2004年版，第34、35页。需要说明的是，本书对于《德国商法典》中的普通合伙和有限合伙，不再译为“无限责任公司”和“两合责任公司”。

② 参见［德］托马斯·莱赛尔、吕迪格·法伊尔：《德国资合公司法》（第3版），高旭军等译，法律出版社2005年版，第14页。

③ 但是，除非此处的权利能力的内涵不同于作为主体标签的权利能力概念，否则有权利能力的人合组织即为法人。莱赛尔即主张扩大法人范围，将人合组织也纳入法人体系。参见［德］托马斯·莱赛尔：《新变更法视角下的共同共有与法人》，徐同远译，载王洪亮等主编：《中德私法研究（14）：共同共有》，北京大学出版社2016年版，第109页。我国学者也有类似观点，参见王涌：《法人应如何分类——评〈民法总则〉的选择》，载《中外法学》2017年第3期；柳经纬：《民法典编纂中的法人制度重构——以法人责任为核心》，载《法学》2015年第5期。

④ 参见［德］彼得·乌尔默：《共有制合伙——一种至今未明的组织形式?》，张怀岭译，载王洪亮等主编：《中德私法研究（14）：共同共有》，北京大学出版社2016年版，第115页。

思与批判，认为这种理解存在三个方面的悖论。[1] 其一，关于合伙财产的矛盾。按照《德国民法典》第 719 条第 1 款，合伙人对于合伙财产的任何部分的支配权都被排除了。[2] 法律通过对于合伙人在合伙期间针对合伙财产的支配权的限制，使得这些财产只能在合伙的目的范围内由全体合伙人共同支配，从而实质上产生了财产从合伙人向合伙转移的法律后果。其二，关于合伙债务的矛盾。合伙债务作为基于合伙之共同共有产生的共同债务，应如何清偿，是由合伙人共同作出以合伙财产清偿债务的合意，还是合伙人个人即可作出此等决定？换言之，清偿债务的支配意志与财产处分的支配意志是否有不同、有何不同？另一方面，如果仅以合伙人作为民事主体的构造，合伙人参与民事交往时无需揭明自己的合伙人身份，由合伙人自己承担交往的后果与责任，应是常理，又缘何各合伙人要对合伙债务承担连带责任？这些问题都有待解答。德国联邦最高法院认为，传统学说仅将合伙的义务作为《德国民法典》第 427 条[3]意义上的所有合伙人的连带义务，与合伙的团体原则相矛盾，因为当债务对象位于合伙财产中时，单个的合伙人并不能单独地作为连带义务人对此提出履行。传统学说为解决这一矛盾所提出的针对全体合伙人产生的义务具有双重作用，一方面作用于合伙的财产，另一方面作用于合伙人的财产的理论，被德国联邦最高法院认为混淆了债

① 三个方面的悖论，参见刘召成：《德国法上民事合伙部分权利能力理论及其借鉴》，载《政治与法律》2012 年第 9 期。

② 该款规定："合伙人就其对合伙财产之份额，及对属于合伙财产之个别标的之份额，不得处分之；合伙人不得请求分割。"

③ 该条规定："数人以契约共同负担可分之给付者，有疑义时，应负连带债务人之责任。"

务和责任的区分。[①] 其三,关于合伙成员状况变化的矛盾。经过全体合伙人同意出现入伙或者退伙的情况,合伙的本质并未变化,合伙还是原来的合伙。[②] 只有承认合伙具有超越合伙成员的特性,合伙具有了相对于成员的独立特征,合伙成员的变化才不会影响到合伙的本质,合伙才具有了稳定性。

为了解决上述悖论,以弗卢梅的"群体理论"(Gruppen-Lehre)为代表的德国新的法学理论认为,合手共有关系与法人十分相似。弗卢梅把合手共有共同体看作是权利和义务的主体,他将这种新的权利义务主体称为"集为一体之人的群体",该群体构成"集合性整体"(kollektive Einheit)。在权利的归属上,合手共有共同体和法人"在原则上是一样的",两者仅在组织形式和成员的可变性方面有些差别。[③]

弗卢梅理论构造的实质,是在基尔克从德意志合作社中抽象出法人有机体说、《德国民法典》以社团和基金会为基础规定法人之外,提出一种新的群体形态,即他所说的"集为一体之人的群体"。"群体理论"从整体上看待合伙,认为合伙由处于结合状态的多个合伙人构成,因此已不同于单个的合伙人,成为一种由多人共同构成的社会集合体,并与法人一样,也是"超个人的效果统一体"(überindividuelle

---

① BGH, NJW 2001, 1056.

② 参见《德国民法典》第 736 条、第 737 条。我国《民法典》第 974 条(合伙人转让其财产份额)和第 977 条(合伙合同终止),也承认了合伙独立于合伙人存在的可能性。

③ 参见[德]卡尔·拉伦茨:《德国民法通论》(上册),王晓晔等译,法律出版社 2003 年版,第 194 页;[德]维尔纳·弗卢梅:《合伙与合手》,金晶译,陈大创校,载王洪亮等主编:《中德私法研究(14):共同共有》,北京大学出版社 2016 年版,第 74 页以下。

Wirkungseinheit)。[①]作为集合性整体,合伙具有了行为权限和权利归属能力(Rechtszuständigkeit)。由此,弗卢梅将合伙从债务关系中解放出来,作为人法置于民法总论部分。合手是一种"人法上的共同体"(personenrechtliche Gemeinschaft)。[②]

合伙所具有的集合性整体的特性是通过合伙协议构建起来的。合伙协议同时具有两种属性,一是作为一种传统观点所认识的债务关系协议,二是作为一种组织协议,属于组织法的范畴。弗卢梅认为,通过合伙协议,合伙被构造为集合性整体,成为法律交往的参与人和法律关系的联结点,具有了权利能力。[③] 因此,合伙的本质是"集为一体之人的群体",具有权利能力,以此为前提才能理顺合伙的所有关系尤其是财产和责任问题。[④]

"群体理论"的支持者以部分权利能力理论与合伙的集合性整体特性为基础,承认了合伙的部分权利能力。[⑤] 合伙能够具有部分

---

① Werner Flume, Allgemeiner Teil des Bürgerlichen Rechts, Erst Band, Erst Teil, Die Personengesellschaft, Springer Verlag, Berlin 1977, S. 89. 莱赛尔指出,这个概念是弗卢梅从里特尔那里拿来的。参见[德]托马斯·莱赛尔:《新变更法视角下的共同共有与法人》,徐同远译,载王洪亮等主编:《中德私法研究(14):共同共有》,北京大学出版社 2016 年版,第 100 页,注 25。

② 参见[德]维尔纳·弗卢梅:《合伙与合手》,金晶译,陈大创校,载王洪亮等主编:《中德私法研究(14):共同共有》,北京大学出版社 2016 年版,第 75 ~76 页。

③ 参见[德]维尔纳·弗卢梅:《合伙与合手》,金晶译,陈大创校,载王洪亮等主编:《中德私法研究(14):共同共有》,北京大学出版社 2016 年版,第 77 页。

④ 弗卢梅的"群体理论"为德国公司法学者所广泛接受。参见[德]彼得·乌尔默:《共有制合伙——一种至今未明的组织形式?》,张怀岭译,载王洪亮等主编:《中德私法研究(14):共同共有》,北京大学出版社 2016 年版,第 114 页。

⑤ 德国民法学专著中也多以部分权利能力来解释商法上的普通合伙、有限合伙以及民事合伙的权利能力。参见[德]迪特尔·施瓦布:《民法导论》,郑冲译,法律出版社 2006 年版,第 112 ~113 页;[德]迪特尔·梅迪库斯:《德国债法分论》,杜景林、卢谌译,法律出版社 2007 年版,第 389 页。

权利能力是由合伙的本质决定的：合伙是通过合伙协议约束的合伙人的集合性整体，合伙的成员共同构成了集合性整体，因此成为超越个别合伙人的独立存在。但是合伙不同于法人，法人是“这样的组织，被绝对化为人”，其成员“被理解为组织的功能性组成部分”，法人“相对于成员被视为是独立的”。[①] 关于合伙具有的这种部分权利能力，我国学者进一步认为，合伙作为集合性整体并未被构建为完全独立的组织体，在内部关系上与其成员具有一定的人格依附性，因而不能享有法人那样的独立人格和全面的一般权利能力。合伙只能在外部关系上具有部分权利能力，即可以在与合伙人以外的第三人之间的法律关系中具有权利能力，拥有财产、承担债务和责任。[②]

经过上述理论准备和一系列判决的准备，德国联邦最高法院最终在 2001 年 1 月 29 日明确承认民事合伙在外部关系上具有部分权利能力。[③] 德国联邦最高法院认为，为了贯彻立法希望实现的合伙财产和合伙人私人财产的区分，将合伙视为限制的主体提供了一种可行的无矛盾的模式，而传统的仅将合伙人作为合伙权利和义务的归属主体的观点具有严重缺陷。

德国联邦最高法院进而认为，承认合伙在外部关系上具有权利能力，在实践中具有重要意义，因为合伙内部成员状况的变化并不

---

① Werner Flume, Allgemeiner Teil des Bürgerlichen Rechts, Erst Band, Erst Teil, Die Personengesellschaft, Springer Verlag, Berlin 1977, S. 89 f；[德]维尔纳·弗卢梅：《合伙与合手》，金晶译，陈大创校，载王洪亮等主编：《中德私法研究（14）：共同共有》，北京大学出版社 2016 年版，第 78 页。

② 参见刘召成：《德国法上民事合伙部分权利能力理论及其借鉴》，载《政治与法律》2012 年第 9 期。

③ BGH, NJW 2001, 1056.

对与合伙有关的法律关系的继续存在产生任何影响。而严格适用传统观点的结果却是,与合伙有关的债务关系在成员状态发生任何变化时都需要与合同相对方重新订立或重新确认,这种要求不具有任何正当性,并且会对合伙的法律交易造成不利。而且,传统观点也不能对于为什么新加入的合伙人要对旧的合伙债务承担责任提供令人满意的解释。[①] 而这些困难都因承认合伙在外部关系中具有部分权利能力而得以化解。此外,对于合伙部分权利能力的承认也为其在诉讼中所具有的起诉和应诉能力提供了实体法上的基础。[②]

以上关于合伙作为一种集合性整体具有部分权利能力的理论表明,对于旨在用于经营的财产的共同共有,与仅旨在保有和使用的不动产或家庭财产的共同共有,在法律关系上可以作出不同的构造,其中就包括为共同共有的财产抽象出新的法律主体的可能性。事实上,我国学者江平早就指出,财产共有就已形成了团体的最初形态。任何财产共有中都有每个共有人单独行使其财产权的部分和所有共有人共同行使财产权的部分。虽然所有权仍然归每个共同共有人享有,但对财产的占有、使用、收益、管理、处分等权能的行使已不像完全归一个人所有时那么完整充分了。既然是由共同出资组成的财产,也就离不开对财产的共享收益和共同经营管理,而只要有财产的共同经营管理,就有了团体的最早形态。[③]

---

① BGH, NJW 2001, 1057.

② 参见刘召成:《德国法上民事合伙部分权利能力理论及其借鉴》,载《政治与法律》2012 年第 9 期。

③ 参见江平主编:《法人制度论》,中国政法大学出版社 1994 年版,第 15 页。

（二）美国学者的资产区隔理论

依据汉斯曼等的研究，只要企业财产需优先用于偿还某类债权人，人们就已经可以从中抽象出这些财产的共同性质——“企业的”财产，[①]因此企业就获得了最弱形式的“实体防护”。[②]“所有者防护”和“实体防护”是汉斯曼等提出的一对概念。“所有者防护”是指，股东的资产独立于企业的债务，即我们现在理解的有限责任。“实体防护”是指，企业的资产独立于股东的债务，企业的资产免受企业所有者的个人债权人的追索，这是汉斯曼等首创的概念。

汉斯曼等认为，在现代法律实体中，实体防护有三种形式：“弱实体防护”使得企业债权人在分配企业资产时优先于企业所有者的个人债权人，这意味着企业所有者的个人债权人可以就企业资产受偿，但是以企业债权人首先获得足额清偿为条件。“强实体防护”在“弱实体防护”的基础上增加了“清算保护”规则。清算保护规则限制企业所有者和他们的个人债权人通过清算企业来收回企业净资产中的所有者份额或就其受偿。而“完全的实体防护”则拒绝企业债权人以外的人对企业资产提出任何主张。汉斯曼等研究指出，各种形式的商业企业都提供了某种程度的实体防护，并且汉斯曼等将法律实体在它们所提供的实体防护的程度的基础上区分为弱实体、

---

① 这符合集合的“概括原理”。任何一个类或者集合都有属于它自己的特征（这个类或集合的性质），这是由类和集合构造的基本原理也就是所谓的“概括原理”决定的。而类和集合的性质正是构成它的所有元素的一般性质。关于“概括”原理，笔者借鉴了对外经贸大学金渝林教授的专著《理论概念研究》（尚未出版）。

② See Henry Hansmann, Reinier Kraakman & Richard Squire, *Law and the Rise of the Firm*, 119 Harv. L. Rev. 1335, 1337 (2006).

强实体和完全实体。[①]

汉斯曼等研究指出,只能通过主体法的特殊财产规则才能获得实体防护。换言之,主体法(组织法)是资产区隔的一种方式。[②] 这样,就从企业财产的区隔和财产独立中引出了主体意义上的企业概念。虽然实体防护离不开主体法的特殊规则,但是主体法的特殊规则也是以社会实践的发展及其需要为基础的。汉斯曼等提到,记账方式的变革有助于实体防护的产生。[③] 此外,还有证券、金融市场的发展,评估技术的革新,法院裁决企业内部事务能力的提高等,也有助于实体防护的产生和发展。

“强实体防护”和“完全的实体防护”有利于保存企业的营运价值,否则,一次诉讼就可以让企业财产还原成企业所有者的个人财产。问题是,一旦基于实体防护的需要承认企业本身即为一个独立的主体,那么所有者防护是不是也顺理成章了呢?申言之,既然企业无需为企业主的债务承担责任,那么企业主又为什么要对企业的债务承担责任呢?虽然一般而言,实体防护为所有者防护提供了必

---

① See Henry Hansmann, Reinier Kraakman & Richard Squire, *Law and the Rise of the Firm*, 119 Harv. L. Rev. 1335, 1337 -1340 (2006).

② See Henry Hansmann & Reiner Kraakmann, *Organizational Law as Asset Partitioning*, 44 European Economic Review 807 (2000).

③ 除了破产程序,中世纪另一项可能有助于实体防护产生的是记账方式的变革。13 世纪意大利引进了便宜的纸张,使记账也更为便宜,随着 14 世纪晚期罗马数字被阿拉伯数字所替代,计算也更为容易。双入口(double-entry)的计算作为可以追踪企业净资产的第一个有效方式,在 14 世纪也出现并且广为流传。这些革新使企业的所有者和债权人更容易评估企业资产的价值并且区分可以允许的和不可以允许的分配。财务报告的可信度的增加使得债权人更愿意接受企业的营业资产而不是企业所有者的个人资产来作为企业债务的主要责任财产。参见 Henry Hansmann, Reinier Kraakman & Richard Squire, *Law and the Rise of the Firm*, 119 Harv. L. Rev. 1335, 1367 (2006)。

要的基础,因为实体防护保存了可供企业债权人追索的企业资产,从而抵销了他们无法追索企业所有者的个人资产所带来的不利,但是从汉斯曼等的研究结果来看,答案是否定的。① 如果实体防护必然导致所有者防护,那么就无需区分这两个概念,直接表述为企业与企业主相互独立即可。区分这两个概念,恰恰说明两种防护的对象不同。实体防护旨在保护企业,使企业独立于企业主,至少使企业不受企业主及其个人债权人的追索。但这只是企业发展的基本条件。在小型企业如个人独资企业、合伙企业中,企业主事实上仍然主导着企业的经营,所以即使存在实体防护,也不必然导致企业主的所有者防护。对于汉斯曼等的理论而言,实体防护概念比所有者防护概念更为重要,他们也确实主张对于非自愿债权人废除有限责任制度。② 同样,在德国学理中,对于法人而言,权利能力也比有限责任更为重要。正如莱赛尔所言,法人的标志是其作为独立主体享有权利和承担义务的能力;法人责任仅限于法人财产而排除其成员的责任,是否为法人概念的一项要素,至今未得到彻底的澄清。③ 所以,企业独立于其成员尤其是经济学意义上的企业所有者,有一

① Henry Hansmann, Reinier Kraakman & Richard Squire, *Law and the Rise of the Firm*, 119 Harv. L. Rev. 1335, 1359 (2006).

② See Henry Hansmann & Reinier Kraakman, *Toward Unlimited Liability for Corporate Torts*, 100 Yale L. J. 1879 (1991).

③ 参见[德]托马斯·莱赛尔:《德国民法中的法人制度》,张双根译,载《中外法学》2001 年第 1 期。

个方向问题,即企业与其所有者的地位不能互换。①

汉斯曼等提出的所有者防护与实体防护的区分理论,得到了广泛认可,我国台湾地区学者张永健将之译为“主财产防御”(owner shielding)与“特别财产防御”(entity shielding),从而突出了资产区隔(asset partitioning)和财产独立(separate patrimony)理论对于法人的解释力。② 从资产区隔的视角来看,法人无非是实现资产区隔的一种手段,因为原则上,一个主体至少可以有一个概括财产(patrimony)。除了法人以外,英美法系中的信托也能发挥此种作用,不过此时,一个主体可能有两个以上的独立的概括财产。

资产区隔理论也可以用来解释合伙的主体地位。以强制性法律规范明确合伙企业财产区隔的效果,已经成为大多数国家立法的选择。《法国商法典》将合伙企业视为合名公司,财产权独立,享有完整的权利能力,并被赋予法人资格(《法国商法典》第 R221 - 1 条至第 R221 - 10 条)。③ 美国从《统一合伙法》开始,合伙事实上就被视为独立的实体,此点到《修订统一合伙法》表现得更为明确。在资产区隔方面,公司与合伙的区别实际上相当小。虽然合伙人的债权

---

① 此处的所有者主要是自然人意义上的所有者。如果是母子公司关系,可能更适合纳入企业集团规则中处理,德国的康采恩法值得重视。美国学者也认为,母子公司之间以及姐妹公司之间的人格否认,不是刺破面纱的问题,而是企业责任的问题。参见[美]斯蒂芬·M. 班布里奇、M. 托德·亨德森:《有限责任:法律与经济分析》,李诗鸿译,上海人民出版社 2019 年版,第 181 页。

② 参见张永健:《资产分割理论下的法人与非法人组织——〈民法总则〉欠缺的视角》,载《中外法学》2018 年第 1 期。

③ 参见[法]伊夫·居荣:《法国商法》(第 1 卷),罗结珍、赵海峰译,法律出版社 2004 年版,第 257 页。

人、权益受让人或其继承人可以请求法院予以司法解散,[①]但他们只有在合伙未设定期限或者合伙期限到期之后才会有此种权利,因而此种权利会受到合伙的限制。另外,法院可以命令购买申请人的利益份额而不是解散合伙,从而保护了主体并避免损伤企业的持续经营价值。[②]

事实上,从资产区隔理论来看,《德国民法典》第718~720条和第738条也区隔合伙人的个人财产与合伙财产。合伙财产是被作为统一体(Einheit)来理解的全部所属物和标的的总和,它的价值只可通过计算确定,合伙人对它拥有一个同样通过计算确定的份额,它与物权法上的特定原则形成反差。合伙财产的一体与界分要求确立归入规则与区隔规则,正如法律对它们规定的那样。在法律上,哪些标的属于合伙财产(第718条),这种标的排除合伙人个人的攫取(第719条)以及在合伙人退伙时,阻止退伙人从合伙财产中清退它(第738条),均得到阐明。在莱赛尔看来,《德国民法典》第718条及以下就足以使合伙与法人平起平坐。[③]

---

① 经济学认为,所有者从企业中取回出资的权利,是降低经理人与所有者之间代理成本的一种重要机制。

② 参见[美]拉里·E. 利伯斯坦:《非公司制组织的兴起》,罗培新译,法律出版社2018年版,第106页。

③ 参见[德]托马斯·莱赛尔:《新变更法视角下的共同共有与法人》,徐同远译,载王洪亮等主编:《中德私法研究(14):共同共有》,北京大学出版社2016年版,第99~100页。但弗卢梅认为,论及合手概念,日耳曼法的合手学说并不以合手财产为依据,而以作为人之共同体的合手为基础;合手财产虽对(合手)共同体很重要,但其并非是将合手"于最核心处联结"的因素。参见[德]维尔纳·弗卢梅:《合伙与合手》,金晶译,陈大创校,载王洪亮等主编:《中德私法研究(14):共同共有》,北京大学出版社2016年版,第72、77页。

（三）财产独立作为企业独立性之标志

与德国学者对于合手合伙的重新认识以及美国学者对于资产区隔的关注不同，笔者将财产独立认作企业独立性的核心构造，乃着眼于财产与自由之间的内在关系。近代道德哲学的出发点，均在于人的自由与理性。在市民社会中，财产已经褪去了其政治内涵，而成为“自由”的主要外在标志，也是依“自由”构建法律关系的基础。在德国制定其民法典的时代，由于受到资本主义自身发展与德国古典哲学的双重影响，在财产与人格的关系问题上，观念已发生显著的变化。这种变化集中体现于黑格尔在《法哲学原理》中作出的著名论断：“财产是自由最初的定在”。[①] 财产从之前至多作为影响公民政治权利之要素的地位，正式上升为自由意志之标志。“所有权的合理性不在于对需求的满足，而在于对人格的纯粹主观性的扬弃。唯有在所有权中，人体现为理性的存在。”[②]

财产关系是物的关系、绝对关系，与人格体一样，有赖于共同体的承认，责任关系是债的关系、相对关系，可以通过约定而限定其范围。汉斯曼等对于法律与企业的产生的经济分析，得出了同样的结论。虽然实体防护和所有者防护的概念对于理解现代商业企业之债权人权利的模式都是非常重要的，但是只有实体防护需要特殊的法律规则，而所有者防护通常可以通过企业与债权人在合同中的约

① ［德］黑格尔：《法哲学原理》，范扬、张企泰译，商务印书馆1961年版，第54页。
② ［德］黑格尔：《法哲学原理》，范扬、张企泰译，商务印书馆1961年版，第102页。

定来获得。①

“企业财产”的观念并非凭空产生,必然来源于社会实践的基础。一般而言,企业的营运价值大于其清算价值,因此尽量保持企业存续具有经济上的意义。这也是破产重整日益受到重视的重要原因。这样,就有必要在法学构造上分离企业主与企业,使企业在一定程度上独立于企业主。因此,美国学者所称的资产区隔,汉斯曼等区分企业的债权人和企业主的债权人的思路,韦伯所说的近代以来个人生活领域与职业领域的分离,实际上是一回事,而且这种分离在一定程度上就会导致主体的重塑。主体的同一性是在社会关系中构建的。围绕企业构建的社会关系包括法律关系,与围绕个人构建的社会关系包括法律关系不同,就必然要求承认在个人之外的独立经营实体的存在。由于财产是现代社会中资源配置的主要工具,因此,企业的独立性很大程度上体现为企业财产的独立性,企业独立财产也就成为企业这种组织从自然人的不自由中获得自身自由的“定在”。韦伯也指出,从技术性法律观点来看,如果一个组织没有以组织名义订立契约时所必需的财产,法律人格的概念就没有必要。②

---

① See Henry Hansmann, Reinier Kraakman & Richard Squire, *Law and the Rise of the Firm*, 119 Harv. L. Rev. 1335, 1337 –1340 (2006). 但是,对于非自愿债权人尤其是侵权债权人来说,则无法通过合同达成相同的效果。所以,利伯斯坦一再强调,有限责任无法通过私人合同予以复制(参见[美]拉里·E. 利伯斯坦:《非公司制组织的兴起》,罗培新译,法律出版社 2018 年版,第 182 页)。汉斯曼等承认这一点,但是他们恰恰认为,在侵权债权人的场合,应该废除所有者防护。参见 Henry Hansmann & Reinier Kraakman, *Toward Unlimited Liability for Corporate Torts*, 100 Yale L. J. 1879 (1991)。

② 参见[德]马克斯·韦伯:《经济与社会》(第 2 卷),阎克文译,上海人民出版社 2020 年版,第 1025 页。

抽象地说,仅有组织秩序的形成,不足以支撑组织的独立存续,组织必须获得其赖以存续的资源。组织所需要的资源可以分为两大类:人力资源(通过吸纳成员、雇佣劳动力而获得)与物质资源(包括成员出资形成的资产、经济交往过程中积累的财产以及以信用为基础形成的负债等)。当然,不同的组织需要的资源类型和数量是不一样的。有些组织可能根本不需要财产(如每次活动都均摊花费的钓鱼协会),以收简化内部关系、减少机构设置成本之功。与组织目标、组织秩序尚可停留于组织的社会学层面不同,组织生存资源的获得须臾离不开共同体的认可与支持,从而彰显了组织成为独立主体的必要性。当然,法律作为上层建筑,需要适应一定的社会生产方式和生产关系。毋宁说,一定的社会生产方式和生产关系决定的共同体对于组织独立存续的需求或容忍,是组织得以存续并获得其独立性的总根源,而组织财产的独立则是组织获得自身独立性的外在表征。

组织结构专注于组织内部,而组织的财产状况则专注于组织自由的外部表现。宜采取一种由外及内的观察顺序,这符合人们认识事物的规律。对于某个组织来说,我们一般是先了解其名称、住所,再了解其经济实力、财务状况和履责能力,而组织内部的意思形成、控制关系,则是更内在、更深层次的问题。正如莱赛尔在批评里特纳的企业形式的理论时所言,“实际上,只要企业对外具有行为能力,并能够对它的行为负责,无论是对于法律上的具体行为,还是经济生活中法律整体秩序而言,企业内部的意志形成是微不足道的。商业伙伴和立法者可以对企业内部结构不予考虑,而仅将企业在表现形式上看作生产经营中心,看作权利主体即可”。[①] 这种视角的转化不仅释放了组织的自治空间,避免了将法人局限于某种特定类型的组织结构而过度僵化的问题,而且可以将法人资格带来的效率与灵活的组织协调起来。

我国《民法典》确立了非法人组织的民事主体地位,其基础也在于个人独资企业、合伙企业等的独立财产。[②] 我国合伙企业与合伙人之间的财产区隔由《合伙企业法》规定,具体表现在:(1)合伙企业名义上拥有企业财产,包括合伙人的出资、以合伙企业名义取得的收益及其他财产(《合伙企业法》第20条),合伙人不得私自分割企业财产、转移或者处分合伙企业财产(《合伙企业法》第21条);(2)合伙人与企业无关的债务,债权人不得以其债权抵销对合伙企业的债务,亦不得代位行使合伙人在企业中的权利(《合伙企业法》第41条);(3)合伙企业具有破产能力(《合伙企业法》第92条)。合伙企业与合伙人以及合伙人的债权人之间的财产区隔,是合伙企

---

① [德]托马斯·莱赛尔:《企业和法人》,赵亮译,载易继明主编:《私法》(第1辑·第1卷),北京大学出版社2001年版,第105~106页。在该书第110页,莱赛尔还说:“对于供货商、贷款人来说,关心的是是否在与一个讲信用的、能够可靠地带来所希冀的利润的企业从事交易。至于谁是业主,谁是领导者,充其量是第二等重要的事情。公众、政治、经济媒体只对企业感兴趣,只有业主、合伙人对企业有决定性的影响时,才会对他们产生兴趣。”

② 当然,我国《民法典》对于非法人组织的界定,强调其“能够以自己的名义从事民事活动”。结合我国《合伙企业法》第11条第2款的规定,“合伙企业领取营业执照前,合伙人不得以合伙企业名义从事合伙业务”,以及我国《个人独资企业法》第13条第2款的规定,“在领取个人独资企业营业执照前,投资人不得以个人独资企业名义从事经营活动”,可以推断,《民法典》对于活动名义的强调,指向的实质上是合伙企业登记和个人独资企业登记这样的形式要件的满足。

业拥有独立主体地位的重要条件。① 《民法典》中规定的不具有法人资格的专业服务机构可以成为《合伙企业法》规定的特殊的普通合伙企业。

个人独资企业的财产为投资人所有(《个人独资企业法》第 17 条),相应地,投资人须以其个人财产为企业债务承担无限责任。不过,相较于个体工商户,个人独资企业的独立性得到明显加强,个人独资企业的财产与投资人的其他个人财产相对分离,债务履行时,只有在企业财产不足清偿的情况下,才由投资人的其他财产承担责任(《个人独资企业法》第 31 条),并且,企业解散后,若其债权人未在 5 年内向投资人主张债权,该期限产生除斥效力,债权消灭(《个人独资企业法》第 28 条)。当然,个人独资企业的财产仍然为其投资人所有,财产区隔效果非常有限,学者也多主张将个人独资企业作为商个人看待,个人独资企业经营产生的法律关系可以围绕其投资人来构建。笔者认为,个人独资企业虽然也具有组织性,但是其财产的独立程度确实相当有限,《民法典》将其作为非法人组织的一类加以列举,应是基于鼓励个人独资企业存续发展的法律政策考量。②

总体而言,对于企业而言,法律越来越愿意承认其财产的独立,依美国学者的观点,企业乃资产区隔的手段之一。从实践来看,企业均有一个逐步成长的过程,企业通过实体防护取得的独立地位,

① 参见王保树、朱慈蕴:《寻找商法学发展的足迹——关于 2007 年商法学研究的研究》,载《中国法学》2008 年第 2 期。

② 汉斯曼等对于中世纪独资企业也获得一定程度的实体防护的原因作了考证,发现当时政治辖区的高度分裂对于独资企业获得一定程度的实体防护提出了特殊要求。See Henry Hansmann, Reinier Kraakman & Richard Squire, *Law and the Rise of the Firm*, 119 Harv. L. Rev. 1335, 1367 – 1368 (2006).

是其生存和发展的基本条件,没有这样的条件,企业将时时受制于其所有者从而可能处于不稳定的状态。在实体防护的基础上,在夯实自身的财产基础和业务能力的前提下,企业才可能一步步真正走向完全的独立。

四、企业财产与企业目的、企业意志

根据吾维·约翰(Uwe John)关于"组织性的人格化"(organisierte Personifikationen)所确立的三个要素:行为机关、责任体(Haftungsverband)和身份条件(Identifikationsausstattung),名称与住所即构成人格化组织的身份条件。[①] 企业财产构成满足企业债权人追索的"特别财产",从而具备责任主体特征的要素;对于企业的行为机关,下文将进一步展开讨论;此处先讨论企业的名称与住所这些外部标志。

企业参与民事交往、构建法律关系,需要一个符号来指代该企业并与其他企业相区别,因此企业名称也是企业参与社会交往的不可或缺的前提。企业名称和自然人的姓名一样,是一个符号,基于这个符号,人可以在自己的主观世界里为该企业设置一个连结点,勾连该企业涉及的众多社会关系包括法律关系。这样,人们可能将企业名称看作企业独立性的更为直观的外在标志。但是,正如自然人乃基于出生而非取名而成为法律主体一样,企业乃基于其独立性

---

① 参见[德]彼得·乌尔默:《共有制合伙——一种至今未明的组织形式?》,张怀岭译,载王洪亮等主编:《中德私法研究(14):共同共有》,北京大学出版社2016年版,第125~126页。

的获得而具备成为法律主体的条件，对于企业独立性的判断而言，企业名称既非充分条件，亦非必要条件。即使企业有自己的名称，在法律关系的构建上仍然可以仅将之作为权利的客体。反过来，企业也可以直接借用企业主的姓名（或姓名的联合），正如美国合伙企业的名称那样，而不妨碍合伙企业成为独立的实体。①

住所的意义则不仅是使企业所涉法律关系的相对方能够找到企业，并且住所对于管辖法院的确定也具有决定意义。但是，住所是企业在开展经营活动、参与民事交往的过程中必然形成的物理空间连结点，因此即便企业仅是企业主的权利对象，在企业经营过程中也会产生营业场所这样的空间观念，企业的营业场所也不妨被认作企业的住所。在互联网应用日益广泛的当代社会，有些企业的行为仅在互联网的赛博（cyber）空间中展开，实定法也应实践之需而不断放松对于企业在物理空间中的住所要求。② 因此，住所虽然也是企业很重要的外部标志，有些大型企业甚至拥有以企业名称命名的高楼大厦作为企业的总部基地或行为中心，但与企业名称一样，住所对于企业独立性的判断既非充分、亦非必要。

将企业的独立财产作为企业获得自身自由的外部表现之后，除企业名称和住所以外，还需要进一步解释企业这种经济组织的目标确定和组织秩序的形成问题。之所以提出这两个问题，不仅是因为

---

① 美国法上的合伙通常是以各个合伙人的“姓之结合”来命名的。但是，在合伙人人数众多的情况下，合伙人更愿意使用能表明合伙业务活动之名称，这种合伙名称被称为“虚拟名称”（fictitious name）。由于该“虚拟名称”不能准确地反映出合伙人的范围，因而法律要求以“虚拟名称”命名的合伙须在其开展业务的州登记其名称。参见苏号朋主编：《美国商法——制度、判例与问题》，中国法制出版社2000年版，第452页。

② 我国各地关于企业登记住所的实践探索，参见蒋大兴：《徒增的商事成本——法律及管制如何影响企业设立（行为）?》，载《法学家》2016年第1期。

对于组织的存续来说，组织目的、组织秩序与组织资源三者构成了最基本的条件，而且因为传统法学理论对于组织目标、组织秩序颇为看重，因此需要对此作出回应。①

（一）企业目的

1. 组织目的对于组织的必要性

萨维尼认为，法人仅仅是为了某一法律目的而予以承认的人；法人的拟制之必要性即以法人的目的为基础；法人的概念总是以诸多不同的、独立的目的中的某一个为前提，该目的同样为财产能力所支持，但该目的常常可能比财产能力重要得多。② 弗卢梅也认为，合伙得以永久存续的秘诀是其目的：在合手合伙中，其作为一项共同的目的，通过作为群体的合伙而实现。此种合伙以行动为导向，通过为群体而追求该共同目的，从而为该群体产生合手的法律关系。③

基于上述认识，人们往往进一步认为，由于组织目的只能由具有自在目的性的生物人来设定，④所以组织仅是自然人参加市民社

① 本部分以企业为例，讨论可以人格化的组织的目标、秩序与资源的关系问题。在命题可以一般化时，使用“组织目标”“组织秩序”“组织资源”等表述，具体到企业这种经济组织时，则使用“企业目标”“企业秩序”“企业资源”等表述。

② 参见［德］弗里德里希·卡尔·冯·萨维尼：《萨维尼论法人的概念》，田士永译，载张谷、张双根等主编：《中德私法研究》（总第9卷），北京大学出版社2013年版，第38、39页。

③ 参见［德］维尔纳·弗卢梅：《合伙与合手》，金晶译，陈大创校，载王洪亮等主编：《中德私法研究（14）：共同共有》，北京大学出版社2016年版，第86页。

④ 人之所以得享尊严，依康德哲学，植根于人的自在目的性这一先验纯粹理性。参见［德］康德：《道德形而上学的奠基》（注释本），李秋零译注，中国人民大学出版社2013年版，尤其是第二章“由通俗的道德世俗智慧到道德形而上学的过渡”。

会分工合作的承载目的导向理性的工具,体现的是工具理性,与自然人自身具有的伦理属性不可同日而语。[①] 这种观点以原子化的个体为社会的基本单元,将个体视为完全孤立的存在,否定人的社会性,将作为群居动物的人看作是独居动物,与人类社会的实存状态相距甚远。事实上,组织这种"工具"并非可有可无,而是生物人生存与发展所必须依赖的外部环境,并且塑造着生物人对于自己的认识。我们不能仅据此就轻易地将组织贬为"工具"。

组织的目标确定是组织作为人与物构成的集合的基本条件。组织目标为组织内各种资源的集合提供了统一的依据。共同的目标、任务能够将各种人力资源和物质资源集聚在一起,从而满足集合的"概括原理"。对于人类自然演进而产生的共同体,雅科布斯说,共同体必须提出自己的任务,否则会消解其存在的必要性。共同体的任务是在与其他共同体的竞争中提出来的。[②] 对于自然人自愿联合而形成的社团,拉伦茨认为,只有通过目的才能说明社团的长期性和其活动。[③]

组织目标也是组织有效决策的前提。如同宗教、学校等组织一样,作为多个人的集合体,企业的决策必须以一定的目标为前提。通常,目标越明确、单一、可量化,决策往往越有效;如果没有明确的

---

① 狄骥认为,集合体之活动的法律保障不能仅凭政府的专断意见;凡属集合体必有一个合法目的,就因它有合法目的而得自由组织并由客观法确保它的行为。参见[法]莱翁·狄骥:《拿破仑法典以来私法的普通变迁》,徐砥平译述,上海社会科学院出版社 2017 年版,第 54 页。

② 参见[德]京特·雅科布斯:《规范·人格体·社会——法哲学前思》,冯军译,法律出版社 2001 年版,第 52 页。

③ 参见[德]卡尔·拉伦茨:《德国民法通论》(上册),王晓晔等译,法律出版社 2003 年版,第 201 页。

目标,要制定一个有效的决策是不可能的。[①] 仅当确定了一个明确的目标之后,围绕达成该目标的各种条件、手段和方案才能形成和明确,才能据此作出决策,才能据此判断决策的成败。这也是目的导向理性所着重强调的方面。

对于各种人为构建的组织而言,组织目标还是个人据以作出是否设立或加入组织的重要约束条件。经济学的研究表明,企业需要满足两个基本约束条件,即"参与约束"与"激励相容约束"。[②] 只有确立了组织目标,确定了判断"好"还是"不好"的背景或者约束条件,上述判断才是可行的。

组织目的的实现要靠期限来保证。组织的设立人可能试图设立一个长期存续的、至少较设立人的成员资格更为长久的组织,笔者称之为组织的"目标存续期间"。以父子关系为中心轴的传统中国的家族制度,也是要突破时间的限制,达致生命的永续。除了对于组织目标的实现有意义外,组织的存续期间对于组织的独立性亦具有重要意义。公众型股份公司自不待言,即便就合伙企业而言,正是合伙企业的存续期间对于合伙财产的独立性提出了要求。在该存续期间,合伙人退出合伙的权利受到了限制;个别合伙人的死亡或破产清算等事项也可能不导致合伙的解散。相反,偶然合伙或

---

① 参见张维迎:《理解公司:产权、激励与治理》,上海人民出版社 2014 年版,第 208 页。

② 按照经济学的观点,企业必须满足所有参与者的"参与约束"。也就是说,无论是企业家、投资者还是雇员,如果要使他们愿意加入企业,就必须保证他们从企业中得到的要比自我雇用时得到的多,加入企业是一个帕累托改进。参见张维迎:《理解公司:产权、激励与治理》,上海人民出版社 2014 年版,第 136 ~137、183 页。公司必须满足的第二个约束条件是"激励相容约束"。在这个约束下,投资者有积极性选择和监督经营者,经营者有积极性为投资者创造价值。参见该书第 183 页。

者临时合伙则主要表现为纯粹的债之关系。韦伯也指出,那些本质上只能包括极有限的合伙人且存续时间极短的会社,比如某些商业联合体,不适用法律人格的概念。①

2. 组织目的的独立性

组织目的的设定虽然来源于个人,但又不同于个人目的。目的一旦表达出来,就脱离了自然人而具有独立性,这正如作品与作者的关系。丹尼尔·施普尔伯(Daniel Spulber)教授认为,当企业拥有与其所有者不同的目标时,企业即已存在。② 张维迎也认为,每个参与者都是为了达到一定的个人目标而加入企业,如果企业不能实现这些目标,那么这个企业就是失败的。但是,企业的目标绝不是个人目标的简单加总,而且这些个人目标本来就不能简单地加总。③

组织目的的设定虽然来源于个人,但并不是随意的,而是受到组织外部环境的约束。尤其是存在激烈竞争的外部环境,如企业面临的市场竞争的残酷性,使得企业的目标首先是生存下来。按照开放自然系统的组织观点,任何组织诞生后其第一要务就是生存。这种生存对于企业而言,意味着确定具有竞争优势的事业领域,采取合适的资本结构、治理结构等。可以想见,组织目的若是不与组织的外部环境相适应,组织就无法适应其外部环境,组织的失败或者

---

① 参见[德]马克斯·韦伯:《经济与社会》(第2卷),阎克文译,上海人民出版社2020年版,第1025页。

② 参见[美]拉里·E. 利伯斯坦:《非公司制组织的兴起》,罗培新译,法律出版社2018年版,第28页。

③ 参见张维迎:《理解公司:产权、激励与治理》,上海人民出版社2014年版,第137页。张维迎还指出,如何把这些不同的目标变成一个可以操作的决策目标,是公司治理结构要解决的一个重要问题。治理结构不同,企业追求的目标就不同。一个有效的公司治理结构就是在满足所有参与人参与约束的条件下使得企业的总价值最大。

消亡就是必然的。从这个角度来看，最后得以存续的组织，是其外部环境“选择”的结果。[①] 同理，外部约束条件的变化，也要求组织随之调整自己的目的，否则也会被新的外部环境所淘汰。企业所处的外部环境即市场充满风险、竞争激烈，所以企业的目标需要随着外部环境的变化而作出相应的调整，表现为企业的具体目标在市场环境中的变动不居。

企业目标的形成，需要企业财产独立作为前提，否则仅可能有企业所有者的个人目标的暂时协调（如仅表现为债之关系的合伙）。[②] 企业财产独立于企业所有者，就使企业所有者不能像支配自己的个人财产那样支配企业的财产，企业财产的运营依由企业所有者共同设定的企业目标而定，从而有利于企业确定独立于企业所有者的企业目标。

3. 企业以营利为基本目的

企业在市场中通过竞争而生存、发展的现实，决定了营利作为企业的抽象目的的必要性。将营利作为企业的基本目的，意味着企业可以根据所处的市场环境的变化而相应调整其事业领域和经营的具体方针、政策，但是这种调整需要符合企业的决策程序。

企业的营利目的，不仅是企业旨在获得利润，而且企业需要将利润分配给其经济学意义上的企业所有者。利润分享关乎企业的经济学定义，因为它激励着企业所有者去监督企业的其他主体。利

---

① 心理学家、哲学家坎贝儿（Donald Campell）在20世纪60年代就提出了在生物、心理、文化、组织和社会发展的不同层次上，事物都经过了这样三个阶段：变异、选择、保存。参见周雪光：《组织社会学十讲》，社会科学文献出版社2003年版，第329页。

② 关于企业在经济学意义上的所有者与企业之间关系的讨论，详见下文。

润分享也是合伙的法律定义的基础要素。[①] 阿尔钦和德姆塞茨指出,必须有人获取此种剩余,并因此有激励监督企业的其他投入。

如果名为企业的组织不存在有权分享利润的所有者,那么它就不是经济学意义上的企业,从而需要有与标准形态的企业完全不同的财务与解散规定。因此,非营利企业必须根据专门的法律来创设,设置替代性安排来保护企业财产免受经营者不当行为的侵害,并且需要被特别监管。[②]

(二)组织结构与企业意志的形成

我国不少学者将组织的主体地位归于组织的意志,认为组织的本质是意志不是财产,组织有独立意志才能与他人形成法律关系,所以组织的主体资格就是意志资格。[③] 组织显然不具有如自然人之意志那样的基于生理基础的意志,那么,究竟有没有成员意志之外的组织的意志?笔者认为,首先,不能因为作为组织成员的单个或数个自然人有意志,就得出结论认为组织必有其意志,而只能认为,

---

① 参见《美国统一合伙法》第 6 条和第 7 条;《美国修订统一合伙法》第 101 条和第 202 条。

② 从世界范围看,企业法已经呈现出全面覆盖的态势,即不再停留于原先以营利组织为单一原型的企业,而是扩展至社会企业、公益企业等各种企业组织。美国的有限责任公司的一个变体是"低利润有限责任公司"(L3C)。美国佛蒙特州制定了这方面的第一部法律[参见 VT. Code, Title 11, Ch. 21, §3001(27)]。根据法律规定,L3C 除了遵守其他方面的规定外,还不得把创造收入或者提升财产价值作为"重要目的"。参见[美]拉里·E. 利伯斯坦:《非公司制组织的兴起》,罗培新译,法律出版社 2018 年版,第 212 ~ 213 页。

③ 参见虞政平:《法人独立责任质疑》,载《中国法学》2001 年第 1 期;柳经纬:《民法典编纂中的法人制度重构——以法人责任为核心》,载《法学》2015 年第 5 期;薛军:《法人人格权的基本理论问题探析》,载《法律科学》(西北政法学院学报)2004 年第 1 期;李锡鹤:《论法人的本质》,载《法学》1997 年第 2 期。

因为作为组织成员的单个或数个自然人有意志，组织才因此有了具备意志的基础或曰可能。那种自然的、先在的意志，对于组织而言是遥不可及的。其次，与组织有关的社会学和心理学分析表明，自然人有受到组织文化影响、服从组织秩序支配、扮演组织角色的可能性，因而组织有可能通过自然人的不自由而获致自身的自由。最后，组织是否以及何时获得自身的自由、具有自身的独立意志，无法从组织本身来加以观察，能够观察的只是组织内个人的行为模式，观察组织的目标、秩序、文化能否成为解释组织中个人的行为的依据。此与规范的客观性一致，规范的客观性也需要从遵守规范的人的行为中才能观察到。因此，法学对于组织意志的观察，需要借助于外在的指征或表现。

组织的决策方式、组织机构是不少学者据以判断组织独立意志的外在标志。梅迪库斯认为，具有法人性质的组织是指某种特定的组织形态，其特征是组织本身相对于成员而言，具有高度的独立性。这种独立性通常表现在以下四个方面：第一，不存在与成员相关的解散事由，诸如某个成员死亡、破产或宣告终止；第二，成员可以更换和变动；第三，对于决议，适用多数决原则，而不适用全票通过原则；第四，由机关负责对外代表组织，机关成员也可以由法人成员以外的人充任（“他营机构原则”）。[①]

拉伦茨主张组织可以形成“总意志”，甚至也认可这种意志“倒也成为社会活动领域和社会现实中一种真实的要素”，但仍然强调

---

① 参见[德]迪特尔·梅迪库斯：《德国民法总论》，邵建东译，法律出版社 2000 年版，第 818 页。

它“不是生理学上的意志，而是一个依整体程序依法讨论的结果”。[①]也就是说，可以把个人意志经过组织认可的程序上升为组织意志。意思机关担当者有多人时，通过一致原则或者多数决原则形成确定的意思。其实质是，某个作为机关担当者的自然人的观念、想法、决定等，得到其他(多数)作为机关担当者的自然人的同意或赞同。在民法学中，表现为共同行为或决议行为。这样，拉伦茨就将一定的决策机制尤其是多数决作为组织具有“总意志”的外在表现。弗卢梅也持类似的观点，认为“无论是法人还是合手，意思均以相同方式形成，亦即或经由为‘整体’(法人或合手)行为之个人形成，或经由多人以一项决议而形成”。[②]

相比拉伦茨和弗卢梅对于组织决策机制的强调，德国学者博伊庭更为重视组织的机关及其成员。正如本书第一章已经提及的，他认为，自从个人意思说受到意思归属及知情归属原则限制以来，我们就毋须证明法人成员具有这种肉体上的和精神上的共同意思，并将这种意思视为“权利主体资格的核心”。我们只需要合乎逻辑地，亦即适应法人制度的法律宗旨以及法人之社会学意义上的可察觉性，将法人设想为具有意志能力的、能够自己从事行为的权利主体。也就是说，只要把法人理解为在法律意义上能够通过其机关知道情况、欲为和从事行为，就足够了。[③] 博伊庭认为，法人并不是一种纯

---

① [德]卡尔·拉伦茨：《德国民法通论》(上册)，王晓晔等译，法律出版社2003年版，第183页。

② [德]维尔纳·弗卢梅：《合伙与合手》，金晶译，陈大创校，载王洪亮等主编：《中德私法研究(14)：共同共有》，北京大学出版社2016年版，第78页。

③ 参见[德]福尔可·博伊庭：《德国公司法上的代表理论》，邵建东译，载梁慧星主编：《民商法论丛》(第13卷)，法律出版社2000年版，第538页。

粹观念上的形态，而是它已经将自然人融入了自身，作为其成员或者机关成员。这些自然人在法人的整体名义下，参与法律交往，并形成一种服务于社团宗旨的特殊财产。就此而言，任何一个具体的法人，在其成员、机关以及机关成员、其社团财产以及社团行为方面，都是现实地存在的。[①]

笔者认为，虽然上述外在表现在一定程度上反映了组织的独立意志，但是不能反过来认为，仅当存在这些表现时，组织才具有独立意志，而这正是目前法学理论桎梏组织实践之处。不能想当然地认为，仅采取某种特殊的决策机制、设定了某种特定类型的组织机构的组织，才可能拥有独立意志。对于要求灵活性的中小企业而言，尤其如此。

质言之，对于更为根本的组织秩序来说，组织机构和决策机制仅是组织秩序这一实质内容的形式。组织机构和决策机制仅是组织秩序确定的组织内权威分配的载体或者方式，不能排除通过其他途径和方式分配组织内权威的可能性，正如前文讨论新型企业形态时提及的那样。组织秩序的构建与形成存在多种可能性。正如张维迎所言，由于行业和业务不同，不同企业的最优治理结构一定有差别，即使有一个公司治理的主流模式，它也应该是市场竞争的产物，是人们学习和模仿的结果。[②] 不能以某种固定的结构方式过于

---

① 参见［德］福尔可·博伊庭：《德国公司法上的代表理论》，邵建东译，载梁慧星主编：《民商法论丛》（第 13 卷），法律出版社 2000 年版，第 537 页。博伊庭还将今天的“企业形象”“企业文化”等概念作为基尔克所说的集体的“自我意识”的对应概念（见该页注 23）。

② 参见张维迎：《理解公司：产权、激励与治理》，上海人民出版社 2014 年版，第二版序言，第 15 页。

剪裁生活实践。

笔者认为,相较于组织机构和决策机制,财产作为自由的最初定在,更契合市场经济对于企业提出的基本约束,更适合作为企业意志的外在表现。资本锁定于企业以增进企业利益,也进一步要求企业确立适当的结构以确保资本确实服务于企业利益。企业所集聚的财产本身无结构,但如果数人围绕财产的利用和支配关系组织起来,就必须有序,否则不仅不稳定,而且不效率,从而无法在激烈的市场竞争环境中存续下来。虽然企业秩序和文化的形成需要时间,但是企业财产的独立对于企业秩序的形成提出了迫切要求。同时,企业虽然锁定了其财产,但财产要成为企业营利与营业的基础,就需要有支配财产的意志。由于企业财产已经不是作为意志者的个人的私有财产,所以支配财产的意志实际上受到了某种约束,尤其是企业目标和企业秩序对于企业决策的约束。企业是否具有合理的内部结构和治理机制、是否采纳多数决原则、是否践行“他营机构原则”,最终关涉能否防止企业财产逸散、能否将财产有效地投入社会生产并获取利润,因而是企业的独立财产“催生”了支配财产的企业意思。反过来,即使企业内部机构再完善、决策机制再复杂,若是没有独立的财产,也必定受制于实际掌握企业生存资源的个人或者其他组织,毫无独立性可言。

下文将进一步指出,企业的适当组织结构,就是要使企业锁定财产的收益大于其成本,因为财产锁定也可能带来一系列困境,如代理成本、机会主义、“搭便车”问题等。企业法律形态的演进表明,企业结构可以缓解上述困境,并使经济学意义上的企业所有者获得收益,并且其方式多种多样。

五、企业所有权安排与企业独立性

对于企业相对于其成员的独立性而言，还有一个棘手的问题需要回答：如何理解企业所有者与企业之间的关系？或者说，企业所有者的存在，是否在一般意义上否定了企业的独立性？是否仅当消解了企业所有者这一概念之后，企业才是与其成员完全分离的、独立的法律主体？[①] 这就要求我们深入企业这种组织本身，“打开”这个整体性概念，进一步观察企业内部的个人尤其是企业所有者与企业之间的关系。这在相当程度上离不开经济学对于企业的研究。

（一）企业所有者、企业家与出资者

首先，需要明确法律意义上的企业所有者与经济学意义上的企业所有者的区别。从法律上看，正如前文提及的，企业也可能仅表现为企业主的权利客体，因此企业主就是对企业拥有权利者，当然，此时法学上一般使用“营业”这个概念。但是，当企业典型如公司本身成为法律主体之后，“企业所有者”这一概念在法律上已经无法成立，但是经济学仍然使用这一概念。在经济学上，企业的所有权指

---

① 张维迎正是依此看待公司的法律人格的。他认为，当企业的所有者由企业家变成“股东”时，企业随之变成与其所有者相分离的法律主体。参见张维迎：《理解公司：产权、激励与治理》，上海人民出版社 2014 年版，第 184 页。

的是企业的剩余控制权和剩余索取权。[①] 张维迎承认,企业所有权实际上是一个很不准确的提法,但大家已经习惯了,所以也就延续了下来。[②]

在经济学中,企业的概念离不开企业所有者或者企业主的概念。企业至少需要有一个经济学意义上的所有者,并且由这个所有者承担剩余风险、获得剩余利润。企业主拟定企业的存续期间、确定企业的经济活动领域、掌管企业的决策、从企业中获得利润分配,事实上决定着企业的生死和发展。这样做的益处,是使企业将生产经营的风险控制在合理的范围内,并且加以内化;这样做的代价则是,企业仍然受到企业主的控制和影响,其长期性、稳定性、规模大小、筹资能力以及冒险进取精神可能受到抑制。企业的不同形态,在很大程度上是因为其所有权结构不同。[③] 而那些大型且结构复杂的企业(主要是公众型股份公司),虽然在其发展过程中消解了企业主这个概念,但是却产生了"代理成本"这个公司治理的经典问题,并主导了公司的一系列结构性特征。

---

① 所谓剩余控制权,是指合约中无法事前规定的、对企业资产和经济活动的指挥权。剩余索取权即企业总收益中扣除了税收和各种应缴费用以及合同上注明的利息、工资等应付的费用之外,剩下的那部分收益的索取权。剩余索取权的产生实质上也是来源于未来的不确定和无法完全预测。现代企业理论认为,剩余索取权和剩余控制权之间应该是对应的关系:享有剩余索取权的人也应该享有剩余控制权;拥有剩余控制权的人也应该获得剩余索取权。参见张维迎:《理解公司:产权、激励与治理》,上海人民出版社 2014 年版,第 162 ~ 163 页。

② 参见张维迎:《理解公司:产权、激励与治理》,上海人民出版社 2014 年版,第 138 页。

③ 就企业而言,所有权安排对于解决激励问题有至关重要的作用。企业是许多人的集合,进行的是团队工作,由此导致激励问题。解决激励不足问题的措施很多,但是产权是最有效的手段,也是终极的激励措施。参见张维迎:《理解公司:产权、激励与治理》,上海人民出版社 2014 年版,第 167 页。

企业需要在激烈的市场竞争环境中存续和发展，因此企业所有者需要具有企业家精神。张维迎的企业家理论，旨在解决企业的剩余索取权和剩余控制权应该分配给谁，即谁来充任企业所有者的问题。他将企业中的成员区分为经营成员与生产成员两大类，将相对重要性与监督的有效性作为决定经营成员与生产成员间最佳委托权安排的两个关键因素。他的理论分析表明，把委托权安排给经营成员是最优的，不仅因为经营决策活动主导着企业收益的不确定性，也因为经营成员的行为较难监督。相对于经营能力而言，企业家仅是经营能力的人格化，因为经营是先入为主的，而企业家资格是经推论而非假定得来的。当谈及经营时，还不知道谁将成为剩余权益索取者。①

经济学还解释了为何要将资本实力作为遴选企业家的一个重要指标。这是因为，所有权是内部化个人行为的外部性的最基本方法，是最基本的激励机制。如果企业的经营者无需以自己的财产承担企业的剩余风险，就可能倾向于从事过于冒险的活动并将冒险的风险转嫁给他人甚至整个社会。② 这就导致企业所有者与企业出资者的重合。但是，人们常常更为简化地看待这个问题，在出资者与企业所有者之间简单地画上等号，并且还借用了财产权的传统含义，认为出资者为企业提供了作为运营前提的财产，其对于出资部分的财产权继续延伸至企业之中，所以是出资意义上的企业所有

---

① 参见张维迎：《企业的企业家——契约理论》，上海人民出版社 2015 年版，第 19、131 页。

② 按照张维迎的分析，基于个人财富比经营能力更易于观察这一假定，企业家市场上的自由进入将使资本家成为竞争企业家资格的胜者；从社会观点来看，资本雇佣劳动是合意的，因为只有这样一种机制可以保证经营工作由称职的人来承担。参见张维迎：《企业的企业家——契约理论》，上海人民出版社 2015 年版，第 134～135 页。

者。经济学的理论告诉我们,企业所有权仅指对于企业的剩余索取权与剩余控制权,这两项权利应该分配给作为经营能力之人格化的企业家,资本实力则是遴选企业家的重要指标。所以,通过企业家这个中间概念,企业所有者与企业出资者才得以重合。

在法学中,企业所有者的概念被转化为组织意思机关的成员的概念。这就可以解释,法学为何倾向于将法人成员限于法人意思机关的成员,虽然这主要是源于作为法人之社会学原型的社团的基本结构,但是也与企业所有者这一经济学的概念相暗合。因此,关于经济学意义上的企业主与企业之间关系的讨论,在法学中是围绕企业与其意思机关的成员的关系展开的。

(二)企业的所有权安排

经济学意义上的企业家与企业所有者理论,深入到企业组织的内部,试图观察和理解企业内部的运作机制,实际上是对于企业这种组织内部的个人与企业这一组织体之间关系的进一步探究。企业作为一种组织,其内部的个人依身份可以分为出资者、经营者、雇员等几类。对于企业的运营来说,他们原则上都不可或缺。但是经济学尤其关注可能成为企业所有者的出资者或经营管理者,因为企业所有者是企业的“首领”,主导了企业的发展和成败,至少是企业的一项核心竞争力。广义的公司治理结构与企业所有权安排几乎是同一个含义,或者更准确地讲,公司治理结构只是企业所有权安排的具体化,离开公司所有权谈公司治理结构是没有意义的。①

① 参见张维迎:《理解公司:产权、激励与治理》,上海人民出版社 2014 年版,前言,第 23 页。

当社会化大生产要求的巨额资本导致企业的出资者人数逐渐增多,企业所有者与企业出资者重合的古典“业主制”企业无法应对时,企业的所有权安排就需要作出调整。经济学的分析指出,此时可能出现机会主义、代理成本和“搭便车”等问题。如果企业有多个所有者,那么每个企业所有者都可能以牺牲企业的整体利益为代价,来谋取其个人利益,由此导致或增加的企业经营风险则由多个企业所有者共同承担。即使在全体一致决原则下,个别所有者也可以以否决有利于企业的决策为筹码,来换取其个人利益。在多数决原则下,如果企业所有者可以分为多数派与少数派,多数派则可能通过压榨少数派而获得更多的利益。当企业所有者众多时,上述机会主义成本可能高到无法维持企业所有者自己控制企业这种经典模式,经济学家也的确观察到了现代大型企业中所有权与经营权相分离的发展趋势。① 企业内部通常会分化出专门的经营管理机构,虽然仍然可能由企业出资者充任这些机构的成员,此时前述机会主义问题仍然存在,但是更多的情况是由并非企业出资者的具有经营管理才能的人充任经营管理机构的成员,此乃法学家所谓的“他营机构原则”。这种“他营”的方式虽然可以在一定程度上解决企业出资者人数众多带来的诸多问题,但是本身又带来了一个经典的治理问题——如何控制和减少代理成本。尤其是考虑到这类企业经营

① 在伯利与米恩斯看来,高层主管人员所拥有的传统财产权过于“微小”,以致利润动机不足,难以确保他们会有效地使用公司财产。他们认为,所有权与经营权的分离破坏了传统的信仰,即为了使利润最大化,公司将最有效地运用它的资产。他们预言,随着公司规模和持股者数量的增长,总会到达这样一点,此时“控制权”将会被一个自我永存的董事会所拥有。参见[美]阿道夫·A. 伯利、加德纳·C. 米恩斯:《现代公司与私有财产》,甘华鸣等译,商务印书馆 2005 年版,第四篇第二章。

者经营的是他人的财产,经营的剩余利润和剩余风险仍然由企业出资者承担,如何激励他们追求和实现企业利润与企业风险之间的最佳配比,就是一个经典的企业理论问题。虽然经济学理论仍然让企业出资者充当剩余监督者的角色,并且依此来解释他们仍然获得剩余利润和承担剩余风险的合理性,但是当企业出资者仅承担有限责任并且可以在金融市场随时自由地转让其地位时,对于这种监督者角色的履行,便存在较为严重的"搭便车"问题,谁也不愿意仅由自己承担监督的成本,而监督的收益则由众人分享。

这样,依企业是否由出资者来经营,可以将企业分为自营企业与他营企业两大类。这两类企业在企业经营者的控制、激励与责任之间,表现出不同的配比机制。原则上,自营企业规模较小,出资者人数有限,企业的组织结构较为简单,具有较大的灵活性,多采取以协商让步为特征的一致决原则(也可能采取比例要求较高的多数决)。企业的稳定性不强,企业的目标存续期间通常较短,企业出资者与所有者合一,企业所有者与企业之间仍有密切关系,企业所有者的生死、退出、破产清算等对于企业的影响较大。他营企业通常规模较大,出资者人数众多,企业的组织结构较为复杂,治理机制科层化、权威化、标准化,多采以资本为基础的多数决原则。企业出资者与经营者相分离,出资者仅承担有限责任,其权益可以在金融市场上较为自由地变动,企业不受企业出资者变动的影响。企业的稳定性较强,企业的目标存续期间通常较长。

按企业的经济学理论,自营企业面临的激励问题较小,由企业出资者也即所有者享有企业的剩余利润、承担企业的剩余风险。表现在企业的法律形态上,企业的治理机制存在较大的自治空间,企业所有者对于企业决策和企业意志的形成发挥主导作用，对于企业债务承担无限责任。无限责任在经济学上意味着承担企业经营的剩余风险，从而将企业的经营风险予以内化。[①] 在企业所有者承担无限责任的前提下，企业初始资本仅以必要为限，能够有效避免资本闲置问题。他营企业的控制权则逐渐掌握在充任企业机构的企业经营者手中，面临较为严重的激励问题（如代理成本），企业治理机制受到法律的较大约束，自治空间有限。不仅是企业的出资者，而且企业经营者、企业雇员甚至社会均参与分享企业的剩余利润。由此，“企业所有者”的概念逐渐消解，企业“利益相关者”的概念逐渐确立。由于利益相关者众多，容易导致“搭便车”问题，且企业经营的剩余风险无法内化，由此催生出企业社会责任的概念，以制约企业可能外化的剩余风险。企业出资者以承担有限责任为原则，[②] 这反过来又要求企业具备与企业经营目标相适应的资金规模作为企业的信用基础，可能产生一定的资本闲置问题。[③]

当然，现代企业法发展的趋势是，对于自营企业也逐渐肯认企

① 无限责任对于企业信用的意义，可以从西耶纳（Siena）的例子中体会到。西耶纳在中世纪是欧洲银行的主要中心，它于 1310 年通过的制定法规定，一般合伙（*compagnie*）的合伙人仅对于企业债务承担按比例的个人责任，而不是该地之前流行的并且在其他地区仍然流行的连带责任。结果是在西耶纳的企业在获得信用方面是如此困难，当 1342 年其重新确立了连带责任时，佛罗伦萨取代西耶纳成为欧洲银行的中心。很显然，如果比例责任不能成为信用的充分基础，完全的有限责任将更不起作用。参见 Henry Hansmann, Reinier Kraakman & Richard Squire, *Law and the Rise of the Firm*, 119 Harv. L. Rev. 1335, 1374 (2006)。

② 在企业的这种所有权安排之下，股东如果要承担无限责任，就不会愿意投资。因此，有限责任是为了满足股东参与的约束条件。参见张维迎：《理解公司：产权、激励与治理》，上海人民出版社 2014 年版，第 198 页。

③ 授权资本制即为了解决这个问题，但是又引发了新的问题。

业出资者即所有者的有限责任，特别是有限责任公司、有限合伙等小型封闭性企业的出现与流行。笔者认为，有限责任仅是一种类似于缺省值的规定，以节约交易成本，并不妨碍企业所有者与企业债权人之间作出相反的安排，如由企业所有者以个人资产为企业债权人提供担保。但缺省规定在事实上也可能反而提高了交易成本，这取决于人们能否准确地测算出有限责任与无限责任以及处于这两者之间的责任形态的经济效率。之所以有限责任成为日益占据主导地位的缺省值，虽然在一定程度上可以归因于企业出资者对于企业控制的减弱，但是还有其他原因。其中一个重要原因，在于无限责任规则旨在内化的经营风险，变得日益不可控，这又进一步肇因于现代风险社会中侵权责任归责原则向无过错责任的演变给企业带来的影响。①

传统法人理论以社团为主要原型，又将公众型股份公司作为社团的一种类型，由此抽象出来的法人理论，以他营的大型企业（公司）为其社会学基础，因此在很大程度上无法包容经济学上的企业所有者概念。但是上述分析表明，从经济学来看，情况可能恰恰相反，他营的大型企业面临较为严重的激励问题且至今尚未得到有效解决，②

① 利伯斯坦也认为，至少在部分意义上，有限责任公司是针对侵权责任作出的反应。参见[美]拉里·E. 利伯斯坦：《非公司制组织的兴起》，罗培新译，法律出版社 2018 年版，第 184 页。并且，首部有限责任合伙法只针对侵权债务规定了有限责任。见该书第 187 页。

② 张维迎甚至认为，如果股份公司中存在的代理问题、机会主义问题、“搭便车”问题不能得到很好解决，那么企业家企业（指管理与剩余索取权完全重叠）将成为企业的唯一形式。参见张维迎：《企业的企业家——契约理论》，上海人民出版社 2015 年版，第 226 页。

由此才见证了利伯斯坦所描述的非公司组织的兴起。[①] 因此,需要反思传统法人理论的建模基础,并重新构造一个能够与经济学意义上的企业所有者概念相容的法人理论。

经济学的研究表明,企业的所有权安排需要努力达致一种均衡,而不是互成负累或者指向相反的方向,这是企业治理机制所要研究与解决的问题。从某种意义上说,股份有限公司、有限责任公司、合伙企业、个人独资企业等企业法律形态,仅是几种相对均衡的企业类型。可以观察到,随着企业出资者人数的增多和企业所有权安排的复杂化,不仅企业逐渐从自营过渡到他营,而且企业财产也愈益独立于企业出资者。这样,企业财产的独立程度与企业的治理机制之间,也表现为一种均衡。企业财产的独立不仅是"他营机构"的前提,一定程度上也是防止多个企业所有者的机会主义行径的必要条件。

(三)企业所有者与企业独立性之间的协调

笔者认为,企业在经济学意义上的所有者的存在,并不妨碍企业在法律上获得独立的主体地位。但是,企业的所有权安排会影响

---

① 传统上市公司的权力分配模糊不清,例如安然(Enron)丑闻发生后引入的"萨班斯—奥克斯利"(Sarbanes-Oxley)法案,试图通过更多的财务披露以及更严格的监管来解决这些问题,或许在一定程度上有助于改进,但也对公司运作增加了成本。依组织协议所制定的新形态公司结构,相较以往的上市公司而言,则使投资者与管理层的权力更加明确。这些协议解决了两个基本的困难问题。一是详细的协议内容减轻了代理问题,协议条款包括控制权归属,例如董事会席次的安排。投资者通常坚持管理层以及员工要持有大量股份,以确保他们的利益与新创公司的成功相符。二是对于新创公司的合理估价。参见王文宇:《揭开法人的神秘面纱——兼论民事主体的法典化》,载《清华法学》2016 年第 5 期。

企业独立于其所有者的程度。

首先,需要澄清的是,经济学是从经济生活中的动力源泉的角度来强调企业所有者的,所以不能把经济学中的企业所有权理论简单照搬到法学中来。经济学意义上的企业所有者仅是企业中一个必不可少的角色。企业既是独立的,又离不开其经济学意义上的所有者,这并非是自相矛盾。

组织当然离不开组织中的人,只是各种不同目的和功能的组织所具体依赖的人员类型存在差异。虽然经济学是依个人的经营能力来定义企业家,将用于承担风险的资产多寡作为识别企业家的一个重要指标,但是如果我们转换成法学的视角,那么企业主是企业这个组织中的某个或某类特殊成员,或者可以称为企业的"首领"。从某种意义上说,组织秩序的形成和维持,都会形成组织的事实上的"首领",形成某种权力机制和决策机制。可以将企业所有者理解为企业中的一个必不可少的拥有剩余控制权和剩余索取权的角色,为的是激励其为企业付出全部的企业家精神,激励其努力扮演好企业家的角色,从而发挥他们所具有的有利于整个社会经济发展的能力。

企业所有者这个角色的必要性,既来源于组织作为一个人的集合体不能为"空集"的基本原理,也来源于企业所处的市场竞争环境这个外部约束。企业所有者作为一个角色,具体由谁来充任,虽然肯定会或多或少地对企业产生影响,但并不影响企业的同一性。这一点,可以通过企业在竞争中主动"换帅"以及企业控制权市场的激烈争夺观察到。我们正是期待通过对于企业所有者的激励,发挥其企业家精神或者降低企业他营的代理成本,就当然不能由于这个原因,反而认为企业不独立于企业所有者,受到企业所有者的控制。

其次,企业所有者从企业中获取剩余利润、企业所有者对于企业债务承担无限责任,均不能作为企业不独立于其所有者的论据。企业作为一个生产经营组织,是企业成员包括企业所有者获得自身生存和发展资源的来源。[①] 企业所有者基于自愿设立或者加入企业这个组织,为的正是获取企业的剩余利润,这无可厚非。质言之,企业所有者从企业获取剩余利润,仅是企业这个组织分配其生产经营成果,使得企业成员从企业中获得自己的幸福生活的一种方式。这是任何一个群体或组织都涉及的问题,只是企业这种组织的组织目标、成员构成、组织结构、分配方式与其他类型组织不同而已。正如利伯斯坦所言,商事组织法必须规定所有者分享企业收益的相关规则,并且非公司制组织与公司在分配方面的区别,对于大型企业的治理的影响特别明显。[②]

让负责企业经营的企业所有者承担无限责任,是对于企业所有者在经济学意义上承担企业剩余风险的法律表达,有助于企业所有者合理控制企业经营风险。[③] 不仅如此,企业所有者承担无限责任,

---

① 张维迎用"非负的消费约束"(non-negative consumption constraint)来说明此点。参见张维迎:《企业的企业家——契约理论》,上海人民出版社 2015 年版,第 135 页。

② 参见[美]拉里·E. 利伯斯坦:《非公司制组织的兴起》,罗培新译,法律出版社 2018 年版,第 215 ~216 页。当然,如果过度分配而影响企业的存续或者与企业交往的债权人的利益,则可能构成欺诈性财产转移。所以,何时分配、分配多少、如何分配,都是需要企业治理机制解决的具体问题。

③ 莱赛尔也认为,法秩序是否参与对组织成员责任的限制,是一个必须一方面根据对债权人的必要保护,另一方面根据对组织成员的必要保护,并根据在债权人与组织成员之间按照经济政策,符合期望地分配社会活动和企业家冒险精神的风险来评判和解决的问题。这个问题不受组织法律形态的影响。根据这些理由,运用责任结构来界分合手共有与法人,应予放弃。参见[德]托马斯·莱赛尔:《新变更法视角下的共同共有与法人》,徐同远译,载王洪亮等主编:《中德私法研究(14):共同共有》,北京大学出版社 2016 年版,第 102 页。

还有助于夯实企业的信用基础，使得企业的责任财产范围不仅包括企业自身的财产，还包括企业所有者的个人财产。合伙人对合伙债务承担无限责任，能够增强合伙的信用基础。

最后，尽管企业已经在财产上和法律关系构建上独立于企业所有者，但是由于经济学意义上的企业所有者的存在，尤其是自营企业中企业所有者对于企业仍然保有较大的影响力，导致人们尝试对于企业依企业财产获得的独立性作进一步的量上的区分。前述“群体理论”和资产区隔理论，都展现了一个重要的维度，即企业依独立财产获得的独立性，有程度上的差别。弗卢梅虽然认为合手共有作为一个“集合性整体”，对外能够成为权利义务的主体，但是又认为其与法人不同，仅在对外关系上具有权利能力。汉斯曼等提出的从“弱实体防护”到“强实体防护”再到“完全的实体防护”的量变过程，也是依赖于企业财产独立于企业所有者及其个人债务人的程度所作的划分。

前述分析表明，企业所有者对于企业的控制、针对企业所有者构建的激励机制与企业所有者对于企业债务承担的责任之间，存在密切的互动关系，构成了一个均衡的系统，而法律对于企业财产独立性的承认与构建，是该均衡系统的一个较易观察的指标。也就是说，企业财产获得的某种程度的独立性，是与企业的所有权安排、组织结构、控制与责任机制等相适应的。在企业与其经济学意义上的所有者之间既独立又相关的关系之中，不仅企业财产的独立性存在程度差异，而且企业组织结构的稳定性也存在程度差异。

事实上，人们对于组织独立性的最初认识，正是着眼于组织不存在与成员相关的解散事由，诸如某个成员死亡、破产或宣告终止；

组织成员可以更换和变动。早在罗马法时代,五大法学家之一的乌尔比安在解释团体时就说:“团体独立的性质,虽然它的成员组成全部改换,也不影响其独立存在。”①对于组织独立性的这种表现,笔者用组织结构的稳定性来加以标记。组织结构的稳定性,是指组织不受内部成员变化和外部环境变化影响的性质。可以作为企业稳定性的一个指标的,是企业所有者变动对于企业的影响程度。企业所有者的变动对于企业的影响越大,企业的稳定性相对而言就越弱。企业的目标存续时间也可以作为一个指标。原则上,企业的目标存续时间越长,对于企业稳定性的要求就越高;而短期甚至是临时性的经营合作,则根本不需要建立稳定的结构,这么做也并不经济。

不同组织的稳定性存在差异,原则上,组织内部成员人数越多,组织结构越复杂,组织的稳定性就越强。与大型公众型股份公司相比,合伙企业、个人独资企业所有者人数有限,组织结构简单,受到合伙人或独资企业主的影响较大,组织结构的稳定性较弱。这也是弗卢梅在承认合伙的外部独立之后,又主张其内部仍然依赖于合伙人的原因所在。

原则上,企业组织结构的稳定程度与企业财产独立于企业所有者的程度(企业财产区隔效果的强弱)相匹配,两者在量上的区分,使企业相对于其成员尤其是企业所有者的独立性也表现出一定的程度差异。如果我们将仅表现为个人的企业所有者作为一端,将已经消解了企业所有者概念并获得了“完全的实体防护”的企业作为另一端,那么在理论上,两端之间可以存在“企业光谱”的连续体,有

① 江平主编:《法人制度论》,中国政法大学出版社 1994 年版,第 7 页。

待人们在市场竞争的约束条件下发现或设计出企业的新的均衡模式。

这样,笔者就在一定程度上区分了企业的独立性与企业的独立程度。这种区分的可行性,在于将企业的独立性判断系于企业的财产区隔效果,而不受制于企业的特定组织结构形式或治理机制;这种区分的必要性,在于降低企业获得独立法律地位的门槛,承认企业组织结构的多样性与可变性,从而释放企业的自治空间与活力。

可以进一步追问的是,组织是不是越稳定越好?其实未必。已有研究表明,大型工业企业的存续时间比不过大学,而对此作出的解释,恰恰在于组织的高度稳定性减弱了其对于未来市场环境变化的适应性。组织结构的稳定性虽然有利于提高组织效率,但是却削弱了组织对于未来环境的"长期适应能力",这是组织现象的一个悖论。[①] 为了应对这个悖论,社会学研究提出了"宏观层次上的组织可持续发展"的对策:鼓励低层次组织在不同方向上的实验、允许变异阶段的充分实现、容忍甚至扶植组织内部的有条件的松散结构,这些都是提高组织可持续发展能力的战略对策。这一选择付出的代价是暂时的效率损失和低层次上组织的自生自灭,换取的是宏观层次上组织可持续发展能力的增强。[②] 从某种意义上说,承认稳定性较弱的企业具有独立性,承认其民事主体地位,也是鼓励和扶植中小企业存续和发展的重要手段之一。正如利伯斯坦所言,尽管大型企业在特定时期可以推动经济增长,更小型的企业才是未来的增长

---

① 参见周雪光:《组织社会学十讲》,社会科学文献出版社 2003 年版,第 321 页以下。

② 参见周雪光:《组织社会学十讲》,社会科学文献出版社 2003 年版,第 338 页。

之源——今天的创业者运用的小型企业,会成就明天的巨型企业。[①]

六、小结:构建以企业为中心的法人制度

法人理论和实践的现代发展,无论是我国《民法典》中的“非法人组织”还是美国法中的“实体”(entity),抑或德国法中的“有权利能力的人合组织”,均着眼于普遍地承认企业的法律主体地位,以适应市民社会的“亲商性”,即市民社会对于分工、交换主导的经济的崇尚。由于社会化大生产对于资金、劳动力等的集聚的需要,人格外化在某一个人身上已经不再合适或者便利,于是一个与成员相分离的法人的形象被构造出来。可以观察到,商事领域有越来越多的组织类型被承认为独立实体进而具有权利能力,如合伙企业与个人独资企业。[②]

经济学对于企业的研究,揭示出企业的所有权安排存在数种达致相对均衡的可能性(类型),而这种均衡又受制于企业内部和外部诸种条件的约束,并随着约束条件的变化而变化。法学对于法人理论的构造,原本以社团为参照,并将公司作为社团的一种类型,而忽视了企业的其他形态,犯了以偏概全的错误。以企业作为法人的社会基础和法学建构的原型,将企业的独立财产作为企业独立性的主

---

① 参见[美]拉里·E. 利伯斯坦:《非公司制组织的兴起》,罗培新译,法律出版社2018年版,第339页。

② 根据2010年法国颁布的《法国商法典》第L526-6(1)条,允许独资经营者将其个人财富的一部分指定用于商业目的(patrimoine affcete),从而在未明确创建“法人”的情况下实现有限责任。前文也指出,合伙尤其是商事合伙,在很多国家都被认为是独立的实体,是法人。

要外在表现,并对企业的独立程度作量上的区分,不仅降低了企业独立性的门槛、区分出企业独立性的不同程度,而且为市场经济注入了更多的财富、自治空间和活力,符合市民社会的基本要求和历史发展的进程,在世界范围内获得了实定法的认同和推动。我国从《民法总则》(已废止)开始正式承认非法人组织的主体地位,符合这一整体趋势,但在非法人组织的具体财产规则和治理机制的自治空间等方面,还有进一步构建和完善的必要。

当然,需要认识到,社会生活中的组织是非常多样的,莱赛尔曾经介绍过德国的非国家性社团和组织,包括共同体、合伙、社团、机构和基金会等。① 我国社会中的组织也是非常多样的。构造一套普适于各种组织的判断其独立性之有无和程度的理论框架,不仅非常困难,而且即便能够构造出来,也可能要么过于抽象,要么过于烦琐。② 这里面的道理在于,组织目标不同,其成员构成、激励机制、组织结构、责任承担等之间的均衡状态就随之不同;质言之,与生物人之间具有较多的同质性相反,不同组织之间表现出更多的差异性。只有深入细致地观察和研究某类组织的目标、成员、结构、生存方式、外部环境等,才可能对该类组织得出恰当的结论。当然,这又取决于该类组织在市民社会中的重要程度是否足以证成此种研究的可行性和必要性。

---

① 参见[德]托马斯·莱赛尔:《德国法上的非国家性社团组织》,金晶译,载民政部民间组织管理局编:《中德社会团体内部治理比较研究》,石油工业出版社 2009 年版,第 180 页以下。

② 可以作为一项例证的是,乌尔默虽然赞同弗卢梅的"群体理论",但是不赞同古温瓦尔德将该理论扩张适用于遗产继承共同体。参见[德]彼得·乌尔默:《共有制合伙——一种至今未明的组织形式?》,张怀岭译,载王洪亮等主编:《中德私法研究(14):共同共有》,北京大学出版社 2016 年版,第 112 页。

但是,作为一项理论研究,笔者仍然试图对于组织如何从自然人的不自由中获得自身的自由,作出一般的、抽象的说明。如果从抽象的一般来表述组织是如何获得其独立性的,那么最根本的观察对象仍然是组织中的个人,仅当个人将组织的秩序作为自己行动的理由时,即个人在一定程度上放弃自己的自由时,组织的自由才是真实的,虽然这种真实可能只是一个历时的过程。再进一步,组织秩序的形成,又离不开依据组织的外部环境而提出和确立的组织的任务和目标,离不开组织生存资源的获取以及组织成员在组织中获得自己的幸福生活。组织秩序、组织目标、组织资源(包括人力资源)等诸方面,形成了构造组织独立性的有机整体,但在不同类型的组织中又可能有不同的表现方式。与基于社团的传统法人理论所持的“组织目标——组织秩序的形成——组织获得自身的生存资源(可能不依赖于成员的出资)”不同,近现代市民社会中以企业为代表的营利组织获得其独立性的途径,则首先是依赖于获得独立的财产,遵循“组织财产——组织目标——组织秩序的形成”这一新的路径,从而彰显了这一基本命题:近现代社会中的人(person)是以财产的支配者的角色投入社会生活的。

第五章　实定法对于法人权利能力的形式约束

一、引言

史尚宽曾言："为权利之主体，第一须为享有权利之社会存在，第二须经法律的承认。"①莱赛尔也认为，法人并不同于自然人而得当然地享有法律人格，其法律人格之享有只能基于国家的承认行为。② 当我们通过对于自由、理性、权利能力与独立性的讨论厘清了组织成为法人的实质根据之后，从理论上说，共同体可以根据自己的任务、需要和期待，在具备权利能力之实质根据的组织中进

---

① 史尚宽：《民法总论》，中国政法大学出版社2000年版，第86页。

② 参见[德]托马斯·莱赛尔：《德国民法中的法人制度》，张双根译，载《中外法学》2001年第1期。

行二次遴选并承认其中的某些组织为法律主体，由此彰显人格体有赖于共同体的承认这一形式约束条件。

萨维尼在提出其关于权利能力的“原初同一性”公式之后，又主张市民权利能力可以在两个方向上偏离自然权利能力，或者是不承认具有自然权利能力的生物人为法律上的人，或者是将市民权利能力赋予不具有自然权利能力的构造物。笔者仅赞同偏离的第一个方向。正所谓皮之不存，毛将焉附？组织必先具备成为人格体的自由（以及作为自由的外在表现的独立性）这样的实质根据，才可能再对其权利能力施加形式约束。

但是，由于组织的自由不具有自然人之自由的先验性，有赖于从自然人的不自由中获得自身的自由，只能借助于组织内自然人的行为模式以及其他的外在表现如独立财产等才能间接地观察到，所以共同体对于组织的权利能力的承认或者赋予，就比自然人具有了更多的抉择空间。实定法既可以对某些组织的存续采取鼓励的立场，通过承认其独立主体地位而促成其朝这个方向发展，也可以对某些组织采取遏制态度，无视其已经具有的独立性，甚至打击、摧毁这种独立性，因为强大的组织也可能对公共利益和国家秩序带来潜在的威胁。

二、形式约束的必要性

共同体对于组织权利能力的承认，仍然着重于组织目的、组织秩序和组织资源这三个方面。组织目的要有利于或者至少不悖于共同体的福祉；组织秩序要与共同体的整体秩序相容，不悖于共同体对于组织内个人基本权利的保障;组织资源的获取对于共同体及其他成员的负外部性要被控制在可以接受的范围内。此外,这种承认还受到共同体的监管成本、与第三人的交往成本、第三人对于组织的信息成本等的约束。

在第三章中,笔者曾经提及,公法与私法的区分是生物人普遍地、平等地取得权利能力的一个重要原因。但是,在对于组织的承认和监管方面,公法与私法的区分并没有那么彻底,导致共同体在考量是否承认组织的法律主体地位时,需要斟酌更多的因素。

(一)与财产法定的类比

组织涉及的财产关系尤其是组织成为独立的法律主体所需要的生存资源,须臾离不开共同体的承认。组织涉及的财产关系是绝对关系,而绝对关系必须具有可为他人识别的特征,所以从财产法领域的法定原则可以推出组织法领域的法定原则。在财产法领域,梅瑞尔和史密斯将类型法定(*numerus clausus*)[①]归纳为现代财产法的普遍性原则。[②] 在大陆法系物权法中,物权法定主义也是一项基本原则,虽然在“依何法而定”这个层面,学说和实定法都有放松或缓和之趋势。

共同体对于组织的法律主体地位的明确承认,有助于减少交往对方的信息成本。对此较为极端者如我国台湾地区学者苏永钦的

---

① 在拉丁文中,*numerus* 的基本含义为数字,而 *clausus* 意指封闭,扩展理解为囚徒、奴隶。参见谢大任:《拉丁语汉语词典》,商务印书馆 1988 年版,第 102、371 页。

② See Thomas W. Merrill and Henry E. Smith, *Optimal Standardization in the Law of Property: The Numerus Clausus Principle*, 110 (1) Yale Law Journal 4 (2000).

观点,认为物权法定的正当化基础已经不再是形而上的哲学思考,也非对封建体制复辟的疑虑,而只余“成本—效益”分析。[①] 正如前文所提到的,与生物人的“生”“死”有较为明显的外在标志不同,[②] 组织何时“生”又何时“死”,则没有明显的标志。所以,一定的程序如组织的设立与注销登记,有助于为组织的人格化确立较为明显的外在标志。当法人成为民事主体并积极参与民事交往、构建各种法律关系之后,这种外在标志也有助于降低交往成本、提升交往安全,商事登记簿的公示与外观价值也由此得以凸显。事实上,组织一旦与其他社会主体建立法律关系,组织主体地位的确立就不仅仅体现成员或受益人的利益,而且也包含了对于交往对方的利益考量。这也构成共同体对组织的权利能力施加形式约束的一个理由。通过这种标明“生”“死”时间点的法律技术手段,使得法人的主体性得到进一步彰显,并使其从一般意义上的组织的混沌状态中凸显出来。

(二)法人基本权利与自然人基本权利的差异

需要进一步讨论的是,第三章在讨论自然人的权利能力时,指出各国宪法(基本法)和国际人权公约对于人权的强调和保护,约束

---

① 参见苏永钦:《民事财产法在新世纪面临的挑战》,载中国人民大学法学院《人大法律评论》编辑委员会编:《人大法律评论》(2001 年卷第一辑),中国人民大学出版社 2001 年版,第 204 页;苏永钦:《可登记财产利益的交易自由:从两岸民事法制的观点看物权法定原则松绑的界限》,载《南京大学法律评论》2010 年第 2 期。

② 事实上,关于生物人“出生”与“死亡”的标准,也存在讨论的余地。随着生命科技的发展和医疗水平的提高,是否能将生命的起点往前推,尤其是法律上是否以出生作为生物人权利能力的起点,值得探讨。就死亡而言,也有观点提出了“死亡”的三个层次:一是医学上被判定为死亡;二是通过葬礼向主要社会关系者宣告生命和社会交往的终结;三是彻底从在世人的记忆中消失。法学中争议的死者的人格利益保护问题,或许可以从这个角度来理解和展开。

着各国民事法律不得对自然人的权利能力附加形式约束，因此，自然人不分国籍、种族、民族、性别、身份、年龄等，民事法律地位一律平等。那么，这种做法是否同样适用于组织型的民事主体呢？

宪法学者对于这个问题已经有所涉及。在德国，“法人是否能够以及在多大程度上能够享有基本权利保护，取决于所主张的基本权利的性质”。① 一般认为，法人可以享有经济自由权，而不能成为人身自由权、政治权利的主体。② 而且，保护法人的基本权利，唯有当法人的组成与活动系作为自然人自由发展之体现，尤其是当渗透至立于法人背后的自然人，从而使得法人受基本权利保障显得富有意义且必要时，将法人纳入基本权利保护的范围内，始获得正当性（所谓的“穿透理论”）。《德国基本法》第 19 条第 3 款规定：“在基本权利的性质许可的范围内，基本权利也适用于本国的法人。”德国宪法学者认为该款规定是基本权主体的延伸条款（Grundrechtserstreckungsklause）。③ 由于该款的“本质保留”（Wesensvorbehalt）规定，在规范体系与目的上均不可避免地需从“基本权本质”与“法人本质”的双重本质观点出发，而作个案取向的“差别处理”。换言之，当提出基本权利是否依其本质得以适用于法人之问题时，实已隐含有“基本权利内容”与“权利主体”两个不可分割的问题面向。从基本权利内容面向上，应首先确定其所涉及的特

① ［德］罗尔夫·施托贝尔：《经济宪法与经济行政法》，谢立斌译，商务印书馆 2008 年版，第 111 页。

② 参见韩大元、林来梵、郑贤君：《宪法学专题研究》，中国人民大学出版社 2004 年版，第 264 页。

③ F. Schoch, Grundrechtsfähigkeit juristischer Personen, JURA 2001, S. 201. 转引自王冠玺：《我国法人的基本权利探索——法人得否主张精神损害赔偿的宪法上论证》，载《浙江学刊》2010 年第 5 期。

定基本权利本质上并非以自然人之特质为唯一的保护法益，例如系属生命权、身体权、婚姻权等。再从权利主体面向上，探究得由法人所享有的基本权利是否得以适用于特定类型的法人身上。[①]

美国宪法没有规定公司(corporation，也可译作“法人”)能成为基本权利的主体，但是美国共和党领袖罗斯科·康克林(Roscoe Conkling)公开的资料显示，其于1866年和同事草拟《美国宪法》第十四修正案时，之所以使用“人”(person)这一概念，就是为了将公司也纳入宪法的保障范畴。[②] 而在1882年“铁路税收案”(The Railroad Tax Cases)中，其后成为美国联邦最高法院大法官的时任巡回法院法官菲尔德(Field)亦表示：“联邦和各州最高法院的许多裁判已经确立一原则，亦即对于个人财产权利的享有、所提供的保障措施，或是防止立法侵害财产权的宪法和法律条款，其保护利益也将延伸至公司。”[③]同案法官索耶(Sawyer)则表示：“毋庸置疑地，‘人’这个词的意义要比‘公民’更为宽广。《美国宪法》第十四修正案第1款由首句规定的‘公民’，改为末句具有更深含意的‘人’，这个转变应该认真对待和考虑，其目的在于拓展宪法之保护，使之延伸到需要这种全方位保障的所有情形。没有任何东西能表明《美国宪法》第十四修正案的目的只在限缩人这个词语的通常和自然含

---

① A. v. Mutius, Grundrechtsfähigkeit, JURA 1983, S. 34. 转引自王冠玺：《我国法人的基本权利探索——法人得否主张精神损害赔偿的宪法上论证》，载《浙江学刊》2010年第5期。

② See Howard Jav Graham, *Build Better Than They Knew: The Farmers, the Railroads, and the Fourteenth Amendment*, l7 U. Pitt. L. Rev. 538 (1955－1956). 转引自杜强强：《论法人的基本权利主体地位》，载《法学家》2009年第2期。

③ 13 F. Cas. (1882), p. 744. 转引自杜强强：《论法人的基本权利主体地位》，载《法学家》2009年第2期。

义，或者使该条款的适用不完全化。”[①]不过，从其后美国宪法的发展可知，法人（公司）所获得的宪法保障是低于自然人的，例如对于法人在商业言论与政治捐献方面的限制。[②]

我国也有学者认为，我国《宪法》于2004年加入“人权条款”后，法人就可以借助这一条款成为基本权利的主体。[③] 我国《民法典》虽然在一定范围内承认了法人人格权，包括名称权、名誉权、荣誉权，但另一方面，《民法典》不承认法人的精神损害赔偿请求权，不承认法人享有一般人格权。[④] 由此可以得出结论：法人的人格权采法定主义，[⑤]仅自然人的人格权因一般人格权的存在而不受法定主义的限制，法人与自然人在人格权方面也有较为重大的差异。因此，法人能够在何种程度上成为基本权利主体，或者说宪法对公民和法人的保护范围和强度是否应有差别，法人应否享有人格权、[⑥]法人的人格权应否受到限制以及受到何种限制，都是需要进一步研究和回答的问题。

---

① 13 F. Cas.（1882），p. 759. 转引自杜强强：《论法人的基本权利主体地位》，载《法学家》2009年第2期。

② 参见杜强强：《论法人的基本权利主体地位》，载《法学家》2009年第2期。

③ 参见韩大元主编：《宪法学》，张翔撰写部分，高等教育出版社2006年版，第136页。杜强强赞同这个观点，但认为法人能够在何种程度上成为基本权利主体，或者说宪法对公民和法人的保护范围和强度是否应有差别，依然是一个需要界定的问题。参见杜强强：《论法人的基本权利主体地位》，载《法学家》2009年第2期。

④ 参见我国《民法典》第990条、第1183条。

⑤ 《民法总则》（已失效）第110条第2款原来规定：“法人、非法人组织享有名称权、名誉权、荣誉权等权利。”《民法典》第110条第2款已修改为：“法人、非法人组织享有名称权、名誉权和荣誉权。”即法人人格权从开放变为封闭。

⑥ 法人是否享有人格权，在我国学理上曾有较大争议。尹田教授认为，法人的名称权、名誉权等权利无精神利益，实质上是一种财产权，且不具有专属性，非为任何团体人格存在之必须，故法人无人格权。参见尹田：《论法人人格权》，载《法学研究》2004年第4期。

需要指出的是,宪法学中对于法人是否享有基本权利的讨论,均仅涉及法人已经依法被承认为法律主体之后的宪法地位问题,此时法人已经满足了其作为权利主体的形式要件。因此,法人的基本权利问题不能成为否定对于法人权利能力施加形式约束的理由。事实上,实定法对于法人权利能力的形式约束,存在不同的面向,不仅包括基于共同体的需要或曰公共利益考量决定是否承认其主体地位的问题,也涉及法人取得主体地位之后对其实体法律地位的差别化规定,即法人已经取得的权利能力仍然可能受到法令的限制。据学者杜强强的研究,《美国宪法》第十四修正案关于平等保护之规定适用于法人(公司)的缘由,主要是服务于美国构建统一的国内大市场的需要。[①] 对此可以理解为,在抽象地承认了法人的主体地位之后,《美国宪法》第十四修正案对于法人主体地位平等的进一步表达,确实约束了美国各州通过立法差别对待设立于他州的法人的可能性,但是仍然无法约束法人主体资格的获得这个最前端的问题。由于本书研究法人概念,以权利能力为法人的本质特征,故重在国家对于法人权利能力的承认这个方面,而将法人取得权利能力之后再行受到的形式约束问题,留待日后再议。

上述分析表明,与自然人权利能力之实质根据统治了可能的形式约束不同,组织权利能力的两个方面即权利能力的实质根据与实定法对其的形式约束,不可偏废。基于组织涉及财产关系、组织参与民事交往的信息成本和交往安全,以及下文将进一步展开的法律伦理观点和法律政治思想,共同体对于组织的权利能力施加一定的

---

① 参见杜强强:《论法人的基本权利主体地位》,载《法学家》2009 年第 2 期。

形式约束,仍有其必要。

(三)防范组织与国家相竞争的需要

现代社会中,组织以基于人的自由意志而设立为原则,乃人之自由联合的结果,因此法人制度具有实现民众之结社自由的制度功能。[①] 我国《宪法》第35条明确规定:“中华人民共和国公民有言论、出版、集会、结社、游行、示威的自由。”该条规定的结社自由,是法人制度的“宪法”基础。除非为防范妨碍他人自由、避免紧急危难、维持社会秩序或者增进公共利益所必须者外,国家不得以法律限制之。在民法中,结社自由也是私法自治的重要表现。[②] 个体因其经济上的选择可以自由地共同设立企业,只要他们认为共同创业所创造的利润要超过个人营业的收益。[③]

然而,由于组织集合了一定的人力和物质资源,尤其是巨大化、官僚化的组织已经成为现代国家的潜在竞争者,这也使实定法有必要对组织的权利能力施加一定的形式约束。德国学者指出,《德国民法典》关于法人的规定难以令人满意,这在很大程度上正是归因于当时不稳定的政治环境,需要通过法人登记将法人纳入国家的监控之下。[④]

无论是基于法律技术层面的考量还是基于法律政策层面的考

---

① 参见王泽鉴:《民法总则》(最新版),北京大学出版社2009年版,第174页。

② 参见叶林:《私法权利的转型——一个团体法视角的观察》,载《法学家》2010年第4期。

③ 参见[德]科尔:《德国公司法的发展》,杨继译,载《现代法学》2003年第6期。

④ 参见[德]托马斯·莱赛尔:《德国民法中的法人制度》,张双根译,载《中外法学》2001年第1期。

量,任何社会的法律都会对公民结社的行为加以规范,将公民结社纳入法治的轨道,实现对公民结社的必要监控。从法律技术层面上看,并不是任何人的结合都具有结社的意义,都可以成为法人,如男女同居、朋友结伴旅行就不具有结社的意义,不能成为法人。在法人制度里,有关法人的类型及其成立条件的规定,主要是基于法律技术的考量,只有符合法人的类型、具备法人的条件,才有可能成为法人。从法律政策层面上看,也并非任何目的的结社都无一例外地可以得到法律的认同、取得法律主体地位,如邪教组织、恐怖组织、犯罪团伙在任何国家都不可能得到认同,不可能被承认为法人。《瑞士民法典》第 52 条第 3 款明确规定,"违背善良风俗或有违法目的的机构、团体组织"根本不可能被承认为法人。因此,大多数国家都会对结社自由进行不同程度的法律规制。

大多数国家都禁止那些旨在从事暴力、刑事犯罪或破坏公共秩序或国际共识的行为的组织。《意大利宪法》提到了旨在通过准军事组织达到政治目的的秘密社团组织。《西班牙宪法》也包括了一条类似的规定。一些国家以积极的方式对这一自由作了规定,即为任何合法目的而成立的社团都是被允许的。[①] 各国刑法对结社禁止也有明确规定。如《意大利刑法》规定了颠覆性结社、非法结社、未经许可组织国际性结社、未经许可参加国际性结社、结社共谋政治犯罪等情形。《西班牙刑法》对非法结社规定得较为明确,其第 172 条规定,下列情形为非法结社:其目的或情况违反公共道德;其目的在于触犯某种罪行;其为有关当局所禁止者;未按照法律规定完成

① 参见[荷兰]埃弗尔特·阿尔科马:《结社自由与市民社会》,毕小青译,载《环球法律评论》2002 年夏季号。

法定条件和程序。《西班牙刑法》第 173 条规定，非法社团包括下列情形：其集团或社团意图破坏或松弛国家意识；在国内或国外之集团或社团以任何方式攻击国家之统一与独立、领土完整、国家安全或社会秩序；经宣布为非法组织又成立替代组织；意图分裂西班牙而建立政权；组织军事组织。其他欧盟国家的刑法虽然没有对非法结社作这样的集中规定，但是情形大体相同。对于非法结社，刑法规定除了处一定期限的徒刑外，也可加处罚金和褫夺公权。[①] 我国《刑法》第 26 条第 3 款规定，对组织、领导犯罪集团的首要分子，按照集团所犯的全部罪行处罚；第 120 条规定了组织、领导、参加恐怖组织罪；第 294 条规定了组织、领导、参加黑社会性质组织罪，入境发展黑社会组织罪；第 300 条规定了组织、利用会道门、邪教组织、利用迷信破坏法律实施罪，组织、利用会道门、邪教组织、利用迷信致人重伤、死亡罪。

在民法中，实定法对于法人类型、设立条件、设立程序等的形式约束，为法人的业务主管单位和登记机关对于能够成为法人的组织的国家监督提供了依据和条件。在德国学者施瓦布看来，法人须“依法成立”并经登记或批准，是国家将法人的设立置于其控制之下的基本方法。[②]

（四）保护自然人民事主体之尊严

日本学者佐藤幸治认为：“结社的积极性能可以归结为：①归属

① 参见刘培峰：《欧盟国家的社团立法：一个初步的介绍》，载《环球法律评论》2004 年第 3 期。

② 参见［德］迪特尔·施瓦布：《民法导论》，郑冲译，法律出版社 2006 年版，第 103 页。

意识的满足；②个人自由的强化、扩大；③社会控制。其中，②起到作为对公权力的缓冲器作用，③避免公权力的过重负担与对个人生活的过剩介入，通过重复的忠诚有助于政治体系的安定化。但另一方面，结社的巨大化、官僚化使结社同时化为个人不自由的源泉，重视社会控制机能的倾向往往容易引起无视①和②的公权力监督与干涉的强化。现代国家结社自由的保障及其界限问题，基本上应该在此相互矛盾的脉络中把握。"[①]也就是说，个人在组织内的不自由与个人通过组织满足自己的归属感、强化和扩大自己的自由之间，必须相互协调。

虽然组织从组织内个人的不自由中获得了自身的自由，但是个人在组织内自由的受限必须在合理的范围之内，不能损及个人的诸如人格独立以及财产权利等最基本的权利。正如叶林教授所言，"社会成员无论以何种形式结社，无论参加营利或非营利团体，关于成员失去基本权利的约定都与公共政策相悖，不产生失权的效力。如果废弃这一基本观念，容忍团体随意剥夺成员的基本权利，私法人将不复存在，民主社会也将失去存在价值，结社自由更将沦为空谈"。[②] 在笔者看来，这正是近代以来人之解放的真正成果。近代以来的社会组织方式与以往任何时代的社会组织方式的区别，不在于否认一切组织的实际存在，从而让原子化的个人直面强大的政治国家，而是应该在承认组织的实际存在的情况下，仍然保障组织内、外

---

① ［日］佐藤幸治：《结社的法律性质及其制约》，张允起译，载［英］阿米·古特曼等：《结社：理论与实践》，吴玉章、毕小青等译，读书·生活·新知三联书店 2006 年版，第 76 页。

② 叶林：《私法权利的转型——一个团体法视角的观察》，载《法学家》2010 年第 4 期。

自然人的基本权利,使得自然人的主体地位能够与组织的主体地位相容。

组织内个人的不自由与组织自由的相容要求,可以从与契约自由的类比中得到进一步的阐释。契约也是一种自我约束,是一种不自由,但它却是自由人凭其自由意志而自由创设的,它本身就是自由的结果或者是自由的行使。但是这种自我约束也不能超过必要的界限,如不能自愿订立为奴的契约。这样一种底线规则在自然人设立或者加入法人的自由当中也应当存在。近代以来,个人基于自愿而设立或者加入某个组织,是组织实践的主导方面,强制设立的组织只被控制在极为有限的范围之内。这样,组织内个人的不自由,也是其自愿选择的结果,具有一般意义上的正当性。但是,法律仍有介入的必要,以保障个人能够了解其选择设立或加入的组织可能对其施加哪些约束,保障在组织内的个人的基本权利不被减损甚至剥夺。对于取得了垄断地位的组织而言,法律介入的必要性就更为突出,正如很多体育协会或联合会对于职业运动员生涯的显著影响所要求的那样。

法律制度可以在多大范围内赋予组织自治权利,或者应当在多大程度上从保护个人的角度出发对之予以控制和限制,是一个困难的问题。国家的态度也由上述矛盾心理所决定:一方面,它应当让组织享有自由,根据组织章程自己规定组织事务(组织自治);另一方面,它又必须注意,不要由于组织法而使类似于国家的主权组织得以建立,从而使个人自由得不到国家保护。① 从保障与组织自由

---

① 参见[德]迪特尔·施瓦布:《民法导论》,郑冲译,法律出版社 2006 年版,第 115 页。

存在紧张关系的个人自由的角度出发,组织的结构形式就会受到限制,民主制应该成为组织的主要结构形式。

三、形式约束的程度

组织的权利能力有赖于共同体承认,并不意味着仅凭政府的专断意见。承认哪些组织是法人,取决于社会经济需要及与此有关的观念和价值尺度,而这些需要、观念和价值尺度,在工业市场经济中有别于古代罗马或者德国中世纪。即使在古代罗马,国家出于自身利益的需要,往往在商业社团自发成立之后即予认可。一位学者在研究了公元一世纪到二世纪间有关船主与船家协会的碑铭之后,得出以下结论:国家之所以承认和保护这些协会,是因为国家"同一个有组织的、人员熟悉的团体打交道,比起同一群漫无组织的陌生者打交道要容易得多;而帝国行政当局如果没有这种组织的帮助就根本无法解决运输大量物资这一极端棘手的问题"。[①] 在市民社会中,人格体与共同体之间的积极联系,主要是通过经济来界定的。

(一)组织目的与国家干预

已有研究表明,社团或法人团体的目的对于其在法律上的特征和资格以及其在刑法和公共秩序中的合法性起着重要的作用。各

---

① [美]M. 罗斯托夫采夫:《罗马帝国社会经济史》,马雍、厉以宁译,商务印书馆1985年版,第231页。转引自方流芳:《中西公司法律地位历史考察》,载《中国社会科学》1992年第4期。

国法律通常区分营利性和非营利性目的并且自然会禁止某些行为。[①] 原则上,因应主权者之间经济竞争的需要,经济领域的组织最受欢迎,但是超越国界的经济组织体与主权国家的地位之间有一定的竞争关系,因而也引起主权者的警惕。政治领域的组织最受抑制,因为与主权者直接形成竞争关系。教育、科技、文化、卫生、娱乐、慈善等领域的组织则在一定程度上受到欢迎。市民社会对于经济的精神的强调,使得共同体对于为经济过程作贡献的营利性组织的欢迎程度,大大超过对于非营利性组织的欢迎或者容忍程度。当然,随着法律的变革和认识的发展,政府也逐渐认可非营利的社会组织在社会发展中的积极作用,并对社会组织提供财政和税收的支持。[②]

我国《民法典》依法人的目的,区分了营利法人与非营利法人。《民法典》第 76 条规定:"以取得利润并分配给股东等出资人为目的成立的法人,为营利法人。营利法人包括有限责任公司、股份有限公司和其他企业法人等。"第 87 条规定:"为公益目的或者其他非营利目的成立,不向出资人、设立人或者会员分配所取得利润的法人,为非营利法人。非营利法人包括事业单位、社会团体、基金会、社会服务机构等。"

受我国体制改革不均衡状况的影响,我国现行法对不同目的的组织采取了不同的态度。为了发展市场经济、鼓励投资,我国法律

---

① 参见[荷兰]埃弗尔特·阿尔科马:《结社自由与市民社会》,毕小青译,载《环球法律评论》2002 年夏季号。

② 《中共中央办公厅、国务院办公厅印发〈关于改革社会组织管理制度促进社会组织健康有序发展的意见〉的通知》(中办发〔2016〕46 号)已经从完善社会主义市场经济体制、加强和创新社会治理、巩固和扩大党的执政基础的角度,将改革社会组织管理制度、促进社会组织健康有序发展作为一项重要的基础性工作来抓。我国的社会组织以社会团体、基金会和社会服务机构为主体。

对营利组织包括企业法人、合作社法人、合伙企业、个人独资企业等,均实行准则主义,除了法律特别规定需预先获得许可外,只要符合法定的条件,即可获准登记。但是,对于社会组织(社会团体、基金会、社会服务机构等),不仅设立门槛较高、需符合法人条件,而且多采取许可主义,实行双重管理体制。这类组织需预先得到业务主管单位的批准(许可主义),方可向登记管理机关申请登记,并同时接受业务主管单位和登记管理机关的监督管理。

当然,近年来,一些地方开展了社会组织登记制度改革,双重管理体制有所松动。例如,深圳市于 2012 年发布了《关于进一步推进社会组织改革发展的意见》,工商经济类、公益慈善类、社会福利类、社会服务类、文娱类、科技类、体育类和生态环境类共 8 类社会组织无需审批,可直接向民政部门申请登记。2013 年,安徽省制定了《关于加强和创新社会组织建设与管理的意见》,除政治法律类、宗教类的社会组织和境外非政府组织在皖代表机构等外,其他各类社会组织按照分级负责的原则,由民政部门实行直接登记。2013 年 11 月,党的十八届三中全会通过的《中共中央关于全面深化改革若干重大问题的决定》在"激发社会组织活力"部分提出,"限期实现行业协会商会与行政机关真正脱钩,重点培育和优先发展行业协会商会类、科技类、公益慈善类、城乡社区服务类社会组织,成立时直接依法申请登记"。

对于方兴未艾的社会企业而言,企业目的对于社会企业的设立或者资格认定也极为重要。美国法律规定,低利润有限责任公司(Low-profit Limited Liability Company, L3C)取得社会企业的资格必须满足以下条件:是为了实现某种公益目的而建立;不是为了积累财富或者获得利润;不是为了政治或立法方面的目的。一旦政府发现其不能满足这几条要求,会自动将它转变为一般的有限责任公司,名称也会发生改变。[①]

(二)特许主义、许可主义与准则主义

在法人设立层面存在自由主义、特许主义、许可主义、准则主义、强制主义的区分,这些区分主要是基于法律政策层面的考量。

古代罗马并不真正承认团体人格,"对于罗马法来说,甚至不需要国家对团体的明示承认。人们所说的获准,指的是目的应当是合法的"。[②] 法人设立的自由主义"也称为放任主义,即国家对于法人的设立完全听凭当事人自由,不要求具备任何形式,不加以任何干涉和限制。欧洲中世纪商事公司勃兴时期,此种主义曾一度盛行"。[③] 近现代以来,除瑞士民法对于非营利社团仍沿用此主义外,已基本不见。依据《瑞士民法典》第 52 条第 2 款,不追求经济上目的的社团不要求登记。[④]

特许设立主义即法人的设立须有国家专门法令或国家元首的许可。中世纪后期,在欧洲封建制的背景之下,商业组织形成各种行会,并试图借助国家权力划分势力范围,而封建国家则需要利用这些行会承担某些公共职能或推行某种政策,于是,国王或国会便

---

① 参见资中筠:《财富的责任与资本主义演变:美国百年公益发展的启示》,上海三联书店 2015 年版,第 464 页。

② [意]彼德罗·彭梵得:《罗马法教科书》,黄风译,中国政法大学出版社 2005 年版,第 52 页。

③ 参见梁慧星:《民法总论》(第 5 版),法律出版社 2017 年版,第 136 页。

④ 参见[瑞士]贝蒂娜·许莉蔓-高朴、耶尔格·施密特:《瑞士民法:基本原则与人法》(第 2 版),纪海龙译,中国政法大学出版社 2015 年版,第 377 页。

以特许状或特别法令承认某一商业行会之法律人格，并赋予其对市场某一领域之垄断经营权。正如英国法学家霍尔维茨所言，“最初法人社团之所以被国王和商人双方重视，并不是因为借此可以产生一个与成员相分离的拟制人，而是因为借此可以产生一个得以受领某些政府权力与贸易特权的实体，估量法人公司的价值，其出发点与其说是团体成员的利益，不如说是行会特权与国家对外政策的利益；与其说是商法，不如说是公共利益”。[①] 特许设立主义起源于13～15世纪，盛行于17～18世纪的英国。此种主义存在严格法人设立并赋予法人垄断特权的弊端，完全不适应获得进一步发展的资本主义自由经济的需要，故从17世纪后期起，由法国路易十四通过其《商事敕令》确定了“核准设立主义”。

核准设立主义又称许可设立主义，即法人设立时除应符合法律规定的实体条件，还须经主管行政机关许可。采此种主义的有德国对于经济性社团法人、财团法人的设立，[②]日本2006年法人法修改前对于公益法人（不分社团或财团）的设立，[③]以及我国对于社会团体、基金会、社会服务机构的双重管理体制（部分实行直接登记制的

① 江平主编：《法人制度论》，中国政法大学出版社1994年版，第114页。

② 参见《德国民法典》第22条、第80条。商事公司虽属经济性社团，但依德国商法之规定，采准则制。

③ 《日本民法》第34条原规定：“有关祭祀、宗教、慈善、学术、技术及其他公益的社团或财团且不以营利为目的者，经主管官署许可，可以成为法人。”但是日本于2006年大幅修改其法人法，对于非营利法人，创设了无论有无公益性都能依据准则主义简便地取得法人格的一般性法人制度。据此得到认可的法人称为一般社团法人以及一般财团法人。关于公益法人，将法人格的取得与公益性的判断分离，规定从事公益目的事业的一般社团法人或者一般财团法人中特别接受公益性认定的，才可以成为公益法人——公益社团法人、公益财团法人。参见［日］山本敬三：《民法讲义Ⅰ总则》（第3版），解亘译，北京大学出版社2012年版，第361～362页。

社会组织除外)。此种做法显然比特许设立主义较为进步,但仍然不能适应商事公司发展的需要。因此,至 19 世纪末,西方国家普遍采用了公司法人设立之"准则主义"。

准则设立主义也称登记主义,即由法律预先规定法人设立的条件,有意者皆可遵照条件设立,无需再经行政机关许可,只需向法定登记机关办理登记,法人即告成立。采此主义者较为普遍,如德国对于非经济性社团法人和商事公司的设立、①日本对于营利法人的设立、②以及我国对于各类企业的设立(除法律和法规规定必须经有关部门审批外),③均采准则主义。

强制设立主义,即国家对于法人之设立采强制主义。此种主义是针对特种行业和特别团体的。④

国家对于法人尤其是经济领域法人干预强度的放松,作为国际层面制度竞争的一项重要内容,不仅能够释放经济领域组织的活力,促进国内经济发展,提高国际竞争力,而且对于法人本质理论的发展具有重要意义。仅在准则主义设立原则日益普遍的背景下,法人的设立条件(准则)问题才会凸显出来,才能激发人们对于组织获得权利能力的实质根据问题展开追问。反过来,对于法人权利能力之实质根据的澄清,也有助于国家根据社会经济需求及与此相关的

---

① 参见《德国民法典》第 21 条;[德]科尔:《德国公司法的发展》,杨继译,载《现代法学》2003 第 6 期。

② 日本 2006 年修改法人法后,适用准则主义设立的法人有:一般社团法人、一般财团法人、股份有限公司、持份公司、管理合伙法人、工会、律师协会、律师法人。参见[日]山本敬三:《民法讲义 I 总则》(第 3 版),解亘译,北京大学出版社 2012 年版,第 365 页。

③ 参见我国《公司法》(2018 年)第 6 条、《合伙企业法》(2006 年)第 9 条、《个人独资企业法》(1999 年)第 9 条。

④ 参见石碧波:《非法人团体研究》,法律出版社 2009 年版,第 93 页。

观念和价值尺度，进一步降低对于法人的干预程度，将对于法人的干预限制在必要范围内。因此，法人权利能力的实质根据与形式约束这两个面向，既需要分别展开讨论，又需要关注到两者之间的关联与相互影响。

四、法人类型法定之展开

实定法对于法人权利能力所施加的形式约束，首先就是法人的类型由法律规定，法定类型以外的组织不能取得权利能力。换言之，依照法律设立的法人的类型是受到限制的。这项原则决定了作为私法核心的私人自治原则在组织法中的有限适用。

在德国，“法人不能够随意建立。更确切地说是存在类型强制，也就是说，只有法律制度允许的那些法人才能得以建立。建立法人的前提由法律规定，要么是规定需经国家授权（认可），要么是规定实行国家登记制度（如在社团登记簿上登记）”。[①] 即使是在营利法人方面，也是如此。德国立法者在选择经营形式方面对结社自由有所限制。他们不允许人们自行创设经营形式，而是规定了几种形式，在此范围内经营者基本上可以自行选择。[②]

在瑞士，基于未成文的强行法，对于瑞士联邦私法上的法人存在类型法定（形式强制），也就是只能建立法律中明文规定的法人。另外还存在形式固定原则：与法定“类型”的偏离只是在有限的范围内被允许，且混合形式被排除（对类型混合的禁止）。类型法定和形

① ［德］迪特尔·施瓦布：《民法导论》，郑冲译，法律出版社 2006 年版，第 113 页。
② 参见［德］科尔：《德国公司法的发展》，杨继译，载《现代法学》2003 年第 6 期。

式固定既有利于第三人,也有利于参与人(成员、受益人);第三人和参与人可信赖某“类”法人具有特定的特点,例如在代理权或责任承担上的特点。[①]

类型法定在一定程度上有利于民事交往关系的稳定和安全,因为在法律规定的范围内设立法人,能使设立者、加入者和其他利害关系人按照法律对该类组织的具体要求,准确预见其责任程度、风险程度、信用程度及可以主张的权利内容。当然,类型强制并不只涉及个人的自由和自治,也涉及公共利益的考量。不可否认,国家在回应人们多样的结社诉求的同时,也一直在直接或间接地形塑组织,通过类型强制来贯彻某种社会理念或法律政策。

(一)法定什么

1.类型法定

类型法定意味着,法律承认的具有权利能力的组织类型,构成一个由可数元素组成的有限集合。《德国民法典》与《德国商法典》中规定的法人类型,显然是可数的、有限的。

在我国现行法上,就非营利法人中的社会组织类法人而言,目前经过登记后具有法人资格的社会组织包括社会团体、基金会和社会服务机构,这三类社会组织均有各自的登记管理条例作为登记依据。即便实践中可能事实上还存在其他类型的组织,但是如果没有相关法律规定而无法获得业务主管单位的审查许可,就无法在登记

---

① 参见[瑞士]贝蒂娜·许莉蔓-高朴、耶尔格·施密特:《瑞士民法:基本原则与人法》(第2版),纪海龙译,中国政法大学出版社2015年版,第373页。

机关登记,从而不可能被承认为法人。

在特别法上,依《民办教育促进法》(2018 年)第 19 条第 4 款,"民办学校取得办学许可证后,进行法人登记,登记机关应当依法予以办理";[①]依《证券法》(2019 年)第 164 条第 1 款,证券业协会是社会团体法人;依《律师法》(2017 年)第 43 条第 1 款,律师协会是社会团体法人;依《公证法》(2017 年)第 4 条第 1 款,中国公证协会和地方公证协会是社会团体法人;依《仲裁法》(2017 年)第 15 条第 1 款,中国仲裁协会是社会团体法人;依《红十字会法》(2017 年)第 10 条,中国红十字总会具有社会团体法人资格,地方各级红十字会、行业红十字会依法取得社会团体法人资格;依《证券投资基金法》(2015 年)第 108 条第 1 款,基金行业协会是社会团体法人;依《保险法》(2015 年)第 180 条第 2 款,保险行业协会是社会团体法人;依《拍卖法》(2015 年)第 17 条,拍卖行业协会是社会团体法人;依《工会法》(2009 年)第 14 条,中华全国总工会、地方总工会、产业工会具有社会团体法人资格(第 1 款),基层工会组织具备法人条件的,依法取得社会团体法人资格(第 2 款);依《期货交易管理条例》(2017 年)第 43 条第 1 款,期货业协会是社会团体法人。

就事业单位法人而言,依《民法典》第 88 条,事业单位经依法登

---

① 需要注意的是,民办学校原来属于民办非企业单位(社会服务机构),但是现在亦可具有营利性。依《民办教育促进法》第 19 条第 1 款第 1 句,民办学校的举办者可以自主选择设立非营利性或者营利性民办学校。我国于 1995 年颁行的《教育法》第 25 条第 3 款规定:"任何组织和个人不得以营利为目的举办学校及其他教育机构。"但是该规定在 2015 年修改时被删除。我国《高等教育法》中曾经出现的类似规定也在 2015 年的修法中被删除。

记取得事业单位法人资格,依法不需要办理法人登记的,从成立之日起,具有事业单位法人资格。《事业单位登记管理暂行条例》(2004年)第3条第2款规定:“事业单位应当具备法人条件。”

作为特别法人的机关法人、农村集体经济组织法人、城镇农村的合作经济组织法人以及基层群众性自治组织法人,类型亦为法定。《农民专业合作社法》(2017年)第5条第1款规定:“农民专业合作社依照本法登记,取得法人资格。”虽然该法规定农民专业合作社具有法人地位,但是对于其他类型的合作社,例如消费、医疗、住宅、保险、利用、资金互助等各领域之合作社,相关法规却付之阙如。这些类别的合作社因欠缺法律依据,尚无法作为城镇农村的合作经济组织法人参与民事交往,其运作也将陷入无人监管之地带,宜对之明确立法。

就营利法人而言,其类型包括有限责任公司、股份有限公司和其他企业法人等。① 而《民法典》明确列举的那几类非法人组织,与法人一样实行法定原则,其类型也具有法定性。事实上,按照本书第四章的分析,作为非法人组织的合伙企业与个人独资企业也具有权利能力,符合本书对于法人概念的界定。我国《民法典》列举的非法人组织,都有相应的专门法律规定,如《个人独资企业法》《合伙企

① 参见《民法典》第76条第2款。其他企业法人包括全民所有制工业企业、乡镇企业等。《全民所有制工业企业法》(2009年)第16条第1款规定:“设立企业,必须依照法律和国务院规定,报请政府或者政府主管部门审核批准。经工商行政管理部门核准登记、发给营业执照,企业取得法人资格。”《乡镇企业法》(1996年)第2条第3款规定:“乡镇企业符合企业法人条件的,依法取得企业法人资格。”《城镇集体所有制企业条例》(2016年)第6条第1款规定:“集体企业依法取得法人资格,以其全部财产独立承担民事责任。”

业法》《律师法》《注册会计师法》《外商投资法》《乡镇企业法》。[①]

需要讨论的是，根据 2015 年最高人民法院发布的《关于适用〈中华人民共和国民事诉讼法〉的解释》第 52 条，依法成立的社会团体的分支机构、代表机构，依法设立并领取营业执照的法人的分支机构，依法设立并领取营业执照的商业银行、政策性银行和非银行金融机构的分支机构，均属于具有诉讼主体资格的"其他组织"，但是《民法典》并未将之明确列入具有民事主体地位的"非法人组织"之下，其民事主体地位和诉讼主体地位目前均存疑。当然，相关法律多明确规定，法人的分支机构不具有法人资格。

法人分支机构亦须依法设立并进行分支机构登记。相关法律规定有：《社会团体登记管理条例》（2016 年）第 17 条关于社会团体分支机构的规定，《公司法》（2018 年）第 14 条关于分公司的规定和第十一章关于外国公司的分支机构的规定，《商业银行法》第 19～22 条关于商业银行分支机构的规定，《中国银保监会非银行金融机构行政许可事项实施办法》第二章第六节关于非银行金融机构分支机构的规定。法人分支机构只有在登记之后，才能以自己的名义开展民事活动。

按本书对于组织独立性尤其是企业独立性的认识，上述问题的关键在于企业分支机构的财务独立于企业的程度。正如莱赛尔所言，"在关联企业中，统一管理的特质也是在企业集团中实行财务的集中管理"。[②] 原则上，企业分支机构的债权人并没有优先于企业债

---

① 根据《外商投资法》（2019 年）、《乡镇企业法》（1996 年），外商投资企业并非都是非法人组织，也可以是法人组织。乡镇企业同样如此。

② ［德］托马斯·莱赛尔、吕迪格·法伊尔：《德国资合公司法》（第 3 版），高旭军等译，法律出版社 2005 年版，第 795 页。

权人受偿的法律地位，因此分支机构的财产尚未达到汉斯曼等关于“弱实体防护”的条件。考虑到分支机构的这种财产状态，并且在设立具有独立主体地位的子公司不存在法律障碍的情况下仍然选择设立分支机构，可以依“分支机构”这一名义而推定其不具有独立性。对于金融机构的分支机构而言，其须服从总行或总部的统一管理，财务也不具有独立性。对于社会团体的分支机构而言，不仅其参与民事交往的需求有限，而且其也应服从社会团体的统一领导，从而也无需承认其独立性。因此，笔者认为法人的分支机构不属于《民法典》规定的“非法人组织”，法人分支机构参与民事交往产生的权利与义务，应由法人本身享有或承担。但是，基于便利诉讼的目的，则不妨承认其具有诉讼主体资格。笔者认为，我国民事诉讼法的相关司法解释承认的可以以自己名义起诉和应诉的“其他组织”，无需与《民法典》规定的法人或者非法人组织完全保持一致。[①]

《民法典》第 102 条第 2 款关于非法人组织的类型所规定的“等”字，是否包含建筑物区分所有业主团体（业主大会、业主委员会），学者多有争议。但是，业主大会或业主委员会并无独立的财产或经费可供支配，相关的登记制度亦付阙如，笔者认为其目前仍是在发展培育过程中的组织，不具有独立的主体地位，不构成《民法典》规定的非法人组织。但是，随着实践中业主自治能力的提高和业主团体财产基础和登记能力的改善，业主团体将来也可能成为具有独立性的组织，进而取得权利能力。

---

① 最高人民法院于 2020 年修正《关于适用〈中华人民共和国民事诉讼法〉的解释》时，对第 52 条未作改动。

2. 类型固定

类型不仅是某个固定的称谓，而且也必有其固定的内容，否则类型法定之谓，就可以在自由的内容形成之下被轻易地规避。因此，类型法定还包括各类型的内容法定或者类型固定，即实定法对于各种类型的法人的财产关系和组织结构加以强行法规制，禁止当事人创设或经变更形成具有非规范性财产关系和组织结构的组织类型。内容是类型的“实”，而称谓仅是类型的“名”，不能将类型的“名”“实”相分离，否则会使类型与其内容相脱离，易导致各种认识上的错误与混淆。

类型法定要求的类型内容固定，也进一步提出了法定的诸类型之间应该合理划分、避免交叉的要求。我国现行法律法规规定的企业类型，仍然存在多种分类标准，尤其是依所有制划分的企业类型，与依企业的责任形态和法律形式划分的企业类型仍然并存，学者对此多有诟病。当然，依企业的责任形态和法律形式划分的企业类型，主要是公司企业、合伙企业、个人独资企业，已经成为我国企业类型划分的主导形式，无论在实践中还是在实定法中，都得到了社会大众与立法者的肯定。而原来作为引进外资重要法律形式的中外合资经营企业、中外合作经营企业和外商独资企业这些企业类型，随着《外商投资法》于2019年通过，已为实定法所抛弃。①

当然，想要对每一种法人类型的全部“内容”作出封闭规定，断无可能。所能做的，充其量是对“内容”进行骨架式的强制规定，以勾勒定型组织类型为其限度。类型法定强调类型的封闭性与穷尽

① 《外商投资法》(2019年)第31条规定：“外商投资企业的组织形式、组织机构及其活动准则，适用《中华人民共和国公司法》、《中华人民共和国合伙企业法》等法律的规定。”

性,内容法定则强调不得与强制内容相抵触。

(二)依何法而定

那么,谁有权决定是否承认某一组织为法人?无疑,立法者是享有这项权力的。但是,在立法未作规定的情况下,法院能否在个案中承认组织的主体地位,并经过个案的积累而在社会上形成较为稳定的预期,从而补充立法的不足?

就可供参照的物权法定而言,德国学者明确指出,法官对于物权类型的续造,并不抵触物权法定原则。事实上,举凡所有权保留中的物权性期待权、担保性所有权(Sicherungseigentum)、信托所有权(Treuhandeigentum)及担保性土地债务(Sicherungsgrundschuld)等物权类型,无不经由法官的司法裁判发展而来。[①] 其正当性在于:"法律只是禁止通过当事人的个别合意创设对第三人有效力的法律地位。但是,如果这种法律地位被大量创设,法律交易接受了它们,并且也得到了判例的认可,那么这就构成了法律之续造,人们可以根据自己的喜好称其为习惯法或法官法。"[②]

与之类似,关于组织类型法定,莱赛尔指出,在德国,在立法上未作规定的情况下,往往是由法院来解释的。虽然法院之职权仅仅在于就法律争议之个案作出判决,而不能作出一项一般性的规定,认为某类组织形式是法人或者不是法人,但倘若在大量不同的案件

① 参见朱庆育:《物权法定的立法表达》,载《华东政法大学学报》2019 年第 5 期。

② [德]沃尔夫冈·维甘德:《物权类型法定原则——关于一个重要民法原理的产生及其意义》,迟颖译,王洪亮校,载张双根、田士永、王洪亮主编:《中德私法研究》(第 2 卷),北京大学出版社 2007 年版,第 104 页。

中组织的权利能力均已被法院认可，则由此所达到的司法判例的认识就会经由预测方式而一般化，即法院将来在其他案例中也会作出同样判决，如此一来这类组织就普遍地享有了权利能力。法学理论的任务恰恰就是要作出这样的结论。法学理论虽然不能自己作出判决，但可以从法院的大量判决中推断出其结论。准此而言，由于与登记社团法人、资合公司法人以及合作社法人已无本质上的差异，在德国，商事普通合伙、有限合伙与经营营利性企业的民事合伙最终都应当作为法人来理解。设立中的公司在主管登记机关登记之前可视作“设立中的法人”。甚至还可以考虑基于习惯法来承认法人资格，即团体与组织若能在社会交往与经济交往中表现为独立的行为单位，拥有自己的财产，且法律交易也允许它们以自己作为债务人来承担债务，则它们在主张享有与自然人同等的法律地位时，不妨以公众对它们的认识作为其基础。仅在它们因违反刑法或宪法性规范受到制裁或压制时，剥夺它们的权利能力才具有合理性。①

就我国而言，通过法院判例和习惯来承认某类组织的主体地位，尚无相关实践。但是亦有学者提及，我国企业类型法定之“法”的层级大可降低，将行政法规、部门规章和地方性法规包括进来，就可以为企业类型创新打开一个极大的空间。当然，企业类型法定之“法”将地方性法规囊括进来之后，一国之内区际法律冲突的问题也要受到重视，以解决依某一地方性法规成立的新企业类型在该地域之外的效力问题。②

---

① 参见［德］托马斯·莱赛尔：《德国民法中的法人制度》，张双根译，载《中外法学》2001 年第 1 期。

② 参见邓辉：《结社自由与公司的设立》，载《江西财经大学学报》2014 年第 6 期。

（三）类型法定的缓和

本书第四章分析指出，在以独立财产为核心构建组织的独立性的基础上，组织秩序的形成与构建存在多种可能性。尤其是就企业而言，与物权法定主义类似，对于企业类型是否应该采取法定主义，也有不少争议。随着企业类型的增多和内容形成自由的逐渐释放，企业类型法定原则在学者的质疑和实定法对于新类型的不断设计或肯认中逐渐缓和。企业类型强制已经演变为一种引导机制。典型的企业形态为现实中多样的企业形态提供了具有一定指导性的范本。正如张维迎所言，由于行业和业务不同，不同企业的最优治理结构一定有差别，即使有一个公司治理的主流模式，它也应该是市场竞争的产物，是人们学习和模仿的结果。①

徐强胜教授也认为，企业形态法定不应被理解为立法设定的企业形态标准应当是严格而封闭的。法定企业形态来源于对现实生活中各种不同企业形态的抽象概括。企业形态法定为法律对现实中不同形态企业的规范提供了一个关于企业形态的典型标准，在该典型标准之下，仍应有某些非典型或过渡形态的企业形态存在和发展的空间。企业形态应当具有开放性，以适应现实中众多不同形态企业的良性发展需求和众多不同投资者合理的现实需要，从而鼓励投资。立法应重视建构企业类型，当现实中的某种企业形态有单独立法需要时，应该及时立法以创造新的法定企业形态。当然，要求法律具有开放性并非意味着不对企业进行任何控制而对其放任自

① 参见张维迎：《理解公司：产权、激励与治理》，上海人民出版社2014年版，第二版序言，第15页。

流,法律应该在放松对企业结构控制(如资本结构、治理机制等)的同时,加强对企业相应程序的控制,如强化企业事前公示制度,明确企业相应决策主体、决策程序,事前明确有关人员的责任,强化事后责任的追究等。①

与从企业出发的讨论类似,学者对于商事主体制度建构逻辑的研究也发现,商事主体制度设计中对于商事主体法定原则的贯彻,不应当仅局限于立法者的理性,也要体现对市场参与者理性的充分尊重。换言之,法定的商事主体形态应当具有较大的开放性,要为市场创新留下制度空间。市场实践也充分证明,尽管商事主体法定是商法的一般原则,特定时期的商事主体法律形态也是固定的和有限的,但实践中的商事主体几乎从来就不是严格地复制法律的规定,通过私人协定对特定商事主体某些设立条件进行变通在市场活动中并不鲜见,而许多变通往往会推动立法的变革。比如,我国1993年《公司法》中,有限责任公司的股东人数下限是2人,即当时的立法并不允许设立一个自然人股东的有限责任公司。但实践中,投资者往往采取挂名股东的方式满足自己对一人投资、一人控制的需求,最终推动公司立法正式引入一人有限公司。又如,1997年制定《合伙企业法》时,只规定了全部合伙人都承担无限连带责任、对合伙事务拥有同等权利的普通合伙企业一种法律形态。但实践中,有限合伙普遍存在,这种方式在一定程度上满足了部分投资者不愿直接参与管理并希望限制自己的投资风险的需要。最终,2006年修订的《合伙企业法》回应和认可了市场的客观需求,引入了有限合伙

---

① 参见徐强胜:《企业形态法定主义研究》,载《法制与社会发展》2010年第1期。

企业。[1] 实际上,正在持续上演的全球性的商事立法变革中,商事主体法定原则的立法表达已经出现了一种重要的转向,即立法关于商事主体法律形态的规定不再采取非常细致的具化设计和大量的强制性条款,而是转变为一种较为粗略的框架式结构和大量的授权性和默示性条款。除每一种商事主体的基本结构由法律统一设计之外,内部关系的具体安排都尽量留给市场自主选择。[2]

非典型或者过渡形态的企业的典型示例,是社会企业在全球范围内的兴起。传统见解皆认为商事组织应该以营利为目的,然而,时至今日,此点存在很大疑问。社会企业即是通过商业化运作实现组织公益性目标的新兴组织形式。2008 年美国一些州先后在商业公司法的法律框架中为"社会企业"设立了"低利润有限责任公司"、"共益公司"(Benefit Corporation,BCorp)、"弹性目标公司"(Flexible Purpose Corporation, FPC)、"社会目的公司"(Social Purpose Corporation,SPC)四种法律组织形式,其特点是取消了董事必须为股东利润最大化目标服务的限定。[3] 英国也有新型的"社区利益公司"(Community Interest Company,CIC),[4]英国商事公司立法更宣称公司章程可以明确规定从事非营利活动,且专门为从事非营利活

---

① 催生修订的动因之一是风险投资(VC)/私募股权投资(PE)需要有限合伙形式。

② 参见汪青松:《商事主体制度建构的理性逻辑及其一般规则》,载《法律科学》2015 年第 2 期。

③ 参见资中筠:《财富的责任与资本主义演变:美国百年公益发展的启示》,上海三联书店 2015 年版,第 463 ~464 页。

④ 关于英国的"社区利益公司"和美国的"共益公司",参见姚瑶:《公司型社会企业的中国化:法律定位与监管逻辑》,载《河北法学》2019 年第 7 期。

动的公司提供了一种“保证有限公司”的特殊形态。[①]

我国学者对于社会企业的研究方兴未艾。旨在兼顾营利目标与公益目标的社会企业的兴起，已经引起了我国学者的广泛兴趣，相关研究日益增多。这些研究虽然还未深入到社会企业内部如何形成一套均衡机制的层面，但均指出由于与主流的企业理论即“资本家的企业理论”不符，社会企业需要一套特殊的治理机制，并应该受到较多的监管。[②]

组织类型的多样化“有利于扩充个人通过设立或参与组织从事社会和经济活动的选项。这种动向的背后，有这样一种理解：团体制度也是人们活动的手段，应当从如何才能更好地支援人们的活动这种观点去完善”。[③] 组织类型的多样化和对于组织标准类型的偏离，意味着类型法定原则的缓和甚至是衰落。

五、法人设立程序法定之展开

（一）行政审批与登记制度

法人的设立程序与前面讨论过的实定法对于法人权利能力施加形式约束的程度相关。尤其是许可主义与准则主义，将导致不同的设立程序。就营利法人而言，虽然准则主义是基本原则，但是仍

---

① 参见［英］保罗·戴维斯、莎拉·沃辛顿：《现代公司法原理》（第9版），罗培新等译，法律出版社2016年版，第9页。

② 参见时立荣、王安岩：《中国社会企业研究述评》，载《社会科学战线》2019年第12期。

③ ［日］山本敬三：《民法讲义Ⅰ总则》（第3版），解亘译，北京大学出版社2012年版，第413～414页。

然存在需要事先取得批准的公司设立或者公司经营范围。《公司法》(2018 年)第 6 条第 2 款规定,法律、行政法规规定设立公司必须报经批准的,应当在公司登记前依法办理批准手续。《公司法》(2018 年)第 12 条第 2 款规定,公司的经营范围中属于法律、行政法规规定须经批准的项目,应当依法经过批准。就非营利法人而言,事业单位法人自不待言,对于社会团体、基金会和社会服务机构等社会组织,我国一贯实行双重管理体制,在登记之前须取得业务主管单位的许可。由此,行政审批与登记制度之间关系的构建,是我国法人设立程序制度的重要内容。当然,无论在营利法人领域还是在非营利法人领域,随着我国商事制度和社会组织管理制度改革的推进,在行政审批与登记制度的关系方面,均有较为显著的革新。

1. 商事登记中的"先照后证"改革

2015 年 11 月 3 日,国务院发布《关于"先照后证"改革后加强事中事后监管的意见》(国发〔2015〕62 号)。按照意见的规定,经营者从事工商登记前置审批事项目录中事项的,应依法报经相关审批部门审批后,凭许可文件、证件向工商部门(现为市场监督管理部门)申请登记注册,市场监督管理部门依法核发营业执照。经营者从事工商登记前置审批事项目录外事项的,直接向市场监督管理部门申请登记注册,市场监督管理部门依法核发营业执照。经营者可以在经营过程中再对非前置审批事项报相关审批部门批准,取得相关许可证。

"先照后证"改革有助于降低企业设立的交易成本,同时也倒逼行政许可机关提高行政(发证)效率,因此其属于商事登记制度改革之重要环节。在实行"先证后照"时期,市场监督管理部门(工商部门)在一定程度上起到了“入口监管”的作用,凡是经营范围中有行政许可项目的,若其未取得行政许可,则不予办理各项工商登记手续(如设立登记及变更登记),从而使不符合行政许可条件的投资者事实上无法取得任何营业执照,不能开展营业活动。“先照后证”改革后,非前置审批事项的报批不影响投资者取得营业执照、开展营业活动,“事前监管”为“事中事后监管”所取代,行政许可部门如何有效地与市场监督管理部门(工商部门)衔接,达致及时、无缝监管,对于此项改革具有关键意义。①

“先照后证”改革不仅在营业领域释放了营业自由,激发了经济活力,其对于推动国家监管思路的转变也具有较为重要的意义。从世界范围来看,营商环境成为国家间经济竞争的重要抓手,我国也在积极推动营商环境包括营商制度环境的优化。较诸审批制,准则制规定的设立条件更为合理、清晰、透明,有利于市场主体根据自己的经营需要选择合适的组织形态,也使得商事主体的设立环节更为简化,程序更为便捷。但准则制也对我国的行政管理能力和水平提出了要求,尤其是需要将国家监督和干预的重点从事前批准转到事中和事后监管上来。商事领域“先照后证”制度改革在这方面积累的经验,从长远来看,也有利于商事主体登记制度的进一步改革完善。

2. 社会组织的直接登记制改革

长期以来,我国对于社会组织实行双重管理体制。1989 年、1998 年、2016 年的《社会团体登记管理条例》均规定,社会团体的设

---

① 参见蒋大兴:《“先照后证”与监管创新——以协同监管模式重塑“信用国家”》,载中国政府网:http://www.gov.cn/zhengce/2015-11/16/content_5013089.htm,最后访问日期:2021 年 3 月 1 日。

立必须经其业务主管单位审查同意，并向登记管理机关申请登记。对于基金会，我国也实行双重管理体制。依据《基金会管理条例》（2004年）第9条的规定，申请设立基金会，申请人应当向登记管理机关提交业务主管单位同意设立的文件。依据《民办非企业单位登记管理暂行条例》（1998年）第8条，申请登记社会服务机构（民办非企业单位）应经业务主管单位审查同意。

虽然从我国社会发展的阶段特点来看，“双重管理体制是我国民间组织管理的基本制度，与我国经济、社会发展的现状相适应。我国的民间组织尚处于发育之中，法律制度、社会监督体系也不健全，我们民间组织登记机关的机构、人员等力量也不足，需要业务主管单位的配合。同时，我国民间组织自身也比较薄弱，它们的发展也需要业务主管单位的引导”。[①] 但是也不可否认，这种由业务主管单位和登记管理机关双重管理的制度，极大地提高了社会组织的设立门槛，不利于国家与社会之间良性互动关系的形成，已经成为我国社会治理改革所关注的内容。直接登记制是深圳等地率先进行的社会组织管理制度的重大变革，以放松行政束缚和引入竞争为目标，有很大的创新价值。社会组织治理的实质就是社会组织法律地位的取得，即国家对于社会组织采取何种设立制度。长期以来实行的双重管理体制已经在一定程度上阻碍了我国社会组织的活力及其功能的发挥，但是目前尚不具备对所有社会组织均采取直接登记制的条件。采取部分许可制和部分登记制相结合的模式，较能体现国家控制和结社自由之间的平衡，也易于为公众接受，这正是我国

① 参见《民政部就〈基金会管理条例〉相关政策答问（全文）》，载中国新闻网：https://www.chinanews.com/n/2004-03-29/26/419036.html。

社会组织领域直接登记制改革的基本思路。

2013年3月,《国务院机构改革和职能转变方案》提出了行业协会商会类、科技类、公益慈善类、城乡社区服务类社会组织"直接向民政部门依法申请登记,不再需要业务主管单位审查同意"和"建立健全统一登记、各司其职、协调配合、分级负责、依法监管的社会组织管理体制"等改革要求。2013年11月,党的十八届三中全会通过的《中共中央关于全面深化改革若干重大问题的决定》在"激发社会组织活力"部分提出,"限期实现行业协会商会与行政机关真正脱钩,重点培育和优先发展行业协会商会类、科技类、公益慈善类、城乡社区服务类社会组织,成立时直接依法申请登记",进一步确定了对于社会组织采取直接登记和双重管理相混合的管理模式。2016年,中共中央办公厅、国务院办公厅印发《〈关于改革社会组织管理制度促进社会组织健康有序发展的意见〉的通知》(中办发〔2016〕46号),也提出要"稳妥推进直接登记。重点培育、优先发展行业协会商会类、科技类、公益慈善类、城乡社区服务类社会组织"。同时也规定,要严格民政部门的登记审查。对直接登记范围之外的其他社会组织,则要"继续实行登记管理机关和业务主管单位双重负责的管理体制。业务主管单位要健全工作程序,完善审查标准,切实加强对社会组织名称、宗旨、业务范围、发起人和拟任负责人的把关,支持符合条件的社会组织依法成立"。

虽然从组织设立原则来看,我国仍然处于从许可制到准则制的过渡过程中,但无论是营利组织领域的"先照后证"改革还是对于社会组织的直接登记制改革,都反映了我国对于宪法所规定的结社自由以及商事领域的营业自由的进一步肯认,积极引导各类组织不仅在经济领域发挥组织社会生产、繁荣国内市场、参与国际竞争的积极作用,而且在社会治理和提供社会服务与保障领域也为国家治理机制的现代化发挥重要作用。

（二）登记条件与登记程序

法人登记的意义一方面在于确认拟设立的组织型主体符合相应的法定条件,另一方面也是向社会予以公示。

1. 登记条件

德国法上没有所谓“自由组织制度”（System der freien Körperschaftsbildung）,也没有可以由国家自由决定是否以及何时承认某组织的法人资格的所谓“许可制度”（Konzessionssystem）。德国立法者采用的是“法定条件制度”（System der Normativbedingungen）,即为某组织是否可被承认为法人规定强制性的先决条件;该条件是否满足,由国家通过独立的法庭来判定。如果该先决条件满足,设立人就可以请求国家对法人予以承认,这在实际中是通过法定的登记制度来完成的。在登记完成之时,该组织才作为一个法人享有各种权利。①

原则上讲,登记条件是对于组织取得独立主体地位之实质根据的立法模拟,从而仍应围绕组织目的、组织秩序、组织资源这三个方面展开。其中,组织秩序一般具体化为组织章程的拟定、组织机构及其权限的确定、成员权利与义务等;组织章程中还会确定和记载组织的目的事业。组织资源又可进一步分为人力资源和物质资源。

① 参见[德]科尔:《德国公司法的发展》,杨继译,载《现代法学》2003 年第 6 期。

人力资源主要表现在确定成员资格、吸纳一定数量的合格成员;物质资源主要表现为一定的财产基础(我国各种登记管理规定多将这一条件表述为“能够独立承担民事责任”)。当然,不同类型的组织尤其是不同目的事业的组织,在上述诸条件的侧重点和具体要求上存在差异。

虽然组织名称和组织住所都是组织参与民事交往所必备的条件,正如自然人出生后需要取名、需要住所一样,但是笔者认为它们并非组织取得独立主体地位的实质根据,而是实定法所施加的形式约束条件。事实上,民事主体的名称和住所可以在民事交往过程中自然形成,名称是民事主体在观念中的连结点,而住所则是民事主体在物理空间中的连结点,两者均以组织的实存和独立为前提,而非相反。组织名称及其必要的识别性仅构成登记的必要条件,否则无法登记和区分不同组织的登记事项。实定法对于组织名称提出的条件和要求,还旨在提高名称的区分度与识别度,减少混淆的可能性,以利于市场秩序的形成和维持。在互联网技术构建的赛博(cyber)空间成为物理空间之外的重要场域之后,组织的空间连结点亦不必限于物理空间,而是也可以将赛博空间作为组织开展民事交往的主要场域。蒋大兴教授撰文详细讨论了原来的企业名称登记制度和企业住所登记制度如何人为地给企业设立设置了高企的成本,并提出了一套进一步降低企业登记成本的合理化建议。① 随着

① 参见蒋大兴:《徒增的商事成本——法律及管制如何影响企业设立(行为)?》,载《法学家》2016 年第 1 期。

企业名称登记制度的改革,[①]以及各地关于企业住所登记的实践探索,企业的登记成本得到了一定程度的降低,企业的活力得到了进一步的释放。这充分印证了,人为强加的约束条件,仅是企业设立的形式条件,可以通过简化形式约束条件使效率等价值目标得到实现。

需要说明的是,学者在讨论法人法定主义时,多区分类型法定、设立条件法定和程序法定三个方面。笔者认为,法人的法定设立条件是对于组织获得独立主体地位的实质根据的立法模拟,但不是实质根据本身。法人的法定设立条件中对于实质根据的模拟部分,是法人设立的实质要件。在实质要件之外,实定法也可能在法人设立条件方面对法人施加形式约束,因此法人的法定设立条件中还可能包括形式要件。就实质要件而言,既然是一种模拟,就既可能"逼真",也可能"失真"。在某种意义上,研究法人权利能力的实质根据,就是为了判断法定设立条件是否合理。"失真"的实质要件也表现了实定法对于法人权利能力的不当约束。因此,总体上看,法人的法定设立条件可以归入对于法人的形式约束之中。但是,法人的法定设立条件却既不独立于法人的类型法定,也不独立于法人的设立程序法定。法定设立条件在一定程度上构成了类型的内容,从而可以从类型法定中推导出来。设立条件法定也是程序法定尤其是登记的必要基础,否则无法确定准予登记的标准。因此,设立条件

---

① 国务院 2020 年 12 月 28 日公布了修订后的《企业名称登记管理规定》,自 2021 年 3 月 1 日起施行。国家市场监督管理总局登记注册局局长杨红灿介绍,"此次修订最大的亮点在于企业名称的预先核准制度改为企业名称自主申报制度",从企业名称预先核准的行政许可事项,改为行政机关向企业和社会提供服务。载腾讯网:https://new.qq.com/rain/a/20210125A02H5B00。

法定亦可以从设立程序法定中推导出来。基于这些考虑,本书对于法人法定主义的讨论,仅区分为类型法定与程序法定两个维度。

2. 登记程序

我国对法人的登记及行政管理一直采取“营利—非营利”的区分方式。例如,营利法人的登记机关为市场监督管理局(原工商行政管理局),采“企业法人/公司登记程序”办理,核发企业法人营业执照;而非营利法人的登记机关为民政部门、教育部门等,采“社会团体/其他组织登记程序”办理,核发社会团体法人登记证书、事业单位法人登记证书等。[①] 各类法人的登记均有相关登记管理规定对登记机关、登记条件、申请文件、登记事项、变更与注销登记、分支机构登记等登记程序所涉事宜作出具体规定。

例如,我国《企业法人登记管理条例》(2019 年)第 3 条第 1 款规定:“申请企业法人登记,经企业法人登记主管机关审核,准予登记注册的,领取《企业法人营业执照》,取得法人资格,其合法权益受国家法律保护。”第 2 款规定:“依法需要办理企业法人登记的,未经企业法人登记主管机关核准登记注册,不得从事经营活动。”我国《公司登记管理条例》(2016 年)第 3 条第 1 款规定:“公司经公司登记机关依法登记,领取《企业法人营业执照》,方取得企业法人资格。”公司成立后,凭《企业法人营业执照》刻制公章,开立银行正式账户,申请纳税登记,从事经营活动。

就《民法典》规定的非法人组织而言,《合伙企业法》(2006 年)第 11 条规定:“合伙企业的营业执照签发日期,为合伙企业成立日

---

① 参见蒋大兴:《〈民法总则〉的商法意义——以法人类型区分及规范构造为中心》,载《比较法研究》2017 年第 4 期。

期。合伙企业领取营业执照前,合伙人不得以合伙企业名义从事合伙业务。”《个人独资企业法》(1999 年)第 13 条规定:“个人独资企业的营业执照的签发日期,为个人独资企业成立日期(第 1 款)。在领取个人独资企业营业执照前,投资人不得以个人独资企业名义从事经营活动(第 2 款)。”《合伙企业登记管理办法》(2019 年)、《个人独资企业登记管理办法》(2019 年)对于合伙企业与个人独资企业的登记程序也作了具体规定。

随着我国社会组织管理制度改革的推进,社会团体、基金会与社会服务机构的相关登记管理规定都有修改的必要,也都处于修订过程中。2016 年 5 月 26 日,民政部就《基金会管理条例(修订草案征求意见稿)》《社会服务机构登记管理条例》《民办非企业单位登记管理暂行条例(修订草案征求意见稿)》公开征求意见。2016 年 8 月 1 日,民政部在其官方网站公布《社会团体登记管理条例(修订草案征求意见稿)》及其说明全文,征求社会各界意见。民政部后将三者合并为《社会组织登记管理条例(草案征求意见稿)》,于 2018 年 8 月 3 日全文公布并征求社会各界意见。虽然仍然处于修订过程中,但是修订方向显然是进一步激发社会组织活力、促进社会组织健康有序发展。可以期待社会组织管理制度尤其是设立登记制度的进一步调整。

(三)设立中的法人

在设立过程中的社团,即筹备中的社团,德国学者或我国译者称其为“设立中的社团”(Vorverein)。梅迪库斯说:“在通过授予方式或者在社团登记簿中进行登记而取得权利能力之前,存在所谓的设立中社团。”[1]也有译为“前社团”者，如拉伦茨说：“社团登记需要一定的时间，在登记之前的社团无权利能力，而不管它是在取得权利能力后才按照章程进行活动，还是在此之前就开始活动。鉴于它将成为有权利能力的社团，人们把这种过渡阶段的社团称为‘前社团’。”[2]虽然商业公司未规定在德国民法中，但是这一观念在公司领域也得到延续。例如，1892 年颁布的《德国有限责任公司法》第 11 条规定：“(1)有限责任公司在登入公司住所地的商业登记簿之前，不作为此种公司存在。(2)在登记前以公司名义实施行为的，行为人负个人及连带责任。”又如，1965 年颁布的《德国股份法》第 41 条规定：“(1)在进行商业登记前，股份有限公司不作为股份有限公司而存在，在公司登记前以公司名义行为的人，负个人责任；数人行为的，其作为连带债务人负责任。”[3]同样，《法国民法典》第 1842 条第 2 款规定：“登记之前，股东之间的关系由公司契约以及适用于契约和债的法律的一般原则调整。”

对于筹备中的法人或设立中的社团有无权利能力，德国早期采“分离说”(Trennungs theorie)。该说认为，对筹备中的法人与成立后的法人的关系，应坚持分离原则。这就是说，法人成立后，筹备中的法人以连带责任继续存在，筹备中的法人在筹备期间所发生的一切权利和义务，除非另有特别的法律移转手续，不得自动移转于成

---

① ［德］迪特尔·梅迪库斯：《德国民法总论》，邵建东译，法律出版社 2000 年版，第 832 页。

② ［德］卡尔·拉伦茨：《德国民法通论》(上册)，王晓晔等译，法律出版社 2003 年版，第 208 页。

③ 《德国有限责任公司法》与《德国股份法》中译本，参见《德国股份法·德国有限责任公司法·德国公司改组法·德国参与决定法》，杜景林、卢谌译，中国政法大学出版社 2000 年版，第 17 页。

立后的法人。这样,筹备中的法人所发生的权利和义务以及诉讼,在法人成立后获得移转时,法人必须重新以自己的名义起诉。筹备中的法人的不动产,也必须办理过户手续,才能移转给成立后的法人。[①] 该说还主张,为防止筹备中法人的设立人和行为人规避合伙责任,法律应禁止或限制参加筹备的人在法人成立前就退出。“分离说”不承认筹备中的法人具有权利能力,是德国早期法适用的两个原则导致的结果。一是许可原则(Konzessionsprinzip)。德国1870年前对资合公司适用许可原则,未经许可成立的营利社团,明确不具有权利能力。所以,筹备中的法人的行为,当由行为人自负其责。二是禁止法人预先负债原则(Vorbelastungsverbot)。德国早期法为保障资本真实和充足,严格禁止筹备中的法人所为预先负担行为转嫁于成立后的法人,以免造成法人注册资本的不足。

随着德国的法人设立制度从“许可制”到“法定条件制”的转变,德国后期则采“同体说”(Indentitätstheorie)。该说认为筹备中的法人与事后成立的法人之间存在组织上的同一性,因此,设立中社团形成的权利和义务,都直接移转于社团。[②] 主张该说的学者还将筹备中的法人与已登记成立的法人的关系比喻为花蕊与花朵、蛹与蝴蝶、胎儿与孩童的关系。[③]

20世纪中期以来,德国对“同体说”作了一定的修正,即“修正同体说”。该说虽并不完全否认筹备中的法人具有某种程度的权利

---

① 参见黄立:《民法总则》,中国政法大学出版社2002年版,第141页。

② 参见[德]弗卢梅:《德国民法总论》(第1卷·第2册),§5 Ⅲ4。转引自[德]迪特尔·梅迪库斯:《德国民法总论》,邵建东译,法律出版社2000年版,第832页。

③ 参见曾世雄:《民法总则之现在与未来》,中国政法大学出版社2001年版,第102~103页。

能力，但认为筹备中的法人与已登记的法人的法律性质不同，不能以同一团体看待，但都基于同一目的之下，因而筹备中的法人因筹备所必要之行为而发生的权利和义务，毋庸再有继受之法律行为，当然转由登记之法人享有或负担。对此，学说上概括为，筹备中之法人具有限制之权利能力，即筹备中之法人其权利能力局限于筹备所必要之行为。[①] 此说为德国目前的通说。[②] 至于行为是否为设立所必要，则依法律之规定或设立章程暨设立人间设立当初之约定或行为之性质，来认定之。[③]

德国法中的资本筹集原则禁止在登记前对公司财产设定负担，以防止公司初始资本在公司成立之前便减少。但是德国联邦法院通过法官造法活动使得法律上拒绝的态度得到了缓和。例如，德国联邦最高法院的判决（BGHZ 80，129）放弃了对登记前的负担行为予以禁止的规则，引入了股东的有限个人责任，即“差额责任”。在另一个判决中（BGHZ 134，333），德国联邦最高法院部分地确认了“前期负担责任”：在公司获准登记之前，在公司内部关系中股东个人必须承担无限的损失弥补责任；如果公司在登记之时已经资不抵债，则在登记之后股东仍应承担前期负担责任。[④]

“前期负担责任”原则承认设立中的公司可以从事经济活动，与该原则的确定同步，德国学界对设立中公司的法律地位也进行了重

① 参见曾世雄：《民法总则之现在与未来》，中国政法大学出版社 2001 年版，第 103 页。

② 参见王泽鉴：《民法总则》（最新版），北京大学出版社 2009 年版，第 177 页，注 2。

③ 参见曾世雄：《民法总则之现在与未来》，中国政法大学出版社 2001 年版，第 105 页。

④ 参见［德］托马斯·莱赛尔、吕迪格·法伊尔：《德国资合公司法》（第 3 版），高旭军等译，法律出版社 2005 年版，第 432 页。

新思考。在德国联邦最高法院1993年判决(BGHZ 121,242)之后,学者的观念发生了转变,认为应当将设立中公司作为独立的组织形式,可以按照《德国有限责任公司法》和公司合同的规定对其进行调整,只要这些规定不是专门针对有权利能力的组织的。莱赛尔评价道:"这种看法是一个巨大的进步,它意味着正式承认设立中公司是一种重要的法律实体,对此不必适用那些不合适的强制性规定。这样法官也就可以创造一些专门适用于这种公司的规定。"①

莱赛尔总结道,在民法理论中,通过订立设立合同,表明公司的组织形式业已存在,而这种组织在法律性质上尚不能取得法人资格的学说,一直难以令人理解。况且,由于登记程序的漫长,参与公司成立的股东实际上多在取得登记之前就已对外从事交易活动,而在法律上却对这种很强烈的实践需要采取否定的态度,这本身就说明了这种学说的不可靠。正是基于这种原因,德国联邦最高法院在其一系列的判决中,放弃了对登记前的负担行为予以禁止的规则。现在该院承认设立中的公司具有独立的法律主体资格,可通过其机关为法律行为,可以取得自己的权利与承担义务,并可进行诉讼。如果设立中的公司将来登记于商事登记簿,则不仅该设立中的公司对于其他公司的社员权,而且其自身所享有的财产权,以及针对第三人的权利义务,均自动地转归登记后的法人,盖以设立中的公司与因登记而最终取得法人资格的公司在法律上有其同一性。至于对其债权人之保护,则仅需使股东承担对登记前公司所遭受的损失进行弥补的义务。故从权利能力的内容与范围来看,登记已不再具有

---

① [德]托马斯·莱赛尔、吕迪格·法伊尔:《德国资合公司法》(第3版),高旭军等译,法律出版社2005年版,第433页。

创设之功能。①

我国学者对于筹备中的法人之权利能力问题的论述不多,从所见到的论述来看,倾向于采“修正同体说”,主张筹备中的法人与成立后的法人为一定程度的同体关系,筹备中形成的法律关系自动移转至成立后的法人,②但将筹备中法人所从事的活动限于与其设立有关的民事活动。③ 我国《社会团体登记管理条例》(2016 年)第 9 条第 2 款明确规定,社会团体“筹备期间不得开展筹备以外的活动”。

如果按照本书第四章介绍的弗卢梅关于合手共有合伙的群体理论,设立中的法人就至少具有部分权利能力。但是,设立中的法人与合手共有合伙仍然存在一定的区别,是否构成一个“集合性整体”,可以进一步展开讨论。设立中的法人具有特殊目的性、临时性与过渡性。设立中法人的目的是使法人依法成立,从而得以进一步追求法人的目的事业。设立中的法人仅在一定时间内存续,或者达成目的、成功设立法人;或者确定无法达成目的,法人设立不成功。设立中的法人不应以设立中法人的名义长期存续,否则“设立中的法人”仅构成一个虚假名义。设立中的法人即使对外发生民事交往,也仅限于为设立所必要的行为,其对外活动具有较为明显的过

---

① 参见[德]托马斯·莱赛尔:《德国民法中的法人制度》,张双根译,载《中外法学》2001 年第 1 期。

② 《最高人民法院关于适用〈中华人民共和国公司法〉若干问题的规定(三)》(2014 年修正)第 3 条规定:“发起人以设立中公司名义对外签订合同,公司成立后合同相对人请求公司承担合同责任的,人民法院应予支持。”即采直接移转原则。

③ 参见江平主编:《法人制度论》,中国政法大学出版社 1994 年版,第 139 ~ 140 页;杨振山主编:《民商法实务研究》(总论卷),山西经济出版社 1993 年版,第 189 ~ 190 页;龙卫球:《民法总论》(第 2 版),中国法制出版社 2002 年版,第 392 页。

渡性。因此,莱赛尔从德国司法实践对于设立中公司“前期负担责任”原则的承认中得出设立中的公司已经成为一种重要的法律实体的结论,在理论上可以再作探讨。“同体说”“修正同体说”的要义,在于法人是由设立中的法人发展而来的,即使法人资格的取得以登记为形式要件,该组织也不丧失其同一性,故设立中的法人参与民事活动的法律效果可以直接转由成立后的法人承担。

如果按照莱赛尔的观点,承认设立中公司的权利能力,登记不再具有权利能力的创设功能,那么就是在商事组织尤其是公司领域放弃了形式要求,商事登记对于公司独立性的确认功能和公示功能都可能受到影响,也可能给交易安全带来一定的不利影响。在实行注册资本认缴制的过程中,因某些应实行资本实缴制的公司外延边界不清(例如,何谓金融资产管理公司范围存疑),导致一些金融类公司在未实缴注册资本、也未取得金融业务许可证时,以“投资公司”之名巨额认缴注册资本,并实施投资欺诈或非法集资,引发了严重的社会问题。[①] 虽然对于正常的公司设立而言,在一定程度上承认设立中公司的法律实体地位具有一定的便宜性和可行性,但是即使不承认其法律实体地位,仍然可以借助“同体说”或“修正同体说”解决相关设立必要行为的法律效果归属问题,所以笔者仍然坚持登记的权利能力创设功能。

---

① 参见蒋大兴:《“先照后证”与监管创新——以协同监管模式重塑“信用国家”》,载中国政府网:http://www.gov.cn/zhengce/2015-11/16/content_5013089.htm,最后访问日期:2021年3月1日。

（四）不登记组织的法律地位

原则上，程序法定产生了合法与非法的区分。但是，这种合法与非法的区分可以有两个不同层面的含义。从类型和内容法定来看，"不合法"既可能仅是不产生组织法上的效果而不涉及组织的事实层面，也可能进一步要求取缔"不合法"组织的事实上的存在。不同的效果取决于组织在社会中实际扮演的角色、发挥的功能以及国家的管控强度。总体来讲，我国对于营利组织的事实存在尚采取一种容忍的态度，而对于非营利组织（主要是社会组织）仍然实行较为严格的管控，当然近年来发挥社会组织在社会治理中积极作用的实践探索，也呈现了一些新的面貌。

1. 不登记的营利组织

根据我国《公司法》《合伙企业法》《个人独资企业法》以及各类企业的登记管理规定，企业未经登记的，不得以企业的名义开展经营活动。但是，我国《民法典》在民事主体部分不再规定"个人合伙"，一个很重要的原因在于，与商事合伙等须经登记不同，合伙合同没有也无需得到国家行为的承认。由此，不论是临时合伙还是固定期限合伙，[①]也不论合伙人确定的目的领域，合伙人均可以按照合伙合同开展合伙事业，因此合伙即便已经具有一定的组织性，仍然可以不经登记而开展民事活动。但是，由于我国对于营业均采登记制度，如果合伙的目的在于营业，就应设立为合伙企业，因此仍然需要登记。

---

① 作为一种合同，合伙的共同目的可以是临时性的（如银行团发售增资股份），也可以是持续性的（如律师的联合）。第一种情形被称为临时合伙。

梅迪库斯指出,任何一种合法的、不悖俗的目的都可以是合伙的共同目的,而不考虑其为经济目的抑或是理想目的。因此,也可以存在这样的情形,即一名股东是出于经济上的原因追逐共同目的,而另一名股东则出于理想上的原因追逐共同目的。但是,营业(《德国商法典》第1条)不能为合伙的目的,营业将转变合伙的性质,使合伙转变为商事普通合伙。[①] 曾世雄也认为,合伙或隐名合伙如具事业之性质者,原则上应登记为商业,不具事业之性质或虽具事业之性质但为我国台湾地区"商业登记法"第4条规定之小规模营业,免办登记。[②] 我国与德国以及我国台湾地区对于营业(事业)的管理体制类似,凡营业均须取得营业登记,故对于合伙的共同目的也应作相同的理解。

非营业的合伙在日常生活领域很常见,但是人们并不一定意识到已经构成了合伙。一幢房子里的居民们约定共同购买供集中供暖设施烧暖气用的柴油,费用由每家分摊,这就是一个合伙。同样,几个人约定,每个星期按照特定的数字序列购买彩票玩乐透奖,买彩票的钱由大家共同来凑,也是合伙。所以,我国《民法典》合同编规定的合伙合同,对于释放自治空间、减少国家管控,具有重大意义。对于合伙合同的理解,也应该较合伙企业更为宽松,更为尊重相关民事主体的意思自治。

需要讨论的是,在未经登记的情况下,合伙的行为模式会发生怎样的变化?首先,未经登记,并不能否定"合伙组织"的客观存在。

① 参见[德]迪特尔·梅迪库斯:《德国债法分论》,杜景林、卢谌译,法律出版社2007年版,第386页。

② 参见曾世雄:《企业设计法》,中国政法大学出版社2001年版,第16页。

合伙组织本质上不过是一个以合伙合同为纽带、基于合伙人的出资而形成的合伙人的联合体。因此,合伙组织的客观存在以"合伙合同"与"出资"的事实作为条件,合伙以归于合伙的财产表征其相对于合伙人的独立性,与登记无关。曾世雄也认为,合伙或隐名合伙,应否办理或是否办理商业登记,不影响其为以营利为目的之法人组织体之性质。① 这意味着,此时该合伙组织仍然可以在民法的一般规则的框架内,从事民事活动。其次,根据民法的一般规则,在各个合伙人以其"共同名义"与第三人从事交易行为,或者以其"共同名义"委托部分合伙人或其他人与第三人从事交易行为的情况下,合伙人的"共同名义"足以弥补登记之阙如所带来的公示不足,因而该项交易结果由全体合伙人共同承担。这与合伙企业从事经营活动的结果并无二致。

需要注意的是,在美国,即使是从事营业活动的合伙,亦无需登记。美国《统一合伙法》规定,"二人或二人以上联合,以共同所有人的身份,以盈利为目的,运行一商业组织,则他们的关系自动定义为合伙"。② 可见,美国法上的合伙,是基于合伙合同所形成的个人商事联合体。"合伙的成立相当简单,并不需要特别的程序。对于合伙人来说,只要求其有缔约行为能力,除此并无特别的资格要求。"③ 换言之,美国法上合伙的成立,根本不以商业登记作为条件。通常,美国法上的合伙是以各个合伙人"姓之结合"来命名的。但是,在合

---

① 参见曾世雄:《企业设计法》,中国政法大学出版社 2001 年版,第 16 页。

② 苏号朋主编:《美国商法——制度、判例与问题》,中国法制出版社 2000 年版,第 445 页。

③ 苏号朋主编:《美国商法——制度、判例与问题》,中国法制出版社 2000 年版,第 445 页。

伙人人数众多的情况下,合伙人更愿意使用能表明合伙业务活动之名称,这种合伙名称被称为“虚拟名称”(fictitious name)。由于该“虚拟名称”不能准确地反映出合伙人的范围,因而法律要求以“虚拟名称”命名的合伙须在其开展业务的州登记其名称。[①] 由此可见,在美国法上,当合伙人以自然人的共同名义(合伙人“姓之结合”)从事经营活动时,该“共同名义”足以弥补未经商业登记所带来的公示不足,因此法律不再要求办理商业登记;只有当其以合伙企业名义(“虚拟名称”)从事经营活动时,由于涉及“虚拟名称”之下的合伙人范围的公示需要,法律才作出商业登记的要求。[②]

对于个人独资企业而言,虽然企业主本来就是自然人,享有自然人的权利能力和行为能力,当然能够以自然人的民事主体资格从事民事活动,但由于个人独资企业旨在开展营业活动,所以仍然属于营业登记的范围。除了营业登记之外,个人独资企业登记的意义还在于通过使第三人了解“谁”是个人独资企业的企业主,使该企业主能够以个人独资企业的名义从事经营活动。然而,由于个人独资企业的出资人只有一个人,业主以个人独资企业名义从事经营,并不会比其以自然人名义从事经营带来更大的便利。而且,在交易结果的承担上,无论企业主以个人独资企业名义还是以其自然人名义从事交易,结果均是该企业主以其全部财产承担责任。由此可以看出,个人独资企业商业登记的实质意义较为有限。由此,我们就不

---

① 参见苏号朋主编:《美国商法——制度、判例与问题》,中国法制出版社 2000 年版,第 452 页。

② 参见张翔:《商业登记与营业自由——商业登记的功能、技术及其价值基础分析》,载《政治与法律》2008 年第 2 期。

难理解《德国商法典》上的“小营业任意商人”(第2条)何以“仅对独资企业主有意义”。[①]《日本商法》第8条规定,“本法关于商业登记、商号及商业账簿的规定,不适用于小商人”,从而直接将“小商人”排除于“商业登记”“商号”等商法规则的适用范围之外。[②] 我国没有类似的除外规定,与个人独资企业需办理营业登记类似,我国的“个体工商户”也需要登记。《民法典》第54条规定:“自然人从事工商业经营,经依法登记,为个体工商户。个体工商户可以起字号。”2016年修订的《个体工商户条例》第2条第1款规定:“有经营能力的公民,依照本条例规定经工商行政管理部门登记,从事工商业经营的,为个体工商户。”

学者多呼吁改革我国的商事登记制度,对于某些商主体尤其是商个人豁免登记。域外国家在商事登记问题上多采取区分对待的思路,如英国和美国只要求公司进行注册登记(2006年《英国公司法》、2006年《美国修订统一有限责任公司法》),对个体经营者、合伙并未有登记要求。我国也应减少商事登记的管制,强化商事登记的服务功能,对有限责任类的商法人进行强制登记,对商个人则豁免登记。豁免登记并不代表监管的缺位,商个人仍要办理税务登记,应根据实际交易所得进行纳税,如此以事后税务规制的思路来取代商个人事前的登记模式,保证商个人的营业自由。[③]

---

① 参见[德]C. W. 卡纳里斯:《德国商法》,杨继译,法律出版社2006年版,第47页。

② 参见张翔:《商业登记与营业自由——商业登记的功能、技术及其价值基础分析》,载《政治与法律》2008年第2期。

③ 参见汪青松:《商事主体制度建构的理性逻辑及其一般规则》,载《法律科学》2015年第2期。

2. 不登记的社会组织

(1)非法组织

未经批准设立或登记的社会组织,在我国现行法上并不具有任何法律地位。不仅如此,它们有时甚至被视为“非法组织”而被取缔。

1989 年的《社会团体登记管理条例》第 14 条第 1 款规定,“经核准登记的社会团体,发给社会团体登记证书;对具备法人条件的,发给社会团体法人登记证;对于不具备法人条件的,发给社会团体登记证。”该条例第 24 条还规定,无论是否具有法人资格,社会团体都需要每年年检合格,以维持其合法地位,政府部门对社会团体的行政管理也不因其是否有法人资格而有所不同。另外,非法人社会团体不能直接转登记为法人型社会团体,必须先注销原登记,重新申请法人型社会团体登记。①

1998 年经修改之后的《社会团体登记管理条例》第 3 条第 2 款要求社会团体应当具备法人资格,同时其第 35 条规定,对于未经批准,擅自开展社会团体筹备活动,或者未经登记,擅自以社会团体名义进行活动,以及被撤销登记的社会团体继续以社会团体名义进行活动的,由登记管理机关予以取缔,没收非法财产,并追究行政责任乃至刑事责任。该修改后的条例一经颁布实施,不具备法人资格的社会团体就丧失了在登记管理机关获得认可的可能性。此后,民政部于 2000 年颁布的《取缔非法民间组织暂行办法》又将未经登记擅自以社会团体名义开展活动的情形规定为“非法组织”,由登记管理

① 参见《民政部关于非法人社会团体改为法人社会团体登记问题的复函》(民社函〔1995〕220 号)。

机关依法作出取缔决定，并没收非法财产。以社会团体名义拥有的财产，属于非法财产；没收未登记社团的财产，是取缔的措施之一。2016 年修订的《社会团体登记管理条例》第 3 条第 2 款仍然要求社会团体应当具备法人条件，第 32 条则基本沿用了 1998 年修改的《社会团体登记管理条例》第 35 条的规定，仅是将"未经批准，擅自开展社会团体筹备活动"修改为"筹备期间开展筹备以外的活动"。

由此，在我国，未登记社团的"非法"，不是因为其从事的行为或追求的目标违反法律规定，而是因为其没有经过批准或者登记。与之相较，《德国结社法》规定的非法社团的禁令制度则依社团的目的和活动判定社团是否"非法"。如果社团管制机关认为社团的目的和活动与刑法相抵触，该社团的宗旨不利于宪法秩序和国际友好思想，并经社团管制机关以命令加以确定后，对社团可以发布解散禁令，对社团的财产可以扣压和没收。根据社团活动范围的不同，管制机关分别为州的最高行政长官和联邦内务部长。被禁止社团可以向行政法院提起诉讼，寻求司法保护。①

未经登记的社会团体不仅不具有法人资格，而且根本不能以社团名义开展任何活动，从比较法来看，这样的规定显得较为严苛。依据《瑞士民法典》的规定，作为一般原则，团体组织需经登记才能取得法人资格（第 52 条第 1 款），但"非经济目的的社团、宗教财团、家庭财团"（第 52 条第 2 款）或者"以政治、宗教、学术、艺术、慈善、社交为目的的以及其他不以经济为目的的社团"（第 60 条）无需登记，后者"自表示成立意思的章程作成时，即取得法人资格"。在德

① 参见刘培峰：《欧盟国家的社团立法：一个初步的介绍》，载《环球法律评论》2004 年秋季号。

国,设立未登记社团仅需一个不拘形式的设立行为(人的联合的合意)和制定共同章程,并不需要当局的参与,也无需登记。在成员数量上和章程内容上,也无最低或禁止性要求。设立人就设立社团及其组织方面,在私人意思自治的一般范围内是自由的。①

不仅如此,德国的未登记社团已经在事实上取得了权利能力与诉讼中的当事人能力。尽管《德国民法典》规定未经登记的社团适用关于合伙的规定,但是德国司法判例仍经由法官造法活动而废除了对未登记社团的歧视,承认这类社团的权利能力,并认为它们可以以社团财产对社团所负的义务承担责任。因此,未登记社团所欠缺的仅是在诉讼程序中的积极当事人资格,用"无权利能力社团"来称呼它们,其本身就已经是矛盾的。② 2009 年《德国民事诉讼法》第 50 条第 2 款修订后,明文承认未登记社团之当事人能力。该款规定:"无权利能力的社团可以被诉;在诉讼中,该社团具有有权利能力的社团的地位。"未登记社团依此具有消极的诉讼主体资格,即被告资格。但是,德国学者认为,根据《德国民事诉讼法》的规定,未登记社团在一定范围内也具有积极的诉讼主体资格,如提起反诉、诉请对程序进行再审、提起执行反诉等。③ 与德国承认未登记社团的当事人能力类似,《日本民事诉讼法》第 29 条规定,"非法人的社团或财团,设有代表人或管理人的,可以其名义起诉或应诉",法律承

---

① 参见[德]拉伦茨:《德国民法通论》(上册),王晓晔等译,法律出版社 2003 年版,第 180 ~181 页。

② 参见[德]托马斯·莱赛尔:《德国民法中的法人制度》,张双根译,载《中外法学》2001 年第 1 期。

③ 参见[德]罗森贝尔、施瓦布、戈特瓦尔德:《德国民事诉讼法》(上),李大雪译,中国法制出版社 2007 年版,第 268 ~269 页。

认其均具有诉讼主体资格。我国台湾地区“民事诉讼法”第 40 条第 3 款也规定,“非法人之团体,设有代表人或管理人者,有当事人能力”,也承认其具有诉讼主体资格。①

需要说明的是,我国不少学者以德国的未登记社团作为第三类民事主体的原型,造成了一定的错误与混淆。事实上,未登记社团欠缺的仅是民事主体的形式要件,但其仍是社团,而非合伙。未登记社团因欠缺国家的承认(登记),其能否具有权利能力,涉及的主要是结社自由与国家管控之间的关系问题。由于合伙在组织的社会学类型上区别于社团,其能否具有权利能力,涉及的则是组织获得权利能力的实质根据是否满足的问题。我国学者在讨论这两个方面的问题时,存在一定程度的混淆,既没有厘清组织权利能力的实质根据,又在一定程度上忽视了对于组织权利能力施加形式约束的必要性。

我国对于社会组织的管理正处于从双重管理体制向直接登记制转变的过渡过程中,尚不具备借鉴比较法上宽松对待未登记社团的条件。但是,由于 1998 年修改后的《社会团体登记管理条例》要求社会团体应当具备法人资格,《基金会管理条例》第 2 条也规定基金会为非营利法人,②登记门槛较高,使得能够获准登记的社会团体

---

① 参见沈冠伶:《非法人团体之当事人能力、当事人适格及其判决效力——交错于实体法与程序法之问题》,载《政大法学评论》第 120 期(2011 年),第 98 ~99 页。

② 《民办非企业单业登记管理暂行条例》(1998 年)第 12 条第 1 款规定:“准予登记的民办非企业单位,由登记管理机关登记民办非企业单位的名称、住所、宗旨和业务范围、法定代表人或者负责人、开办资金、业务主管单位,并根据其依法承担民事责任的不同方式,分别发给《民办非企业单位(法人)登记证书》、《民办非企业单位(合伙)登记证书》、《民办非企业单位(个体)登记证书》。”据此,社会服务机构(民办非企业单位)不一定具有法人资格。

和基金会较为有限,在一定程度上抑制了社会组织在社会治理机制中积极作用的发挥,实践中展开了社会组织备案制度的试点,由此产生了经备案社会组织的法律地位问题。

(2)经备案社会组织的法律地位

青岛市早在2003年就发布了《青岛市民间组织管理局关于建立社会团体登记工作备案制度的通知》,开始尝试社会团体登记工作备案制度。具体做法如下:对于尚未达到登记条件,但正常开展活动,且符合经济社会发展需要的社区民间组织予以备案。在管理上,统一将街道办事处作为社区民间组织的业务主管单位,在街道培育登记一个社团或者民办非企业类组织,将社区备案制民间组织作为其会员进行指导管理。2005年,民政部为发挥慈善类民间组织在安老扶弱、助残养孤、扶危济困、救助赈灾方面的作用,缓解社会福利事业资金不足、机构偏少的矛盾,引导慈善类民间组织开展医疗、教育、住房、法律援助等专项救助,体现社会关怀,规定在农村乡镇和城市社区中开展这些活动的慈善类民间组织,不具备法人条件的,登记管理机关可予以备案,免收登记费、公告费;法人条件成熟的,可予以登记。① 随后,山东、安徽、湖北、江苏、杭州等一些地方在实践中也对备案制进行了试点。例如,南京市针对基层民间组织的数量增长很快,但是存在运作不规范、结构不合理、发展不平衡、管理不到位等情况,于2006年出台了《南京市基层民间组织备案管理暂行办法》。该办法被视为全国第一部基层民间组织备案管理的规范性文件。为配合制度落实,南京市还制定了示范章程,印制了备

① 参见民政部《关于促进慈善类民间组织发展的通知》(民函〔2005〕679号)。

案证书,从而使基层民间组织备案管理工作有章可循。随后,武汉市、济南市、杭州市、沈阳市也先后出台了地方性规章或者规范性文件,推行备案制试点。[①] 这些地方的制度创新是对现实需要的及时回应。[②]

这些地方相关规范性文件的特点如下:第一,备案制主要是解决不具备法人资格的基层民间组织(或者社区民间组织、社区公益性民间组织)的合法性问题。第二,就管理体制而言,除了南京市之外,一般还是实行双重管理体制,但是对于原先双重管理体制有所突破。由组织所在地的区、县(市)民政部门担任备案登记管理机关,由各街道办事处、乡镇政府和社区居民委员会、村民委员会担任业务主管单位。第三,就备案条件而言,各地规定存在较大差异。有区分社会团体和社会服务机构分别管理的,有统一予以规定的,也有不作明确规定的。第四,就备案内容而言,大体包括社会组织名称、负责人、活动场所、章程、会员花名册(从业人员名册)、活动资金和活动地域。第五,对于财产问题,一般要求财产必须用于章程规定的业务活动,同时明确组织的财产和合法权益受法律保护,任何人不得侵占、私分、挪用。第六,对于治理结构,一般要求负责人必须具备完全民事行为能力。有些地方性规定要求建立民主议事制度,制定和修改章程、选举或罢免负责人等重要事项应按章程办

① 武汉市、济南市先后于2007年出台了《武汉市基层民间组织管理暂行办法》《济南市社区民间组织备案管理暂行办法》,杭州市于2008年出台了《杭州市社区民间组织备案管理暂行办法》,沈阳市民政局于2008年发布了《关于对备案制管理的社区公益性民间组织进行规范化管理的通知》。

② 关于备案制的上述试点情况,参见金锦萍:《社会团体备案制引发的法律问题——兼论非法人社团的权利能力》,载《求是学刊》2010年第5期。

理。第七,为落实制度,还制定相关示范文本和表格。学者认为,经备案之后的组织因其组织性区别于自然人,又因其未能取得法人资格而区别于法人,是非常典型的非法人社团。①

党的十九大报告明确提出要“加强社区治理体系建设,推动社会治理重心向基层下移,发挥社会组织作用,实现政府治理和社会调节、居民自治良性互动”,并将此作为“打造共建共治共享的社会治理格局”的重要内容。2016 年中共中央办公厅、国务院办公厅下发的《关于改革社会组织管理制度促进社会组织健康有序发展的意见》,以及 2017 年中共中央、国务院下发的《关于加强和完善城乡社区治理的意见》,都对培育发展社区社会组织作了专门论述。2017 年,民政部印发了《关于大力培育发展社区社会组织的意见》(民发〔2017〕191 号,以下简称《意见》)。《意见》根据中央有关文件精神,按照社区社会组织的组织化程度高低,细化了分类指导的思路:一是能登记的,依法到所在地县级人民政府民政部门办理登记;二是达不到登记条件的,由街道办事处(乡镇政府)按照不同规模、业务范围、成员构成和服务对象实施管理;三是对主要在单个社区活动的规模小、临时性、松散的组织,由社区党组织领导,基层群众性自治组织对其活动进行指导和管理。同时,《意见》鼓励在街道(乡镇)成立社区社会组织联合会、社区社会组织服务中心等枢纽型组织,

① 参见金锦萍:《社会团体备案制引发的法律问题——兼论非法人社团的权利能力》,载《求是学刊》2010 年第 5 期。经备案的社会团体可以有自己的账号,但是账号的名称需要以经备案的社会团体以及社团代表人的姓名一起对外公示为账号的名义。对于不动产登记,则一般采取个人名义的登记方法。因为如果允许经备案的社会团体以社团名义拥有不动产,会产生如同承认社团自由设立的结果。但是,一般在这种情况下,认定非法人的代表人是以受托人的身份为社团管理财产(见该文第 80 页)。

发挥管理服务协调作用,规范社区社会组织行为,提供资源支持、承接项目、代管资金、人员培训等服务。① 《意见》印发后,各地民政部门均印发了进一步的实施意见,社区社会组织的备案管理也成为基层民政部门的常规工作之一。

社会组织直接登记制改革以及对于社区社会组织的备案管理,释放了我国放松对于社会组织的管控的信号,这是激发社会组织活力、鼓励社会组织积极参与社会治理体系建设的重要举措,也对民事主体理论与制度的进一步发展与完善提出了要求。笔者认为,社区社会组织备案制度的产生,主要是在我国对于社会组织实行较为普遍的双重管理体制且登记条件较为严格的情况下,为了解决社区社会组织寻找业务主管单位与获准登记的双重困难所提出的一种应对方案。但是究其实质来看,仍然是将社区社会组织纳入一定的管理制度之内,从获得国家承认这一点来看,"备案"与"登记"无异。从备案条件来看,其组织目的、组织秩序与组织资源方面也足以支撑组织获得自身的独立性,因此在作为独立主体的实质根据方面与法人亦没有实质性差异。但是,由于各类社会组织的登记管理条例确立的法人资格条件较高,按《民法典》区分法人与非法人组织的思路,可以认为经备案的社区社会组织属于《民法典》规定的非法人组织,可以成为独立的民事主体。但是在成员责任承担方面,需要考虑社区社会组织与作为非法人组织原型的合伙企业、个人独资企业的差异,并根据社区社会组织的实践发展作理论上的论证和制度上

---

① 参见《民政部社会组织管理局负责同志就〈民政部关于大力培育发展社区社会组织的意见〉答记者问》,载民政部门户网:http://www.mca.gov.cn/article/gk/jd/shzzgl/201801/20180115007212.shtml,最后访问日期:2021 年 3 月 1 日。

的进一步设计。

六、小结：权利能力之实质根据与形式约束的互动

实定法对于法人权利能力施加的形式约束，是法人权利能力的不可或缺的面向。权利能力是构建人格体与共同体之间关系的概念工具，所以共同体对于人格体的接纳与承认，是人格体取得权利能力的必要条件。区分人格体取得权利能力的实质根据与形式约束条件，也是贯穿本书的一条主要线索。

由于权利能力同时内涵了这两个面向，因而就产生了两者之间的关系问题。事实上，自然人权利能力的实质根据问题，长期受到实定法所施加的形式约束的遮蔽，并以依自然人身份确定的“人格”作为各种形式约束的概念工具。近代以来，随着社会生产方式的转变、经济条件的发展和文化价值的变迁，自然人权利能力的实质根据问题才凸显出来，逐渐占据了主导地位，并在一定程度上压制了形式约束可能加诸自然人权利能力之上的限制。

本书对于法人权利能力的研究表明，法人权利能力的两个面向似乎在重复着自然人之权利能力已经走过的历程。随着现代国家转型的完成与现代组织转型的完成，个人的结社自由逐渐获得国家的承认，组织在现代社会中的积极作用逐渐得到肯认与重视，新的社会组织方式逐渐定型，组织与国家之间的紧张关系已经被相互合作关系所取代，法人的设立原则完成了从特许制到核准制再到准则制的转变，由此才凸显了研究法人权利能力之实质根据的必要性和迫切性，同时也为这种研究创造了必要的条件。随着法人权利能力

之实质根据的进一步澄清,国家对于组织的监管也将更为合理有效,从而为进一步放松对于法人权利能力的形式约束提供了理论准备,良性的互动关系由此得以形成。

第六章　本书结论

一、理论命题

1. 全书总命题

法人是有权利能力的组织。组织是法人的相邻属概念。权利能力是法人的本质特征。法人权利能力的实质根据是抽象的自由和理性,并表现为法人相对于内外自然人的独立性。法人权利能力受到实定法施加的形式约束。

2. 第二章命题

(1)社团、财团、公司、企业等都是组织,组织可以成为法人的相邻属概念(第二章之三)。

(2)法人作为组织的下位概念,具有组织“传递”过来的性质(第二章之二)。

(3)不能仅依据组织结构在组织中进一

步区分法人组织与非法人组织(第二章之四)。

3. 第三章命题

(1)权利能力是承载市民社会对于人格体之理性期待的概念(第三章之二)。

(2)权利能力的实质根据是人格体的自由与理性,但实定法可以对权利能力施加形式约束(第三章之二)。

(3)权利能力承载抽象的理性能力,自然人的行为能力是这种理性能力在法律交易领域的具体化(第三章之三)。

(4)生物人扮演组织角色的可能性,使得组织可以以生物人独占的意志为基础,从生物人的不自由中获得自身的自由(第三章之四)。

(5)组织相对于其内外自然人的独立性是其内在自由的外显,法人权利能力的核心构造围绕此种独立性展开(第三章之四)。

4. 第四章命题

(1)将企业的独立财产作为企业独立性的核心构造,符合财产与自由关系的一般原理(第四章之三)。

(2)企业的独立财产不仅有利于确立企业目标,而且对于企业秩序的形成提出了迫切要求(第四章之四)。

(3)企业既独立于其经济学意义上的企业所有者,又与之存在内在关联(第四章之五)。

(4)企业依其财产获得的独立性存在量上的区分,企业组织结构的稳定性也表现出程度差异(第四章之五)。

(5)法人理论据以建模的社会学基础,有必要更新为企业(第四章之六)。

(6)组织目标、组织秩序、组织资源形成了构造组织独立性的有机整体,但是在不同类型组织中各条件的重要程度和排序方式存在差异(第四章之六)。

5. 第五章命题

(1)国家根据组织支持共同体福利和安全的情况确定组织型人格体的形式条件,组织的人格化必须得到国家的承认(第五章之二)。

(2)国家干预存在程度差别,组织目的是重要的区分依据(第五章之三)。

(3)法人类型法定、类型固定。法人法定类型的多样化和实定法对于类型偏离的容忍,表征法人类型法定的缓和(第五章之四)。

(4)法人设立程序法定(第五章之五)。

(5)法人权利能力的实质根据与形式约束之间存在互动(第五章之六)。

二、理论应用

上述关于法人概念的研究结论,无法直接应用于我国《民法典》规定的法人与非法人组织。按照本书的结论,合伙企业、个人独资企业、按合伙设立的专业服务机构,均为法人。

我国《民法典》区分法人与非法人组织。其第 102 条第 1 款规定:"非法人组织是不具有法人资格,但是能够依法以自己的名义从事民事活动的组织。"但是何谓"法人资格",却并不清楚。《民法典》第 2 条规定:"民法调整平等主体的自然人、法人和非法人组织之间的人身关系和财产关系。”同时,《民法典》“总则编”在第二章自然人、第三章法人之后专列第四章规定非法人组织,以示法律上的并列地位。关于非法人组织的主体地位,《民法总则》(已废止)相关立法草案说明都特别加以强调,或表述为“赋予这些组织民事主体地位”,[①]或表述为“明确这些组织的民事主体地位”、“草案赋予‘非法人组织’以民事主体地位,并设专章作了规定”。[②] 非法人组织的独立主体资格也得到了国内学者的普遍认同。[③] 在非法人组织已经被赋予民事主体地位的情况下,不能将“法人资格”理解为权利能力,因为权利能力正是用来确立人格体的民事主体地位的。

如果细致比较《民法典》中的法人与非法人组织,两者的设立条件趋同,差异主要在于能否独立承担民事责任,因而以“独立承担民事责任”来理解“法人资格”,较为符合《民法典》区分法人与非法人组织的实际构想。但是,与《民法通则》(已废止)第37条第4项将“能够独立承担民事责任”作为法人应当具备的条件不同,《民法典》第60条将“法人以其全部财产独立承担民事责任”作为法人成立后的法律效果。这样改动之后,能否将“法人资格”理解为“独立承担民事责任”,也是存疑的;并且,从理论上看,法人资格也不宜与有限

---

① 李建国:《关于〈中华人民共和国民法总则(草案)〉的说明——2017年3月8日第十二届全国人民代表大会第五次会议上》,载中国人大网:http://www.npc.gov.cn/zgrdw/npc/xinwen/2017-03/09/content_2013899.htm,最后访问日期:2021年3月1日。

② 《民法总则草案正式出炉 2020拟形成统一民法典》,载人民网:http://politics.people.com.cn/big5/n1/2016/0628/c1024-28502404.html,最后访问日期:2021年3月1日。

③ 参见崔建远:《我国〈民法总则〉的制度创新及历史意义》,载《比较法研究》2017年第3期;杨立新:《〈民法总则〉规定的非法人组织的主体地位与规则》,载《求是学刊》2017年第3期;郭明瑞:《民法总则中非法人组织的制度设计》,载《法学家》2016年第5期等。

责任挂钩。①

但是,对于立法用语中"法人资格"的理解困境,并不妨碍我国民众对于《民法典》相关规定的理解与遵守。由于法人和非法人组织均须满足一定的形式要件(如批准或登记),并且法人类型法定,所以某个具有权利能力从而具有民事主体地位的组织究竟是法人还是非法人组织,不会引起混淆。但这也从另一个侧面表明,对于民事交往来说,重要的是某组织能否以自己的名义享有权利、履行义务,能否成为法律关系的承载者,也即是否具有权利能力。这样,不妨用法人概念中的定义项即"有权利能力的组织"来替代被定义项即理论上的法人,"有权利能力的组织"这个短语虽然不够精练,但是不仅能够与我国《民法典》中的法人作出区分、统领《民法典》中的法人与非法人组织,而且能够使《民法典》中的法人与非法人组织真正构成既并列又矛盾的一对概念,两者的并集与"有权利能力的组织"的外延相一致,从而能够在理论逻辑上厘清组织、法人、非法人组织之间的关系。

申言之,仅部分作为社会实存的组织具有独立性,在具有独立性的组织中也仅部分能与共同体的秩序相容、能被共同体承认为人格体即具有权利能力,从而组织可以两分为"有权利能力的组织"与"无权利能力的组织"。按照本书的理解,"有权利能力的组织"正是对于理论上的法人概念的界定。由于《民法典》对于法人采取了一

① 以企业为例,经济学意义上的企业所有者是否承担有限责任,是企业治理结构与企业所有权安排的重要一环,在企业治理机制多样化的情况下,企业所有者的责任形态也不应仅限于有限责任。关于法人资格与有限责任的关系,笔者日后还将展开进一步的专门研究。

种较为狭窄的理解，所以《民法典》中的法人只能与非法人组织一起，作为“有权利能力的组织”的下位概念。

由此，《民法典》规定非法人组织，其实质是扩充“有权利能力的组织”的类型与范围，打破权利能力与有限责任挂钩的既有观念，从而进一步满足社会生活中组织实践的要求。

三、理论局限

笔者对于法人概念的研究，虽历时多年，但由于时间、精力与能力所限，仍有诸多问题有待进一步研究。

其一，关于组织的独立性，本书第四章仅研究了企业的独立性，其他类型组织的独立性与企业的独立性是否以及在何种程度上存在“同构关系”，有待进一步研究。在我国当前社会生活条件下，农村集体经济组织、城镇农村的合作经济组织、基层群众性自治组织等特别法人，在世界范围内方兴未艾、兼顾营利与公益双重目标的社会企业，以及作为社会治理体系有机组织部分的各类社会组织，都亟待研究。

其二，关于成员有限责任与组织独立性的关系，本书第四章虽有涉及，但还没有完全展开。不仅我国民众包括部分学者对于法人成员仅承担有限责任有着根深蒂固的认识，而且作为有限责任之反题的“刺破公司面纱”也被称为“公司人格否认”。究竟如何厘定有限责任与法人资格之间的关系，尚需深入细致的理论分析。

其三，本书着重阐释组织如何从组织内个体的不自由中获得自身的自由，但是关于组织之间的联合对于单个组织独立性的可能影响,尚未涉及。从理论上说,与个人自愿组成的联合体可能抑制个人的自由类似,组织的联合体也可能抑制组织的自由。关联企业理论或者企业集团理论能够为此提供多少答案,需要研究。

其四,对于民法学理论而言,最重要的问题或许是,自然人与法人在财产能力、目的导向理性能力、信息能力以及风险承担能力等方面的巨大落差,使民事主体地位一律平等原则与社会现实渐行渐远,从而需要进一步研究如何在充满法人的现代社会中维护法人内、外自然人的主体尊严。当然,这个问题并非因澄清法人概念所引起,它事实上早已存在于民法学中,只是民法学通过将法人贬为一种"拟制"甚至从根本上否认法人(法人否认说)而暂时回避之。本书将法人定位于一种组织,反对原子化的纯个人构成的社会,承认组织在现代社会中的存在和意义,主张生物人普遍地具有权利能力与部分组织获得权利能力是近现代社会形成过程中同时发生的相互关联的法现象,就必须直面自然人与法人的能力落差以及由此导致的两者在事实上的不平等。① 这是民法中的人法理论与制度变革对于整个民法学理论与制度体系提出的挑战。由此,我们才能够深刻理解,"对于一个法律时代的风格而言,重要的莫过于对人的看法,它决定着法律的方向"。②

---

① 自然人即使有能力和意愿参与市场竞争,也需要借助法人的形式,才能获得与其他市场主体相近的竞争条件,否则将在市场中处于天然的劣势。尤其是人类进入互联网时代之后,互联网领域虽然极度依赖自然人的创造性,却无一例外地选择了法人的形式。显然,在获取融资的机会和条件上,法人完全压倒自然人而占据了上风。即使是专门针对有创意的项目进行投资的风险投资,对于自然人和法人的态度也是截然不同的。在诉讼领域,自然人有时也需要通过结社,才能在诉讼中事实上与法人相抗衡。

② [德]拉德布鲁赫:《法律上的人》,载[德]古斯塔夫·拉德布鲁赫:《法律智慧警句集》,舒国滢译,中国法制出版社 2001 年版,第 141 页。

索　引

B

C

D

F

G

H

J

K

L

M

O

P

Q

R

S

T

W

X

Y

Z

参考文献

一、中文类

(一)著作类

1. 顾祝轩:《民法概念史·总则》,法律出版社2014年版。

2. 胡长清:《中国民法总论》,中国政法大学出版社1997年版。

3. 黄立:《民法总则》,中国政法大学出版社2002年版。

4. 江平主编:《法人制度论》,中国政法大学出版社1994年版。

5. 蒋学跃:《法人制度法理研究》,法律出版社2007年版。

6. 李宜琛:《民法总则》,胡骏勘校,中国方正出版社2004年版。

7. 梁慧星:《民法总论》(第5版),法律出版社2017年版。

8. 林诚二:《民法总则》,法律出版社2008年版。

9. 龙卫球:《民法总论》(第2版),中国法制出版社2002年版。

10. 马俊驹:《法人制度通论》,武汉大学出版社1988年版。

11. 梅仲协:《民法要义》,中国政法大学出版社2004年版。

12. 石碧波:《非法人团体研究》,法律出版社2009年版。

13. 史尚宽:《民法总论》,中国政法大学出版社2000年版。

14. 苏永钦:《走入新世纪的私法自治》,中国政法大学出版社2002年版。

15. 唐勇:《论共有:按份共有、共同共有及其类型序列》,北京大学出版社2019年版。

16. 佟柔:《佟柔中国民法讲稿》,北京大学出版社2008年版。

17. 王泽鉴:《民法总则》(最新版),北京大学出版社2009年版。

18. 尹田:《民事主体理论与立法研究》,法律出版社2003年版。

19. 曾世雄:《民法总则之现在与未来》,中国政法大学出版社2001年版。

20. 曾世雄:《企业设计法》,中国政法大学出版社2001年版。

21. 张俊浩主编:《民法学原理》(修订第3版),中国政法大学出版社2000年版。

22. 张维迎:《企业的企业家:契约理论》,上海人民出版社2015年版。

23. 张维迎:《理解公司:产权、激励与治理》,上海人民出版社2014年版。

24. 赵德枢:《一人公司详论》,中国人民大学出版社2004年版。

25. 周雪光:《组织社会学十讲》,社会科学文献出版社 2003 年版。

26. 朱庆育:《民法总论》,北京大学出版社 2013 年版。

27. 资中筠:《财富的责任与资本主义演变:美国百年公益发展的启示》,上海三联书店 2015 年版。

28. [奥]凯尔森:《法与国家的一般理论》,沈宗灵译,中国大百科全书出版社 1996 年版。

29. [德]鲍尔、施蒂尔纳:《德国物权法》(上册),张双根译,法律出版社 2004 年版。

30. [德]黑格尔:《法哲学原理》,范扬、张企泰译,商务印书馆 1961 年版。

31. [德]C. W. 卡纳里斯:《德国商法》,杨继译,法律出版社 2006 年版。

32. [德]康德:《法的形而上学原理——权利的科学》,沈叔平译,商务印书馆 1991 年版。

33. [德]康德:《道德形而上学》(注释本),张荣、李秋零译,中国人民大学出版社 2013 年版。

34. [德]康德:《道德形而上学的奠基》(注释本),李秋零译注,中国人民大学出版社 2013 年版。

35. [德]H. 科因:《法哲学》,林荣远译,华夏出版社 2002 年版。

36. [德]罗尔夫·克尼佩尔:《法律与历史——论〈德国民法典〉的形成与变迁》,朱岩译,法律出版社 2005 年版。

37. [德]奥托·基尔克:《私法的社会任务:基尔克法学文选》,刘志阳等译,中国法制出版社 2017 年版。

38. [德]拉德布鲁赫:《法学导论》(第 13 版),米健译,法律出版社 2012 年版。

39. [德]拉德布鲁赫:《法律上的人》,载拉德布鲁赫:《法律智慧警句集》,舒国滢译,中国法制出版社 2001 年版。

40. [德]卡尔·拉伦茨:《德国民法通论》,王晓晔等译,法律出版社 2003 年版。

41. [德]卡尔·拉伦茨:《法学方法论》(全本·第 6 版),黄家镇译,商务印书馆 2020 年版。

42. [德]托马斯·莱赛尔、吕迪格·法伊尔:《德国资合公司法》(第 3 版),高旭军等译,法律出版社 2005 年版。

43. [德]罗森贝尔、施瓦布、戈特瓦尔德:《德国民事诉讼法》(上),李大雪译,中国法制出版社 2007 年版。

44. [德]迪特尔·梅迪库斯:《德国民法总论》,邵建东译,法律出版社 2000 年版。

45. [德]迪特尔·梅迪库斯:《德国债法分论》,杜景林、卢谌译,法律出版社 2007 年版。

46. [德]罗尔夫·施托贝尔:《经济宪法与经济行政法》,谢立斌译,商务印书馆 2008 年版。

47. [德]迪特尔·施瓦布:《民法导论》,郑冲译,法律出版社 2006 年版。

48. [德]斐迪南·滕尼斯:《共同体与社会:纯粹社会学的基本概念》,林荣远译,北京大学出版社 2010 年版。

49. [德]斐迪南·滕尼斯:《共同体与社会——纯粹社会学的基本概念》,张巍卓译,商务印书馆 2019 年版。

50. [德]马克斯·韦伯:《经济与社会》,阎克文译,上海人民出版社 2020 年版。

51. [德]弗朗茨·维亚克尔:《近代私法史——以德意志的发展为观察重点》,陈爱娥、黄建辉译,上海三联书店 2005 年版。

52. [德]京特·雅科布斯:《规范·人格体·社会——法哲学前思》,冯军译,法律出版社 2001 年版。

53. [法]莱翁·狄骥:《宪法论——法律规则和国家问题》(第 1 卷),钱克新译,商务印书馆 1959 年版。

54. [法]莱翁·狄骥:《拿破仑法典以来私法的普通变迁》,徐砥平译述,上海社会科学院出版社 2017 年版。

55. [法]伊夫·居荣:《法国商法》(第 1 卷),罗结珍、赵海峰译,法律出版社 2004 年版。

56. [法]卢梭:《社会契约论》,李平沤译,商务印书馆 2011 年版。

57. [美]斯蒂芬·M. 班布里奇、M. 托德·亨德森:《有限责任:法律与经济分析》,李诗鸿译,上海人民出版社 2019 年版。

58. [美]阿道夫·A. 伯利、加德纳·C. 米恩斯:《现代公司与私有财产》,甘华鸣等译,商务印书馆 2005 年版。

59. [美]理查德·H. 霍尔:《组织:结构、过程及结果》(第 8 版),张友星等译,上海财经大学出版社 2003 年版。

60. [美]莱纳·克拉克曼等:《公司法剖析:比较与功能的视角》,刘俊海等译,北京大学出版社 2007 年版。

61. [美]拉里·E. 利伯斯坦:《非公司制组织的兴起》,罗培新译,法律出版社 2018 年版。

62. [美]许烺光:《宗族·种姓·俱乐部》,薛刚译,尚会鹏校,华夏出版社 1990 年版。

63. [日]山本敬三:《民法讲义 I 总则》(第 3 版),解亘译,北京大学出版社 2012 年版。

64. [瑞士]贝蒂娜·许莉蔓-高朴、耶尔格·施密特:《瑞士民法:基本原则与人法》(第 2 版),纪海龙译,中国政法大学出版社 2015 年版。

65. [意]彼德罗·彭梵得:《罗马法教科书》,黄风译,中国政法大学出版社 2005 年版。

66. [英]以塞亚·伯林:《浪漫主义的根源》,[英]亨利·哈代编,吕梁、张箭飞译,译林出版社 2019 年版。

67. [英]保罗·戴维斯、莎拉·沃辛顿:《现代公司法原理》(第 9 版),罗培新等译,法律出版社 2016 年版。

68. [英]霍布斯:《利维坦》,黎思复、黎廷弼译,商务印书馆 1985 年版。

69. [英]洛克:《人类理解论》,关文运译,商务印书馆 1959 年版。

70. [英]F. W. 梅特兰:《国家、信托与法人》,[英]大卫·朗西曼、马格纳斯·瑞安编,樊安译,北京大学出版社 2008 年版。

(二)论文类

71. 陈洁:《投资者到金融消费者的角色嬗变》,载《法学研究》2011 年第 5 期。

72. 邓辉:《结社自由与公司的设立》,载《江西财经大学学报》

2014 年第 6 期。

73. 杜强强:《论法人的基本权利主体地位》,载《法学家》2009 年第 2 期。

74. 方流芳:《中西公司法律地位历史考察》,载《中国社会科学》1992 年第 4 期。

75. 方流芳:《公司审批制度与行政性垄断——兼论中国公司法的走向》,载《中国法学》1992 年第 4 期。

76. 方流芳:《国企法定代表人的法律地位、权力和利益冲突》,载《比较法研究》1999 年第 3、4 期。

77. 方流芳:《公司词义考:解读语词的制度信息》,载《中外法学》2000 年第 3 期。

78. 江平、龙卫球:《法人本质及其基本构造研究——为拟制说辩护》,载《中国法学》1998 年第 3 期。

79. 蒋大兴:《徒增的商事成本——法律及管制如何影响企业设立(行为)?》,载《法学家》2016 年第 1 期。

80. 蒋大兴:《〈民法总则〉的商法意义——以法人类型区分及规范构造为中心》,载《比较法研究》2017 年第 4 期。

81. 金锦萍:《社会企业的兴起及其法律规制》,载《经济社会体制比较》2009 年第 4 期。

82. 金锦萍:《社会团体备案制引发的法律问题——兼论非法人社团的权利能力》,载《求是学刊》2010 年第 5 期。

83. 李建伟:《个人独资企业法律制度的完善与商个人体系的重构》,载《政法论坛》2012 年第 5 期。

84. 李永军:《民法上的人及其理性基础》,载《法学研究》2005

年第 5 期。

85. 李永军:《论权利能力的本质》,载《比较法研究》2005 年第 2 期。

86. 李永军:《民事合伙组织性质疑——兼评〈民法总则〉及〈民法典各分编(草案)〉相关规定》,载《法商研究》2019 年第 2 期。

87. 刘培峰:《欧盟国家的社团立法:一个初步的介绍》,载《环球法律评论》2004 年秋季号。

88. 刘小勇:《解读日本 2005 年公司法的大修订》,载《太平洋学报》2007 年第 1 期。

89. 刘召成:《部分权利能力制度的构建》,载《法学研究》2012 年第 5 期。

90. 刘召成:《德国法上民事合伙部分权利能力理论及其借鉴》,载《政治与法律》2012 年第 9 期。

91. 刘召成:《权利能力与行为能力的合与分》,载《国家检察官学院学报》2013 年第 5 期。

92. 柳经纬:《民法典编纂中的法人制度重构——以法人责任为核心》,载《法学》2015 年第 5 期。

93. 龙卫球:《法律主体概念的基础性分析——兼论法律的主体预定理论》,载《学术界》2000 年第 3、4 期。

94. 沈建峰:《权利能力概念的形成和变迁》,载《北方法学》2011 年第 3 期。

95. 苏永钦:《民事财产法在新世纪面临的挑战》,载中国人民大学法学院《人大法律评论》编辑委员会编:《人大法律评论》(2001 年卷第一辑)。

96. 苏永钦:《可登记财产利益的交易自由:从两岸民事法制的观点看物权法定原则松绑的界限》,载《南京大学法律评论》2010 年秋季卷。

97. 汪青松:《商事主体制度建构的理性逻辑及其一般规则》,载《法律科学》2015 年第 2 期。

98. 王保树、朱慈蕴:《寻找商法学发展的足迹——关于 2007 年商法学研究的研究》,载《中国法学》2008 年第 2 期。

99. 王冠玺:《我国法人的基本权利探索——法人得否主张精神损害赔偿的宪法上论证》,载《浙江学刊》2010 年第 5 期。

100. 王文宇:《揭开法人的神秘面纱——兼论民事主体的法典化》,载《清华法学》2016 年第 5 期。

101. 王涌:《法人应如何分类——评〈民法总则〉的选择》,载《中外法学》2017 年第 3 期。

102. 吴宗谋:《再访法人论争——一个概念的考掘》,我国台湾大学法律学研究所 2004 年硕士学位论文。

103. 徐强胜:《企业形态法定主义研究》,载《法制与社会发展》2010 年第 1 期。

104. 叶林:《私法权利的转型——一个团体法视角的观察》,载《法学家》2010 年第 4 期。

105. 尹田:《论非法人团体的法律地位》,载《现代法学》2003 年第 5 期。

106. 尹田:《无财产即无人格——法国民法上广义财产理论的现代启示》,载《法学家》2004 年第 2 期。

107. 尹田:《论法人人格权》,载《法学研究》2004 年第 4 期。

108. 张保红:《权利能力的双重角色困境与主体资格制度重构》,载《法学家》2014 年第 2 期。

109. 张其鉴:《民法总则中非法人组织权利能力之证成》,载《法学研究》2018 年第 2 期。

110. 张翔:《商业登记与营业自由——商业登记的功能、技术及其价值基础分析》,载《政治与法律》2008 年第 2 期。

111. 张永健:《资产分割理论下的法人与非法人组织——〈民法总则〉欠缺的视角》,载《中外法学》2018 年第 1 期。

112. 郑晓剑:《权利能力相对性理论之质疑》,载《法学家》2019 年第 6 期。

113. 朱庆育:《物权法定的立法表达》,载《华东政法大学学报》2019 年第 5 期。

114. 仲崇玉:《法人人格学说研究》,西南政法大学 2006 年博士学位论文。

115. 仲崇玉:《论萨维尼法人拟制说的政治旨趣》,载《华东政法大学学报》2011 年第 6 期。

116. 仲崇玉:《论基尔克法人有机体说的法理内涵和政治旨趣》,载《现代法学》2013 年第 2 期。

117. 仲崇玉:《耶林法人学说的内涵、旨趣及其对我国法人分类的启示》,载《法学评论》2016 年第 5 期。

118. [德]福尔可·博伊庭:《德国公司法上的代表理论》,邵建东译,载梁慧星主编:《民商法论丛》(第 13 卷),法律出版社 2000 年版。

119. [德]维尔纳·弗卢梅:《合伙与合手》,金晶译,陈大创校,载王洪亮等主编:《中德私法研究(14):共同共有》,北京大学出版社2016年版。

120.[德]汉斯·哈腾鲍尔:《民法上的人》,孙宪忠译,载《环球法律评论》2001年冬季号。

121.[德]科尔:《德国公司法的发展》,杨继译,载《现代法学》2003年第6期。

122.[德]赫尔穆特·科英:《欧洲私法史上的法人理论》,傅广宇译,载徐国栋、方新军主编:《罗马法与现代民法》(第10卷),厦门大学出版社2019年版。

123.[德]奥托·基尔克:《人的社团之本质》,杨若濛译,载张谷、张双根等主编:《中德私法研究》(总第9卷),北京大学出版社2013年版。

124.[德]托马斯·莱赛尔:《德国民法中的法人制度》,张双根译,载《中外法学》2001年第1期。

125.[德]托马斯·莱赛尔:《企业和法人》,赵亮译,载易继明主编:《私法》(第1辑·第1卷),北京大学出版社2001年版。

126.[德]托马斯·莱赛尔:《德国法上的非国家性社团组织》,金晶译,载民政部民间组织管理局编:《中德社会团体内部治理比较研究》,石油工业出版社2009年版。

127.[德]托马斯·莱赛尔:《新变更法视角下的共同共有与法人》,徐同远译,载王洪亮等主编:《中德私法研究(14):共同共有》,北京大学出版社2016年版。

128.[德]弗里德里希·卡尔·冯·萨维尼:《萨维尼论法人的概念》,田士永译,载张谷、张双根主编:《中德私法研究》(总第9

卷),北京大学出版社 2013 年版。

129.[德]沃尔夫冈·维甘德:《物权类型法定原则——关于一个重要民法原理的产生及其意义》,迟颖译,王洪亮校,载张双根、田士永、王洪亮主编:《中德私法研究》(第 2 卷),北京大学出版社 2007 年版。

130.[德]彼得·乌尔默:《共有制合伙——一种至今未明的组织形式?》,张怀岭译,载王洪亮等主编:《中德私法研究(14):共同共有》,北京大学出版社 2016 年版。

131.[荷]埃弗尔特·阿尔科马:《结社自由与市民社会》,毕小青译,载《环球法律评论》2002 年夏季号。

132.[美]约翰·齐普曼·格雷:《法律主体》,龙卫球译,载《清华法学》2002 年第 1 期。

133.[日]星野英一:《私法中的人》,王闯译,载梁慧星主编:《民商法论丛》(第 8 卷),法律出版社 1999 年版。

134.[日]佐藤幸治:《结社的法律性质及其制约》,张允起译,载[英]阿米·古特曼等:《结社:理论与实践》,吴玉章、毕小青等译,读书·生活·新知三联书店 2006 年版。

二、外文类

1. Arthur W. Machen, Jr., *Corporate Personality*, 24 (4) Harv. L. Rev. 257 (1911).

2. Frederick Hallis, *Corporate Personality: A Study of Jurisprudence*, London: Oxford University Press, 1978.

3. Friedrich Karl von Savigny, *Jural Relations; Or, the Roman Law of Persons as Subjects of Jural Relations: Being a Translation of the Second Book of Sagviny's System of Modern Roman Law*, trans. by William Henry Rattigan, London: Wildy & Sons.

4. Henry Hansmann & Reinier Kraakman, *Toward Unlimited Liability for Corporate Torts*, 100 Yale L. J. 1879 (1991).

5. Henry Hansmann & Reiner Kraakmann, *Organizational Law as Asset Partitioning*, 44 European Economic Review 807 (2000).

6. Henry Hansmann, Reinier Kraakman & Richard Squire, *Law and the Rise of the Firm*, 119 Harv. L. Rev. 1335 (2006).

7. Herbert A. Simon, *On the Concept of Organizational Goal*, 9 Administrative Science Quarterly 1 (1964).

8. John Dewey, *The History Background of Corporate Legal Personality*, 35 Yale Law Journal 659 (1926).

9. Mark M. Hager, *Bodies Politic: The Progressive History of Organizational "Real Entity" Theory*, 50 U. Pitt. L. Rev. 575 (1989).

10. Martin Wolff, *On the Nature of Legal Persons*, 54 L. Q. Rev. 494, 502 (1938).

11. Michael J. Phillips, *Reappraising the Real Entity Theory of the Corporation*, 21 Fla. St. U. L. Rev. 1061 (1994).

12. Susanna K. Ripken, *Corporations Are People Too: A Multi-dimensional Approach to the Corporate Personhood Puzzle*, 15 Fordham J. Corp. & Fin. L. 97 (2009).

13. Thomas W. Merrill and Henry E. Smith, *Optimal Standardization in the Law of Property: The Numerus Clausus Principle*, 110 (1) Yale Law Journal 4 (2000).

14. W. Jethro Brown, *The Personality of the Corporation and the State*, 21 L. Q. Rev. 365 (1905).

后　记

陌上花开，提笔后记，不免感怀。春花烂漫、争奇斗艳，为的，都是自己的孩子。弹指一生，瞬间灰飞，只有生命的传承，才是此中大义。女人如花，绽放一时，辛劳一世，为的，也都是自己的孩子。

大学同窗曾问："生命给予了你这么多，你还生命什么？"直至不惑，我才慢慢明白了此中深意。哪怕是用最热烈的方式燃尽生命，能够还给生命的，也只能是自己的孩子。蒙上天眷顾，我有三个不同的"孩子"。

2007 年博士毕业之后，我就留在中国社会科学院法学研究所工作，开始了自己的编辑生涯，融入了《法学研究》编辑部这个大家庭。我有幸与诸编辑前辈们一起努力工作、一起尽情欢笑，我们天南海北、谈古论今、品评文章，我们读万卷书、行万里路。我们精心挑选、精雕细琢每一篇文章,犹如一位母亲对待她出嫁的女儿,总想把新娘最美丽的一面示人。我们不仅是在为他人做嫁衣,也是在为自己的孩子做嫁衣,因为《法学研究》就是我们这个大家庭最为爱护的“孩子”！有时候,我分不清,究竟是这个“孩子”不能离开我们,还是我们离不开这个“孩子”。我们与它长相厮守、荣辱与共、生命相通,离开了它,就不是现在的我们;虽然我知道,离开了我们,它或许还是它。但暂且允许我把它当作自己的第一个“孩子”,因为我为它付出了青春和心血。

后来,终为人母。曲折坎坷,不堪回首,唯执一念,愿以自己的生命作为交换。终得垂怜,诞下一女,始知“育”更难于“生”。回首八年,当是已经过了最艰辛的时候,记忆里留下的,满是欢笑。人生必经此历练,才得圆满,于女人或许更是如此。

我的第三个“孩子”,却是自己的“只言片语”。虽为女子,但十年寒窗,离乡入京,又耳濡目染于中国学术的最高殿堂,若说对于学术没有追求,必是假的。知识的传承固然已经极为重要,但总还是想在学问上能有点滴贡献,唯此才无愧恩师谆谆教诲、循循指引,才不负父母戚戚离愁、萦萦牵挂,才不枉公婆日日辛劳、事事分忧。然天资不颖、才疏学浅,不得不付出极大的努力和心血,伴灯捧卷、穷经明义,偶有一二心得,方敢示人。除几篇小文外,本书是继博士论文《英美侵权法中的因果关系》之后的第一本专著,着实汗颜。想来地有富瘠之别,人莫能殊,既已尽心尽力,亦无所憾矣,唯愿将来能为这个“孩子”付出更多的心力。

孩子是自己的镜子,映照的,恰恰是自己的为人为学。虽不知《法学研究》留下了自己多少印记,但从女儿身上、从自己的“只言片语”之中,生命的涵义彰显得更为清晰与丰满。自己的生命能够在女儿的血液中流淌,能够随书香墨香飘散,能够在字里行间跳动,夫复何求?这些既是生命给予我的,也是我还给生命的。

孩子多了,免不了争宠。如何“照顾”这三个不同的“孩子”,成为我生命中的一道难题。但今日之为学者,莫不如是,女性尤然。当今时代,催人奋进,讲求效率,学问之事,或许只能在交通途中、诸事间隙甚至如厕沐浴中完成。既人人如此,便不能成为借口。唯尽己力兼顾三者,日后老无所悔,便是极佳。

人生际遇,各个不同。聊叙数笔,以为后记。我愿用一生追求至真、至善、至美,愿将生命的每一个细胞、每一滴血液都付诸我的“孩子”。

冯　珏

2021 年 4 月于东皇城根

图书在版编目(CIP)数据

法人概念论／冯珏著．-- 北京：法律出版社，2021

ISBN 978-7-5197-5602-4

Ⅰ．①法… Ⅱ．①冯… Ⅲ．①法人－研究 Ⅳ．①D913

中国版本图书馆 CIP 数据核字(2021)第 082474 号

法人概念论
FAREN GAINIAN LUN

冯　珏　著

责任编辑　冯雨春　李　军
装帧设计　汪奇峰

出版 法律出版社
总发行 中国法律图书有限公司
经销 新华书店
印刷 固安华明印业有限公司
责任校对 朱海波
责任印制 吕亚莉

编辑统筹 法律应用出版分社
开本 710 毫米×1000 毫米　1/16
印张 17.5
字数 190 千
版本 2021 年 5 月第 1 版
印次 2021 年 5 月第 1 次印刷

法律出版社／北京市丰台区莲花池西里 7 号(100073)
网址／www.lawpress.com.cn
投稿邮箱／info@lawpress.com.cn
举报维权邮箱／jbwq@lawpress.com.cn
销售热线／400-660-8393
咨询电话／010-63939796

中国法律图书有限公司／北京市丰台区莲花池西里 7 号(100073)
全国各地中法图分、子公司销售电话：
统一销售客服／400-660-8393/6393
第一法律书店／010-83938432/8433　西安分公司／029-85330678　重庆分公司／023-67453036
上海分公司／021-62071639/1636　深圳分公司／0755-83072995

书号：ISBN 978-7-5197-5602-4　**定价**：82.00 元